## 첫 달 START !!

| 시작일 | |
|---|---|
| 종료일 | |
| 목표 점수 | |
| 목표 시간 | |
| 나의 각오 | |

자! 이제부터 시작이야.
먼저 《반반 난이도 실력 확인 모의고사》를 통해
자신의 약점과 실력을 점검하고,
《기출 변형 모의고사》를 통해 유형을 확실히 익히자!

선재 쌤 Talk!

| 커리큘럼 | 회차 | 날짜 | 점수 | 초과 시간 | 약점 체크 및 학습 플랜 |
|---|---|---|---|---|---|
| 1주 차 | 반반 난이도 실력 확인 모의고사 | 1회 하 | | | | |
| | | 1회 상 | | | | |
| | | 2회 하 | | | | |
| | | 2회 상 | | | | |
| | | Tip 자신의 약점을 파악했다면, 약점을 보완하기 위한 계획 세우기 | | | | |
| | | Tip 파이널 압축서 《한 권으로 정리하는 마무리》로 약점 파트 정리하기 | | | | |
| 2주 차 | 기출 변형 모의고사 | 1회 | | | | |
| | | 2회 | | | | |
| | | 3회 | | | | |
| | | 4회 | | | | |
| | | Tip 온라인 모의고사 입력 시스템에서 자신의 백분위와 약점 파트 파악하기 | | | | |
| | | Tip 《매일 국어 시즌 1》 기본 이론 편의 약점 문제 풀어 보며 정리 및 보완하기 | | | | |
| 3주 차 | 기출 변형 모의고사 | 5회 | | | | |
| | | 6회 | | | | |
| | | 7회 | | | | |
| | | 8회 | | | | |
| | | Tip 독해 풀이 시간이 줄어들지 않는다면? 《수비니겨 독해》로 독해 비법 파악하기 | | | | |
| | | Tip 《독해야 산다》 시리즈로 독해 실력 업업! | | | | |
| 4주 차 | 기출 변형 모의고사 | 9회 | | | | |
| | | 10회 | | | | |
| | | 11회 | | | | |
| | | 12회 | | | | |
| | | Tip 기출 변형 성적 점검! 약한 유형 파악하고 보완하기 | | | | |
| | | Tip 《독해야 산다》 시리즈로 독해 실력 업업! | | | | |

## 둘째 달 START !!

> 기출 유형, 이제 확실히 익혔지?
> 이제부터는 시간을 단축하는 것을 염두에 두고
> 실제와 똑같은 상황에서 꾸준히 훈련하자.

선재 쌤 Talk!

| 커리큘럼 | | 회차 | 날짜 | 점수 | 초과 시간 | 약점 체크 및 학습 플랜 |
|---|---|---|---|---|---|---|
| 1주 차 | 실전 봉투 모의고사 | 1회 | | | | |
| | | 2회 | | | | |
| | | 3회 | | | | |
| | | 4회 | | | | |
| | | 5회 | | | | |
| | | Tip 더 많은 문제 풀이를 하고 싶다면? 《매일 국어 시즌 4 미니 모의고사》로 실전 감각 놓치 않기 | | | | |
| 2주 차 | 실전 봉투 모의고사 | 6회 | | | | |
| | | 7회 | | | | |
| | | 8회 | | | | |
| | | 9회 | | | | |
| | | 10회 | | | | |
| | | Tip 더 많은 문제 풀이를 하고 싶다면? 《매일 국어 시즌 4 미니 모의고사》로 실전 감각 놓치 않기 | | | | |
| 3주 차 | 실전 봉투 모의고사 | 11회 | | | | |
| | | 12회 | | | | |
| | | 13회 | | | | |
| | | 14회 | | | | |
| | | 15회 | | | | |
| | | Tip 시간을 단축하는 훈련하기 《독해야 산다》 시리즈로 독해 실력 업업! | | | | |
| 4주 차 | 실전 봉투 모의고사 | 16회 | | | | |
| | | 17회 | | | | |
| | | 18회 | | | | |
| | | 19회 | | | | |
| | | 20회 | | | | |
| | | Tip 시간을 단축하는 훈련하기 《독해야 산다》 시리즈로 독해 실력 업업! | | | | |
| 5주 차 | 최종 점검 파이널 모의고사 | 1회 | | | | |
| | | 2회 | | | | |
| | | 3회 | | | | |
| | | 4회 | | | | |
| | | 5회 | | | | |
| | | Tip 실전과 똑같은 환경에서 전 과목 모의고사 목표 시간 안에 풀기 | | | | |

## 제1회 실전 모의고사

### 정답표

| 01 | ② | 02 | ④ | 03 | ① | 04 | ④ | 05 | ③ |
|---|---|---|---|---|---|---|---|---|---|
| 06 | ③ | 07 | ① | 08 | ② | 09 | ② | 10 | ② |
| 11 | ③ | 12 | ① | 13 | ④ | 14 | ③ | 15 | ① |
| 16 | ④ | 17 | ④ | 18 | ④ | 19 | ② | 20 | ② |

### 정답과 해설

## 01  답 ②

| 출전 |
이미란, 〈무기폐를 동반한 소아 마이코플라스마 폐렴의 임상적 특성과 연관 인자〉, 《Allergy asthma & respiratory disease》(2022)

| 해설 |
2~마지막 문단에 따르면, 괴사성 폐렴과 폐쇄성 세기관지염은 무기폐가 아닌 마크롤라이드계 불응성 마이코플라스마 폐렴으로 인한 합병증에 해당한다.

| 오답 풀이 |
① 1~2문단의, 마크롤라이드계 항생제에 내성을 가진 마이코플라스마 폐렴균이 최근 아시아 국가들에서 증가하고 있다는 내용에서 알 수 있다.
③ 1문단의, 마이코플라스마 폐렴균이 학령기 소아 및 젊은 성인에게서 발생하는 호흡기 감염의 가장 흔한 원인균 중 하나라는 내용에서 알 수 있다.
④ 마지막 문단의, 마이코플라스마 폐렴에 의한 무기폐가 장기간 지속될 경우 기관지 확장증 등의 잠재적 위험이 있다는 내용에서 알 수 있다.

## 02  답 ④

| 해설 |
(가) 우탁의 〈혼 손에 막대 잡고 ~〉는 늙음을 피하고자 하는 화자의 마음을 해학적으로 표현한 시조이다. (나) 작가 미상의 〈님이 오마 ᄒ거늘 ~〉은 부재하는 임을 그리워하는 마음을 해학적으로 표현한 사설시조이다.
(나)에서 '주추리 삼대'는 화자가 임으로 착각한 대상일 뿐이며, 화자와 임을 이어 주는 매개체가 아니다.

| 오답 풀이 |
① (가)에는 공간의 이동이 나타나지 않지만, (나)에서는 화자가 중문을 나서 대문 나가 지방 우에 치달아 앉아 건넌 산으로 워렁충창 건너가는 등 공간을 이동하고 있다.
② (가)의 늙는 길을 가시로 막는다는 데에 추상적 관념을 구체화한 표현이 나타난다. (나)에는 이러한 표현이 나타나지 않는다.
③ (가)에서는 거스를 수 없는 '백발'을 '가시'와 '막대'로 막는다는 상황의 부조화를 통해 해학성이 드러나고 있다.

## 03  답 ①

| 출전 |
이완배, 《경제의 속살 1》

| 해설 |
B 그룹은 A 그룹과 달리 자신이 한 노동의 결과가 부정되는 경험을 하였고, 그 영향으로 A 그룹보다 빨리 더 이상의 노동을 할 생각을 잃었다. 이를 통해 노동에 의미를 부여하는 것이 인간에게 중요함을 알 수 있다.

| 오답 풀이 |
② 진행자가 완성품을 들고 밖으로 나간 것과 참가자들 앞에서 완성품을 분해해 버린 것은 모두 작업자의 노동에 개입한 것이다. 즉 둘 중 무엇의 개입이 더 많았는지는 판단할 수 없다.
③ 실험을 통해 인간이 노동에 부여되는 의미를 중요하게 생각한다는 점은 파악할 수 있다. 그러나 두 그룹 모두 일정 금액 이하로 보상이 떨어지면 노동을 중단한 것으로 보아, 노동 행위 그 자체가 돈보다 더 큰 동기를 부여하는지는 파악하기 어렵다.
④ 노동자의 작업 능률은 실험에서 다루지 않았다.

## 04  답 ④

| 해설 |
(가) 김만중의 〈서포만필(西浦漫筆)〉은 송강 정철의 가사 작품을 예로 들어 우리말로 된 문학이 높은 가치를 지녔음을 주장한 한문 수필이다. (나) 윤선도의 〈오우가(五友歌)〉는 '수(물)·석(바위)·송(소나무)·죽(대나무)·월(달)'을 다섯 벗으로 묘사하여 예찬한 연시조이다.
(가)에서는, 지금 우리나라의 시문이 자기 말을 버려두고 다른 나라 말을 배워서 표현한 것이니, 그 진가는 여염집 아낙의 노래보다 못하다고 하여, 우리말로 표현한 문학의 소중함을 역설하고 있다. 이러한 관점에서 (나)를 평가한다면 우리말로 표현했다는 언급이 제시되어야 하므로 ④가 가장 옳다.

| 오답 풀이 |
①·②·③ (가)에서는 문학 작품의 내용이 아닌, 문학 작품에 사용된 우리말의 중요성을 말하고 있으므로 적절한 평이 아니다.

## 05  답 ③

| 출전 |
《YTN 뉴스FM 슬기로운 라디오생활》(2021. 12. 15.), 수정

| 해설 |
진행자가 심사관의 말을 에둘러서 반박하는 부분은 없다.

| 오답 풀이 |
① 심사관은 임진왜란 시기의 기술과 지금의 기술을 직접적으로 비교하기는 힘들다며, 그에 따라 거북선의 특허 등록이 지금 가능한지 여부의 판단을 유보하고 있다.
② 심사관은 특허를 받기 위한 요건을 산업상 이용 가능성, 신규성으로 제시한다. 먼저 각각의 요건이 어떤 것인지를 설명하고 거북선이 어떠한 이유들로 그 요건에 부합하는지를 인과적으로 설명하고 있다.
④ 진행자가 거북선 특허를 출원하는 상황을 가정하고, 심사관이 이를 심사하는 사람이 자신이라고 가정하는 데서 알 수 있다.

## 06  답 ③

| 해설 |
'앉히다[안치다](자음 축약 – 축약)'는 ⓒ '축약'만 일어난다.

| 오답 풀이 |
① 뜻하다: [뜯하다](음절의 끝소리 규칙 – 교체) → [뜨타다](자음 축약 – 축약). ㉠ '교체'와 ⓒ '축약'이 모두 일어난다.
② 값지다: [갑지다](자음군 단순화 – 탈락) → [갑찌다](된소리되기 – 교체). ㉠ '교체'와 ⓒ '탈락'이 모두 일어난다.
④ 설익다: [설닉다](ㄴ 첨가 – 첨가) → [설릭다](유음화 – 교체) → [설릭따](된소리되기 – 교체). ㉠ '교체'와 ㉣ '첨가'가 모두 일어난다.

## 07  답 ①

| 해설 |
㉠ '보태어 도움 / 주되는 것에 상대하여 거들거나 도움. 또는 그런 사람'을 뜻하는 '補助(기울 보, 도울 조)'가 들어가는 것이 적절하다.
ⓒ '부족한 부분을 보태어 채움'을 뜻하는 '補塡(기울 보, 메울 전)'이 들어가는 것이 적절하다.

| 오답 풀이 |
㉠ 補强(기울 보, 강할 강): 보태거나 채워서 본디보다 더 튼튼하게 함. ⓔ 시설 보강, 체력 보강
ⓒ 補給(기울 보, 줄 급): 물자나 자금 따위를 계속해서 대어 줌. ⓔ 물자 보급, 식량 보급

## 08  답 ②

| 출전 |
아서 단토, 〈깨어 있는 꿈〉, 《무엇이 예술인가》

| 해설 |
빅토리아 시대의 예술적 모사에 대한 정의를 화가 재온 바티스타 알베르티의 말을 통해 제시하고 있다.

> ⓒ 20세기 전까지 예술은 다양한 방법의 모사에 전념했다. → ⓓ 예술적 모사는 빅토리아 시대에 정점에 이르렀다. → ⓑ 빅토리아 시대에 도달한 이상적인 재현 양식에 대하여 한 르네상스 화가가 다음과 같이 정의하였다. → ㉠ 그림을 바라보는 것과 그림의 대상을 유리창을 통해 바라보는 것이 차이가 없어야 한다. → ㉢ 따라서 잘 그린 초상화는, 초상화의 대상을 창문을 사이에 두고 마주보는 것과 구분할 수 없어야 한다.

## 09  답 ②

| 해설 |
김소월의 〈나의 집〉은 사랑하는 '그대'를 애타게 그리워하는 마음을 읊은 시이다.
'집'은 화자가 임과 함께 살기를 소망하는 순수한 공간으로, 시대적 배경으로 보아 조국의 광복을 의미한다고 해석되기도 한다. 화자의 체념이 존재하는 공간은 아니다.

| 오답 풀이 |
① 저문 날, 새벽, 아침의 시간을 '하이얀 여울턱', '새벽 새가 울며' 등의 시각과 청각의 이미지로 표현하고 있다.
③ "나는 지으리, 나의 집을"에 목적어가 뒤에 위치하는 도치법이 쓰였다.
④ 마지막 행의 "그대인가고, 그대인가고"에서 그대를 기다리는 화자의 간절함을 심화하고 있다.

## 10  답 ②

| 출전 |
남영신, 《나의 한국어 바로 쓰기 노트》

| 해설 |
생략이 용이한 우리말의 성격은, 서구인들과 달리 한 지역에 정착하여 일찍부터 집단 내부의 의사소통을 완전하게 이룰 수 있었기 때문에 나타난 것이라고 설명하고 있다. 따라서 이러한 특징을 일반화해 말한 '공동체적'이 ㉠에 들어갈 말로 가장 적절하다.

## 11  답 ③

- **충분히 잠으로써**: 부사어의 수식을 받고 서술성이 있으므로 동사이다.
- **깊은 잠을**: 관형어의 수식을 받고 있으므로 명사이다.

| 오답 풀이 |
① '뿐'은 의존 명사로도, 조사로도 쓰인다.
  - **들었을 뿐이네**: 용언의 관형사형 뒤에 쓰일 경우에는 의존 명사이다.
  - **이것뿐이다**: 체언 뒤에 붙을 경우에는 조사이다.
② '첫째'는 수사로도, 관형사로도, 명사로도 쓰인다.
  - **첫째 주**: 뒤에 오는 체언을 수식하는 관형사이다.
  - **첫째는**: '맏이'의 뜻을 나타내는 명사이다.
④ '비교적'은 명사로도, 관형사로도, 부사로도 쓰인다.
  - **비교적 뚜렷하다**: 뒤에 오는 용언을 수식할 경우는 부사이다.
  - **비교적인 관점에서**: 뒤에 조사가 붙는 경우는 명사이다.

## 12  답 ①

| 출전 |
2016학년도 6월 고1 전국연합학력평가

| 해설 |
대상을 상위 항목에서 하위 항목으로 나누는 '구분'은 이 글에 쓰이지 않았다.

| 오답 풀이 |
② 1문단에서 컴퓨터를 구성하는 가장 핵심적인 세 가지 요소를 '중앙 처리 장치, 주기억 장치, 보조 기억 장치'로 분석하고 있다.
③ 2문단에서 HDD가 CPU와 램의 처리 속도를 따라갈 수 없는 이유에 대해 설명하고 있다.
④ 2문단에서 CPU와 램의 동작 속도와 HDD의 동작 속도를 대조하고 있다.

## 13  답 ④

| 출전 |
김길원, 〈약이 되고 독이 되는 '이브의 사과' … 스포츠 도핑〉, 《연합뉴스》(2015. 2. 1.), 수정

| 해설 |
마지막 문단에 따르면, 부신 피질 호르몬제를 사용할 때 일반인들과 달리 스포츠 선수에게 주의가 필요하다는 것은 그 약물의 유해성과 상관없이 도핑 검사 시 양성 반응이 나올 가능성이 있기 때문이다. 즉 부신 피질 호르몬제가 스포츠 선수의 몸에 해로운 것은 아니다.

| 오답 풀이 |

① 1문단의, 스포츠 선수들에게 도핑을 금지하는 이유는 공정해야 하는 스포츠 정신에 부합하지 않기 때문이라는 내용에서 알 수 있다.
② 2문단의, 자양 강장제나 숙취 해소용 드링크제에서도 금지 약물 성분이 나올 수 있다는 내용에서 알 수 있다.
③ 마지막 문단의, 척추나 관절의 손상과 관련된 치료 약물에도 금지 약물이 있다는 내용에서 알 수 있다.

## 14  답 ③

| 출전 |

김민재, 〈세계 보건 기구 최근 인공 감미료를 발암 가능성이 있는 물질로 분류하다〉, 《The Science Times》(2023. 7. 17.), 수정

| 해설 |

마지막 문단에서 아스파탐이 든 청량음료를 마시는 경우를 가정하고 있다. 그러나 이는 아스파탐의 위험성을 강조하는 것이 아니라, 그 위험성이 그다지 높지 않다는 것을 설명하는 것이다.

| 오답 풀이 |

① 아스파탐이 과체중을 해결하는 데 도움을 줄 수는 있지만 발암 가능성 물질이란 점을 이야기하는 데서 알 수 있다.
② 2문단에서 알 수 있다.
④ 1문단의, 국제 암 연구소가 아스파탐을 발암 가능성 물질로 분류했다는 데서 알 수 있다.

## 15  답 ①

| 해설 |

㉠ 깨끗지(O): 어간의 끝음절 '하' 앞에 안울림소리가 있어 '하'가 아주 줄 적에는 준 대로 적는다.
㉡ 연구토록(O): 어간의 끝음절 '하' 앞에 울림소리가 있어 '하'의 'ㅏ'가 줄고 'ㅎ'이 다음 음절의 첫소리와 어울려 거센소리로 될 적에는 거센소리로 적는다.

| 오답 풀이 |

㉢ 그렇찮은데(×) → 그렇잖은데(O): 어미 '-지' 뒤에 '않-'이 어울려 '-잖-'이 될 적에는 준 대로 적는다. 따라서 '그렇지 않은데'는 '그렇잖은데'로 적을 수 있다.
㉣ 어떻튼지(×) → 어떻든지(O): 의견이나 일의 성질, 형편, 상태 따위가 어떻게 되어 있든지. =아무튼지 / '어떠하든지'가 줄어든 말

## 16  답 ④

| 출전 |

이지향, 〈소염 진통제와 신수〉, 《한국경제》(2023. 11. 30.)

| 해설 |

신장 사구체로 들어가는 혈관 입구의 문제로 혈액이 제대로 흐르지 못하는 상황에서 혈관 입구를 확장하기 위해서는 프로스타글란딘이라는 물질이 필요하다. ㉣은 소염 진통제를 주의해야 하는 이유와 관련이 있는데, ㉣을 '분비하기'로 고치면 필요한 프로스타글란딘이 충족되는 것이므로 소염 진통제를 주의할 필요가 없다. 따라서 ㉣ '차단하기'는 그대로 두어야 한다.

| 오답 풀이 |

① ㉠이 포함된 문장은 "통증이 없다면 ~ 제때 치료하지 못할 것이다"를 뒷받침한다. 즉 통증을 느끼지 못하면 제때 치료하지 못해 수명에 나쁜 영향을 미칠 것이므로 ㉠을 '짧다고'로 고치는 것은 적절하다.
② 뒤의 '상처 때문이 아니라 통증 때문에 쇼크로 죽을 수도 있기 때문을' 고려하여 ㉡을 '상처 치료보다 더 급한 것이 통증 감소'로 고치는 것은 적절하다.
③ 혈액이 제대로 흐르지 못하는 상황이므로 ㉢을 '좁아져'로 고치는 것은 적절하다.

## 17  답 ④

| 해설 |

㉣에 따라 대등한 것끼리 접속할 경우 구조가 같은 표현을 사용해야 하므로, ㉣은 '및' 앞뒤의 문장 구조를 맞추어 '문화 공간을 조성하고 근무 환경을 개선하기 위해' 정도로 수정하는 것이 적절하다.

| 오답 풀이 |

① ㉣에서 과도한 사동 표현은 삼가야 한다고 했는데, '시키다'를 '하다'로 바꾸어도 의미의 변화가 없으면 과도한 사동 표현으로 본다. 따라서 ㉠ '강화시키기'를 '강화하기'로 고치는 것은 적절하다.
② ㉮에 따르면, 주어와 서술어를 호응시켜야 한다. 그런데 '본원은 ~ 기획되고 있습니다'는 주술 호응이 맞지 않는 문장이므로, ㉡을 '다양한 교육 과정을 기획하고 있습니다'로 고치는 것은 적절하다.
③ ㉯에 따르면, 필요한 문장 성분이 생략되지 않도록 해야 한다. '개최하다'는 '…을 개최하다'의 형태로 쓰이는데 ㉢에는 목적어가 생략되었다. 제목을 보면 '전문가 초청 워크숍'을 개최하는 것을 알 수 있으므로 ㉢에 '전문가 초청 워크숍을 다음과 같이 개최하오니'와 같이 적절한 목적어를 넣어 주어야 한다.

## 18  답 ④

| 해설 |

채만식의 〈치숙(痴叔)〉은 1930년대 일제 강점기의 사회 현실에 순응하는 삶의 태도를 반어적 기법으로 비판하고 풍자한 소설이다. 서술자 '나'가 아저씨에 대해 평가하는 내용이나 아저씨와 '나'의 대화를 통해 '나'가 일제에 순응하는 삶을 사는 기회주의적 인물임을 드러내고 있다. 즉 대화 등을 통해 간접적으로 인물의 성격을 나타내는 보여주기 방식으로 '나'의 성격을 제시한 것이다.

| 오답 풀이 |

① 대화를 통해 인물 간의 갈등이 해소되는 것이 아니라, 아저씨와 '나'의 가치관 차이가 뚜렷이 드러나고 있다.
② 아저씨의 행적을 요약적으로 제시하는 것은 외부 서술자가 아니라 작중 서술자인 '나'이다.
③ 칭찬과 비난이 서로 역전되는 반어적 기법을 사용한 것은 맞지만, 이를 통해 당대 지식인인 아저씨가 아닌 일제에 기생하여 살아가는 '나'를 비판하고 있다.

## 19  답 ②

| 출전 |

팀 마샬, 《지리의 힘》

| 해설 |

영국 외교관이 중동의 지도 위에 그은 '선'이 사이크스-피코 협정의

근간이 되었으며, 이 협정은 중동 지역의 불안정과 극단주의의 부분적 원인이 되었다. 또한 이같이 임의적으로 민족 국가를 형성하는 것이 정의와 평등, 안정을 위한 방안이 되지 못한다고 글쓴이는 진술하고 있다. 따라서 글쓴이가 결론적으로 말하고자 하는 바는, 서구 열강에 의해 중동에 만들어진 인위적인 국경선이 이 지역의 분쟁의 씨앗이 되었다는 것이다.

| 오답 풀이 |
① 타의에 의해 임의적으로 민족 국가가 만들어지는 것을 비판한 것이지, 중동 지역과 민족 국가가 어울리지 않는다고 주장한 것은 아니다.
③ 사이크스-피코 협정이 영국과 프랑스가 중동 지역을 쟁탈하는 수단이 되었다는 것은 제시문만으로 추론하기 어렵다.
④ 민족 국가 자체를 비판한 것은 아니므로 적절하지 않다.

## 20 답 ②

| 출전 |
남경태, 〈철학 — 미완성의 포스트〉

| 해설 |
㉠ 역사에 대한 해석에서 일부를 선택하면서 그는 동일자가 되고 그 밖의 것들은 타자가 되어 배제된다는 것의 근거가 되는 예이므로 글쓴이의 견해를 강화한다.
㉡ 제시문은, 역사는 선택된 것만을 중심으로 진행되고 서술되는데 그것은 역사의 전부가 아니라고 말하고 있다. 따라서 배제된 평민 문학(고려 가요)을 이해해야만 우리 문학사 전부를 이해할 수 있다는 의견은 글쓴이의 견해를 약화하지 않는다.

| 오답 풀이 |
㉢ 1문단에 따르면, 지식의 보편적인 기능은 이것과 저것을 가르는 데 있다.

---

# 제2회 실전 모의고사

### 정답표

| 01 | ③ | 02 | ③ | 03 | ④ | 04 | ① | 05 | ② |
| 06 | ② | 07 | ② | 08 | ③ | 09 | ④ | 10 | ② |
| 11 | ③ | 12 | ② | 13 | ③ | 14 | ① | 15 | ① |
| 16 | ④ | 17 | ③ | 18 | ④ | 19 | ③ | 20 | ④ |

### 정답과 해설

## 01 답 ③

| 출전 |
정창우 외, 고등학교《생활과 윤리》교과서, 미래엔, 수정

| 해설 |
㉢과 ㉣은 모두 ㉡(부정확하거나 잘못된 정보를 입력할 수 있는 위험성)으로 인해 발생하는 문제점이다. 따라서 ㉢과 ㉣은 종속 관계가 아니라 대등 관계이다. 또한 ㉡은 원인, ㉣은 결과이므로 ㉣은 ㉡의 요약이 아니다.

| 오답 풀이 |
① ㉡~㉤은 위키피디아의 개방성을 전제로 하여 발생한 문제와 해결 방안이므로 ㉠은 ㉡~㉤의 논의에 대한 전제이다.
② 부정확하거나 잘못된 정보를 입력할 수 있는 위키피디아의 위험성(㉡) 때문에 정보의 신뢰성이 떨어지는 것(㉢)이므로 ㉡이 원인, ㉢이 결과이다.
④ 문제 - 해결 구조에서 글의 주지는 해결 방안에 있다. ㉡~㉣은 위키피디아의 문제점이고, 이 문제의 해결 방안인 ㉤은 글의 주지이다.

## 02 답 ③

| 해설 |
전광용의 〈꺼삐딴 리〉는 해방과 한국 전쟁을 전후한 격변기를 살아가는 이인국의 삶을 통해 시류에 영합하는 기회주의적 삶을 비판한 소설이다.
제시문에는 자신의 병원을 드나드는 일본인 간부들이 신경 쓰여 중환자를 입원시키지 않고 돌려보내는 이인국 박사의 심리와 행위가 나타나 있다. 이를 통해 이기적이고 기회주의적인 이인국 박사의 부정적 면모가 폭로되고 있지만, 역설적 표현은 사용되지 않았다.

| 오답 풀이 |
① 이인국은 육 개월 전 사상범인 중환자 춘석을 돌려보낸 과거의 사건을 회상하고 있는데, 이는 며칠 전 해방 경축 시가행진에서 마주친 춘석의 살기 어린 눈빛 때문이다. 즉 과거 회상을 통해 해방 후 이인국이 불안함을 느끼는 원인이 해방 전의 친일 행위로 인한 것임을 밝히고 있다.
② '황국 신민', '해방 경축' 등 일제 강점기와 해방 직후의 시대적 배경을 알 수 있는 특정한 단어를 사용하고 있다.
④ 작품 밖의 서술자가 작중 인물인 이인국의 심리를 모두 알고 서술하고 있으므로 전지적 작가 시점이 사용되었다. 또한 다른 작중 인물인 춘석의 심리는 제시되지 않은 채, 이인국의 시각으로만 사건이 서술되고 있다.

## 03

**답** ④

| 출전 |
마이클 샌델, 《정의란 무엇인가》

| 해설 |
공리주의가 도덕적 이상보다 쾌락을 중시한다는 정보는 확인할 수 있지만, 쾌락을 더 가치 있게 여기는 이유에 대한 정보는 제시문에 나오지 않는다.

| 오답 풀이 |
① 1문단에 따르면, 벤담은 사람들의 선호도를 모두 더해서 어떤 법이 필요한가를 결정하려 하였다.
② 2문단에 따르면, 밀은 벤담과 달리 욕구의 질을 평가해 고급 쾌락과 저급 쾌락을 구별할 수 있다고 믿었다. 또한 더 많은 사람들이 선택한 쾌락이 더 바람직한 쾌락이라고 주장하였다.
③ 쾌락의 질적 차이를 인정하지 않은 벤담과 달리, 밀은 쾌락의 질적 차이를 인정하였다.

## 04

**답** ①

| 출전 |
김성미, 〈잠 못 이루는 밤을 위한 조언〉, 《매일신문》(2023. 11. 30.), 수정

| 해설 |
1문단에 따르면, 아침에 눈 뜨자마자 머리가 바로 맑아지는 게 아닌 것은 수면의 힘과 각성의 힘이 서서히 교체되기 때문이다. 즉 수면이 각성의 힘보다 세서 잠이 든 상태에서 각성과 수면의 힘이 점차 역전되어 교체되면서 잠에서 깨게 되는데, 이때는 머리가 맑은 상태가 아니다. 따라서 각성의 힘과 수면의 힘이 비슷할 때 학습 효율이 높다고 볼 수 없다.

| 오답 풀이 |
② 2문단의 '10시간 누워서 ~ 더 개운할 수도 있다'를 바탕으로 추론할 수 있다.
③ 수면 효율은 잠자리에 누워 있는 시간 중 실제 잠 잔 시간의 비율을 의미한다. 각성보다 수면의 힘이 강하면 잠이 오고, 수면보다 각성의 힘이 강하면 잠이 오지 않는다. 따라서 전자가 후자일 때보다 수면 효율이 높을 것으로 추론할 수 있다.
④ 수면 효율을 올리려면 졸릴 때 침대에 누워야 한다. 각성보다 수면의 힘이 강하다는 것은 잠이 온다는 것이므로 이 상황에서 몸을 움직이는 것은 수면 효율을 높이는 데 도움이 되지 않을 것이라고 추론할 수 있다.

## 05

**답** ②

| 출전 |
이융남, 〈땅속에 묻힌 38억 년 생명의 시간〉, 《우리는 여전히 공룡 시대에 산다》

| 해설 |
지구상에 존재했던 생물의 수에 비해 화석이 많이 발견되지 않는 이유를 설명한 글이다.

> (다) 옛날에 살았던 생물들이 모두 다 화석이 되어 어딘가에 묻혀 있었다면 그것을 찾는 일이 아주 쉬웠을 것이다. → (라) 대부분의 생물들은 죽은 뒤 땅에 묻히기도 전에 쉽게 분해된다. → (가) 묻히기 전에 사라져 버리기 때문에 최대한 빨리 땅속에 묻혀야 화석으로 보존될 가능성이 높아진다. →
> (나) 또한 땅속에 묻혔더라도 몸에 단단한 부분이 있는 생물만 화석이 된다.

## 06

**답** ②

| 해설 |
㉠ 경기 침체로 인한 매출 부진을 벗어나기 위해 가격을 낮춘다는 내용과 관련된 한자 성어가 들어가는 것이 자연스러우므로, '자기 몸을 상해 가면서까지 꾸며 내는 계책이라는 뜻으로, 어려운 상태를 벗어나기 위해 어쩔 수 없이 꾸며 내는 계책을 이르는 말'인 '苦肉之策(괴로울 고, 고기 육, 갈 지, 꾀 책)'이 들어가는 것이 적절하다.
㉡ 나중에 참여한 투자자들의 돈으로 먼저 참여한 투자자들의 돈을 갚는 것과 관련된 내용이 들어가는 것이 자연스러우므로, '아랫돌 빼서 윗돌 괴고 윗돌 빼서 아랫돌 괸다는 뜻으로, 몹시 꼬이는 일을 당하여 임시변통으로 이리저리 맞추어서 겨우 유지해 감을 이르는 말'인 '上下撐石(위 상, 아래 하, 버팀목 탱, 돌 석)'이 들어가는 것이 가장 적절하다.

| 오답 풀이 |
㉠ 同價紅裳(같을 동, 값 가, 붉을 홍, 치마 상): 같은 값이면 다홍치마라는 뜻으로, 같은 값이면 좋은 물건을 가짐을 이르는 말
㉡ 狐假虎威(여우 호, 거짓 가, 범 호, 위엄 위): 남의 권세를 빌려 위세를 부림. 여우가 호랑이의 위세를 빌려 호기를 부린다는 데에서 유래한다.

## 07

**답** ②

| 해설 |
유치환의 〈선한 나무〉는 인간에 의해 훼손된 자연물을 통해 정신적 가치의 중요성을 강조하는 시이다.
이 시에 음성 상징어는 나타나지 않는다. 또한 노송의 역동성을 표현한 부분도 없다.

| 오답 풀이 |
① '언제고 지나치는 길가'에서 노송을 보고 화자는 그 아래에서 즐겨 노닌다. 그러다가 '하룻날 다시 와서' 그 나무가 무참히 베어 넘겨졌음을 보고 이를 슬퍼하고 안타까워하고 있다. 즉 시간의 흐름에 따라 즐겨 노닐다가 안타까운 감정으로 변화하는 화자의 심리를 드러내고 있다.
③ '어찌 나의 손바닥에 그 유현한 솔바람 소리 생길 리 있으랴'에서 설의적 표현을 사용해 노송이 베어 넘겨져 유현한 솔바람 소리를 들을 수 없는 현실에 대한 안타까움을 부각하고 있다.
④ '그 검은 가지는 추추히 탄식하듯 울고 있어', '선한 나무' 등에서 '노송'을 의인화하고 있다. '노송'은 '빠개어 육신의 더움을 취'하는 물질적 가치와 '나무 그늘을 길가에 세워 바람에 울리'는 존재적 가치가 있는 대상으로, 화자는 물질적 가치 때문에 존재적 가치가 있는 노송이 베어져 버린 현실을 안타까워하고 있다.

## 08

**답** ③

| 해설 |
작가 미상의 〈서경별곡(西京別曲)〉은 대동강을 배경으로 하여 남녀 간 이별의 정한을 노래한 고려 가요이다.
'연즌다'는 '얹었느냐, 태웠느냐'의 의미로 '(임을) 태웠느냐'로 해석할 수 있다. 따라서 '연즌다'의 주체는 사공이다. 그러나 '것고리이다'

는 '꺾을 것입니다'의 의미로, 임이 대동강을 건너면 새로운 여인을 뜻하는 '꽃'을 꺾을 것이라는 의미로 해석할 수 있다. 따라서 '것고리이다'의 주체는 사공이 아니라 임이다.

| 오답 풀이 |

① · ② '구스리 바회예 디신들 긴힛똔 그츠리잇가'는 해석하면 '구슬이 바위에 떨어지더라도 끈이야 끊어지겠습니까'이다. 이는 구슬과 끈의 비유와 설의법을 사용하여 임에 대한 화자의 신뢰는 영원히 변하지 않을 것임을 강조한 말이다.

④ '샤공'은 임을 대동강 건너에 데려다주어 새로운 여인을 만날 수 있게 한 사람이므로 화자에게 원망의 대상이 된다. 또한 '곶'은 임이 대동강 건너에서 만날지도 모르는 새로운 여인이므로, 화자에게 불안을 일으킨다.

## 09    답 ④

| 해설 |

- 걸맞는(×) → 걸맞은(○): '걸맞다'는 형용사이므로 관형사형 어미 '-는'을 사용할 수 없다.
- 갖고(○): '갖다'는 '가지다'의 준말로 바르게 쓰였다.

| 오답 풀이 |

① 갠(○) · 설렌다(○): '개다'와 '설레다'에 불필요하게 사동 · 피동 접사를 사용한 '개이다(×)'와 '설레이다(×)'는 잘못된 표기이다.

② · 설운(○): '섧다'는 '설워 - 설우니'로 활용하고, '섧다'의 복수 표준어인 '서럽다'는 '서러워 - 서러우니'로 활용한다.
- 욺(○): '울다'와 같은 'ㄹ' 받침 용언은 명사형을 만들 때 'ㄹ' 받침을 생략하지 않도록 주의해야 한다.

③ · 서투른(○): '서투르다'의 관형사형은 '서투른'이고, 준말인 '서툴다'의 관형사형은 '서툰'이다.
- 말아라(○): '말다'에 명령형 어미 '-아라' 등이 결합할 때 어간 끝의 'ㄹ'이 탈락하기도 하고 탈락하지 않기도 한다. 따라서 '말아라(○)/마라(○)' 모두 표준형이다.

## 10    답 ②

| 해설 |

박지원의 〈허생전(許生傳)〉은 허생의 상행위를 통해 당시 허약한 국가 경제를 비판하고, 양반의 무능과 허위의식을 풍자한 고전 소설이다.

일상생활 속 예법에 소홀하다고 사대부를 비판한 것은 아니다. 허생은 대명을 위해 원수를 갚겠다고 말만 할 뿐, 허례허식에 빠져 행동하지 않는 사대부들의 태도를 비판하고 있다.

| 오답 풀이 |

① '그래도 신임받는 ~ 참으로 이렇단 말이냐?'에서 의문형 문장을 반복 사용하여, 자신의 세 가지 제안을 받아들이지 못하는 상대(이 대장)에 대해 신임받는 신하라 할 수 없다고 평가 내리고 있다.

③ · ④ "번오기는 원수를 ~ 여기지 않았다"의 사례를 통해 목표를 이루기 위해 무슨 일이라도 했던 번오기와 무령왕과, 대명을 위해 원수를 갚겠다면서 오랑캐의 습속(흰옷, 상투 등)을 버리지 못하는 이 대장(사대부)을 대조하여 집권층이 취해야 하는 바람직한 태도를 강조하고 있다.

## 11    답 ③

| 해설 |

2문단에 따르면, 미성년자의 법정 대리인은 1차적으로 친권자이지만 친권자가 없거나, 있어도 대리를 할 수 없을 경우에는 후견인으로 대체될 수 있다. 따라서 '친권자가 사망했을 경우에 한해'라는 조건은 잘못된 것이다.

| 오답 풀이 |

② 1문단의 "계약과 같은 법률 행위를 하여 권리를 얻거나 의무를 지려면 자신의 의사로 판단하고 결정할 수 있는 능력이 있어야 한다"에서 알 수 있다.

④ 1문단에 따르면, 만 20세 미만인 미성년자는 의사 능력이 없다고 일률적으로 취급한다. 또한 성인, 즉 만 20세 이상인 사람도 '만취' 등의 상황에 따라 의사 능력이 없다고 판단될 수 있다.

## 12    답 ②

| 해설 |

정보 통신 기술의 발달이 지닌 장점과 단점을 모두 제시하고 있다. 그러나 이를 사례를 들어 설명하지는 않았다.

| 오답 풀이 |

① 정보 통신 기술의 발달이 부작용을 초래할 수 있다고 언급한 뒤 이를 해결하기 위해 정부와 개인이 해야 할 일을 제시하고 있다.

③ 정보 통신 기술의 발달이 민주주의가 바라는 국민들의 정치 참여를 확대시켜 줄 수 있다고 말하는 데서 알 수 있다.

④ 정보 통신 기술의 발달은 부작용을 초래할 수 있으므로 많은 노력이 필요하다고 원인과 결과를 밝혀 말하고 있다.

## 13    답 ③

| 출전 |

김창남, 《대중문화의 이해》

| 해설 |

대중문화는 다양한 전략을 통해 소비자를 현혹시켜 문화의 주체가 아닌 객체로 만든다는 사실을 지적한 글이다. 따라서 '대중문화에 현혹된 소비자의 특성'이 제목으로 가장 적절하다.

| 오답 풀이 |

① 소비자를 현혹시켜 소비자의 주체성을 상실하게 하는 문화 산업의 역기능을 중심으로 글이 전개되고 있다. 문화 산업의 순기능은 나타나지 않는다.

② 대중문화는 문화 산업의 산물이라는 일부 내용만 담고 있으므로 제목으로 적절하지 않다.

④ 문화 산업이 중요한 판매 시장인 청소년을 공략하기 위해 온갖 광고와 판매 전략을 동원하고 있다는 부분적 내용만 담고 있다.

## 14    답 ①

| 해설 |

마지막 문단에 따르면, 하향식 방법은 생산성과 경제적 효용성에 한계가 있으며 상향식 방법은 하향식에 비해 경제적 측면에서 훨씬 유리하다. 그러나 상향식 방법은 나노 점, 나노 선을 균일하게 구현하는 기술이 부족하다는 점만 알 수 있을 뿐 생산성은 언급된 바가 없다. 따라서 하향식과 상향식의 생산적 측면의 유 · 불리 여부는 알 수 없다.

| 오답 풀이 |

② 하향식은 전자 빔 등을 이용해 원료 물질을 '작게 쪼개는 방법'이고, 상향식 방법은 원자나 분자의 결합력에 따른 자기 조립 현상을 이용해 나노 입자를 제조하는 방법이다. 따라서 '원재료에서 나노 물질을 만드는 방식'은 하향식 방법이다.
③ 2문단의 "나노 박막의 경우에는 ~ 초보 수준을 벗어나지 못하고 있다"와 부합한다.
④ 1문단의 '나노 기술 혁명을 통해서는 ~ 궁극적으로 물질을 정복하게 될 것이다'에서 알 수 있다.

## 15  📗 ①

| 해설 |

㉠ 앞에서 말한 '사회적 계층을 초월한 국민 전체의 예술'을 구체적으로 설명한 진술이 이어지므로 '다시 말해, 즉'이 들어가야 적절하다.
㉡ 앞뒤로 음악만을 위한 이론이나 형식은 중요하지 않게 되어서 바그너는 순수 기악곡을 쓰지 않았다는 내용이 인과 관계로 이어지므로, '그래서, 따라서, 그러므로'가 들어가야 적절하다.
㉢ 바그너가 순수 기악곡을 거의 쓰지 않았고, 새로운 형태의 오페라인 악극을 시도했다는 내용이 대등하게 이어지므로, '그리고, 또한'이 들어가야 적절하다.

## 16  📗 ④

| 해설 |

〈보기〉는, '○○ 쇼'를 시청한 적이 있는지의 여부를 기준으로 홈 쇼핑 고수와 홈 쇼핑 문외한을 나누고 있으므로 흑백 사고의 오류를 범한 것이다. '흑백 사고의 오류'란 논의되는 집합의 원소가 두 개밖에 없다고 판단하는 오류이다. ④에서도 영찬이에게 기념품을 받았느냐의 여부를 기준으로 사람을 두 부류로 나누고 있다.

| 오답 풀이 |

① 어떤 대상의 기원이 갖는 속성을 그 대상 역시 갖고 있다고 추측하는 발생학적 오류를 범한 예이다.
② 논점과 관계없는 문제들을 거론하여 논쟁을 회피하거나 본래 논의되던 논지와 무관한 결론을 이끌어 내는 논점 일탈의 오류를 범한 예이다.
③ 증명할 수 없거나 알 수 없는 사실을 근거로 들어 자신의 주장을 정당화하는 무지에 호소하는 오류를 범한 예이다.

## 17  📗 ③

| 해설 |

'여쭤보다'는 문장의 객체를 높이는 특수 어휘이다. 이 문장의 객체인 '저'는 말하는 이가 자기를 낮추어 가리키는 1인칭 대명사이므로 객체 높임 표현을 쓰는 것은 어색하다. 따라서 '물어보셨던' 정도로 고치는 것이 적절하다.

| 오답 풀이 |

① ㉠은 과장님의 소유물(넥타이)을 높여서 높여야 할 대상인 과장님을 간접적으로 높인 간접 높임 표현을 사용하고 있으므로 그대로 두고 고치지 않는다. 하지만 '있다'의 경우, 직접 높임은 '계시다'를, 간접 높임은 '있으시다'를 쓰므로, 과장님을 간접적으로 높이는 표현인 ㉢은 '있으십니까'로 고치는 것이 좋다.
② ㉡은 김 과장님만 높이는 표현이므로 '오시라고 하시는데'로 고쳐 과장님과 부장님을 모두 높이는 것이 적절하다. '오라시는데'는 부장님만 높이는 표현이므로 적절하지 않다.
④ 직장에서는 압존법이 적용되지 않기 때문에 윗사람에 대해 그보다 윗사람에게 말하는 경우에도 주체를 높이는 '-시-'를 넣어 높여 말해야 한다. 따라서 ㉣은 그대로 두고 고치지 않는다. 또한 직급이 같거나 낮은 사람에게도 직장 사람들에 관해 말할 때에는 '-시-'를 넣어 존대하는 것이 바람직하다.

## 18  📗 ④

| 해설 |

• **작을∨듯도∨하다**(○): '듯도∨하다'와 같이 의존 명사 뒤에 조사가 붙은 경우는 보조 용언 구성이 아니라 의존 명사와 용언의 구성이므로 붙여 쓸 수 없다.
• **발전하는∨듯하지만**(○): 보조 용언 '듯하다'는 앞말과 띄어 쓰는 것이 원칙이나, 본용언이 복합어일 때에는 그 활용형이 2음절인 경우에만 붙여 씀을 허용한다. '발전하다'가 파생어이고 그 활용형이 4음절이므로 '발전하는∨듯하다'로만 써야 한다.

| 오답 풀이 |

① • **도착할∨지를**(×) → **도착할지를**(○): '-ㄹ지'는 추측에 대한 막연한 의문을 나타내는 어미이므로 앞말에 붙여 쓴다.
  • **ㄹ지라도**(○): '-ㄹ지라도'는 앞 절의 사실을 인정하면서 그에 구애받지 않는 사실을 이어 말할 때에 쓰는 연결 어미이므로 앞말에 붙여 쓴다.
② • **읽는데**(×) → **읽는∨데**(○): '데'는 '일'이나 '것'의 뜻을 나타내는 의존 명사이므로 앞말과 띄어 쓴다.
  • **가∨본∨데가**(○): '데'는 '곳'이나 '장소'의 뜻을 나타내는 의존 명사이므로 앞말과 띄어 쓴다.
③ • **대회∨만큼은**(×) → **대회만큼은**(○): '만큼'은 앞말에 한정됨을 나타내는 보조사이므로 앞말에 붙여 쓴다.
  • **검사하는만큼**(×) → **검사하는∨만큼**(○): '만큼'은 용언의 관형사형 뒤에 쓰여 앞의 내용에 상당한 수량이나 정도임을 나타내는 의존 명사이므로 앞말과 띄어 쓴다.

## 19  📗 ③

| 해설 |

《표준국어대사전》의 문형 정보에는 주어를 제외한 용언의 필수적 성분만이 제시된다. 감기다³은 '…을 감기다'의 형태로 쓰여 목적어를 필수적인 문장 성분으로 요구하는 두 자리 서술어이다. 하지만 감기다² ①은 '…에 감기다'의 형태로 쓰여 부사어를 필수적인 문장 성분으로 요구하는 두 자리 서술어이다.

| 오답 풀이 |

① 감기다²는 같은 표제어 안에서 뜻풀이가 달라진 경우 각각의 뜻을 표기하고 있으므로 다의어이다.
② 감기다¹, 감기다², 감기다³은 소리는 같지만 의미적으로는 관련이 없는 동음이의 관계이다.
④ '졸려서 눈이 <u>감긴다</u>'의 '감기다'는 '눈동자가 덮이다'의 의미이므로 '감다'의 피동사인 감기다²의 용례로 적절하다. 또한 '그의 눈을 <u>감겼다</u>'의 '감기다'는 '눈동자가 덮이게 하다'의 의미이므로 '감다'의 사동사인 감기다³의 용례로 적절하다.

## 제3회 실전 모의고사

**정답표**

| 01 | ④ | 02 | ③ | 03 | ④ | 04 | ④ | 05 | ② |
| --- | --- | --- | --- | --- | --- | --- | --- | --- | --- |
| 06 | ① | 07 | ② | 08 | ① | 09 | ② | 10 | ② |
| 11 | ④ | 12 | ② | 13 | ④ | 14 | ④ | 15 | ③ |
| 16 | ② | 17 | ② | 18 | ④ | 19 | ③ | 20 | ④ |

**정답과 해설**

## 01
답 ④

| 출전 |
김덕균, 〈실록에 나타난 단종 시대 효행 장려 정책의 특징과 강원도 영월 지역 효충 문화 연구〉, 《효학 연구》

| 해설 |
2문단에서 단종이 패륜 범죄자를 철저히 처벌하겠다는 선언을 했다는 것을 알 수 있다. 하지만 패륜 범죄자를 공개적으로 처벌하는 제도를 도입했다는 내용은 제시문에 나오지 않는다.

| 오답 풀이 |
② 1문단의, '부모님이 돌아가시면 아무리 슬퍼도 3일이 지나면 음식을 먹어야 한다'는 《효경》의 권면에도 단종은 음식을 먹지 못했다는 내용에서 알 수 있다.
③ 2문단의, 단종이 즉위 교서를 통해 자신의 부친이 선친들의 치적을 효로써 계승했음을 밝혔다는 내용에서 알 수 있다.

## 02
답 ③

| 해설 |
'오지랖'은 '웃옷이나 윗도리에 입는 겉옷의 앞자락'을 뜻한다.
* **오지랖(이) 넓다**: 쓸데없이 지나치게 아무 일에나 참견하는 면이 있다. / 염치없이 행동하는 면이 있다.

| 오답 풀이 |
① 배알: '창자'를 비속하게 이르는 말
　* **배알이 꼴리다{뒤틀리다}**: 비위에 거슬려 아니꼽다.
② 덜미: 목의 뒤쪽 부분과 그 아래 근처. = 목덜미 / 몸과 아주 가까운 뒤쪽
④ 오금: 무릎의 구부러지는 오목한 안쪽 부분 / 아래팔과 위팔을 이어 주는 뼈마디의 안쪽 부분

## 03
답 ④

| 해설 |
이담명의 〈사노친곡(思老親曲)〉은 전 12수로 고향에 계신 노모에 대한 그리움을 드러낸 연시조이다.
제11수에서는 '하늘', '일월'이 자신이 존재하는 '누준 듸'를 듣고 '하토'를 비춰 줄 것이라고 기대하고 있다. 이것은 절대적 존재가 모자 지정을 살펴서 자신과 어머니가 함께 할 수 있게 해 줄 것이라는 기대감을 드러낸 것이다.

## 20
답 ④

| 출전 |
허연, 〈인간의 욕망을 인정하는 규칙은 '시장'밖에 없다〉, 《매일경제》 (2023. 7. 14.), 수정

| 해설 |
2문단에 제시된 베트남의 사례는, 시장 참여자에게 허용된 소유는 인센티브로 작용하여 그들의 행동을 이끌어 내는 동기가 된다는 것을 보여 준다. 따라서 소유의 중요성을 강조하는 말인 ④가 ㉠에 들어가는 것이 가장 적절하다.

| 오답 풀이 |
①·②·③ 제시문의 범위를 벗어난 내용이다.

| 오답 풀이 |
① 제1수의 "어느날 ~ 뵈오려뇨"에서 고향에 대한 그리움을 드러내고 있다. 그러나 고향의 풍경을 묘사한 부분은 없다. "봄은 오고 ~ 플 프르기 ᄀ티"는 때가 되면 봄이 오고 풀이 푸르게 되듯이 자신도 고향에 돌아가고 싶다는 소망을 드러낸 것이다.
② 제2수의 '친년은 칠십오'는 어머님의 연세가 75세라는 의미이므로 '노모'와의 공간적 거리감을 표현한 것이 아니다. '노모'와의 공간적 거리감은 '영로ᄂ 수천리'에 나타난다.
③ 제11수의 'ᄂ즌 디'는 노모와 떨어진 자신의 상황을 의미하므로 제2수의 고향에 '도라갈 기약'의 실현과 무관하다.

## 04
답 ④
| 출전 |
팀 하포드, 《경제학 콘서트》
| 해설 |
2문단에 따르면, 중고차 시장에서 시장의 자원 배분 기능이 실패하는 이유는, 판매자는 좋은 차와 형편없는 차를 구분할 수 있는 정보가 있지만 구매자는 이에 대한 정보가 없기 때문이다. '구매자가 판매자에게 자신이 원하는 자동차의 종류와 브랜드를 정확히 알려' 준다고 해도 좋은 차와 형편없는 차를 구분할 수 있는 정보가 여전히 판매자에게 있는 것이므로 정보의 비대칭성을 해소하는 데 도움이 된다고 보기 어렵다.
| 오답 풀이 |
① 관광지에 처음 방문한 여행객들은 좋은 음식점과 나쁜 음식점을 고를 수 있는 정보를 적게 가지고 있다. 이러한 정보의 비대칭성 때문에 여행객들은 관광지의 식당에서 실제보다 높은 가격을 지불하게 되는 경향이 생긴다.
② 입사 지원자는 자신의 능력에 대해 잘 알고 있지만 기업은 구직자에 대한 정보가 부족해 학력 등의 정보를 통해 입사 지원자를 평가한다. 이는 정보의 비대칭성을 해소하기 위한 노력이라고 볼 수 있다.
③ 1문단에 따르면, 보험 가입자는 자신에 대해 보험 회사보다 잘 알고 있다. 따라서 이러한 정보의 비대칭성을 약화시키기 위해 보험 회사는 피하고 싶은 고객을 선택하게 된다. 즉 보험 회사가 암 보험 가입 희망자에게 의료 보험 기록을 요구하는 이유는, 그 기록을 바탕으로 희망자의 보험 가입을 제한하여 시장에서 정보 부족으로 인한 자신의 피해를 줄이기 위해서이다.

## 05
답 ②
| 출전 |
2010학년도 3월 고2 전국연합학력평가
| 해설 |
김 박사는 나쁜 생활 습관이 허리 건강에 안 좋다는 이야기를 반복하며 허리 통증의 원인을 설명하고 있을 뿐, 예방책을 말하지는 않는다. 진행자는 '운동 시간을 늘리라'는 말로 예방책을 제시하고 있다.
| 오답 풀이 |
① 앉아서 공부하는 시간이 많아 허리가 아픈 청소년들이 많다는 진행자에게 김 박사가 "그렇죠. 앉아서 공부하는 시간이 지나치게 많죠"라고 말하는 데서 알 수 있다.
③ 김 박사는 청소년기의 특성을 들어 연쇄적으로 허리가 아픈 원인을 분석하고 있다.
④ 진행자는 허리를 기둥에, 몸을 건물에 비유하여 기둥이 부실하면 건물이 무너진다고 말하면서, 허리 때문에 몸 전체의 건강이 나빠질 수 있음을 말하고 있다.

## 06
답 ①
| 해설 |
정지용의 〈인동차(忍冬茶)〉는 탈속과 견인(堅忍)의 삶의 태도를 회화적으로 그린 시이다.
1연의 '인동 삼긴 물이 나린다'는 인동차를 마신다는 의미 외에 '겨울'이 뜻하는 시련을 참고 견딘다[忍冬]는 중의적 의미를 지닌다. 이를 활용하여 시련을 묵묵히 견디는 자세를 보여 주고 있다.
| 오답 풀이 |
② 2~3연에 붉은색과 푸른색의 색채 대비가 나타나는데, 장작불의 붉음과 무순의 파릇함은 모두 강인한 생명력을 의미한다. 따라서 색채 대비를 통해 체념적 정서가 드러나는 것이 아니라 암울한 현실을 참고 견디려는 의지를 표현한 것이다.
③ 하나의 감각이 다른 감각으로 전이되는 공감각적 이미지는 사용되지 않았다. 또한 풍설이 치는 추운 겨울을 견디려는 자세에서 엄혹한 현실이라는 부정적 상황 인식이 드러난다.
④ 마지막 연에 속세와 단절된 탈속적 세계가 나오지만 설의적 표현으로 이를 드러낸 것은 아니다.

## 07
답 ②
| 해설 |
㉠ [낯선] 사람이 조용히 내 뒤로 다가왔다.
㉡ 부모님은 [동생이 고향에 돌아오기]만을 기다리셨다.
㉡에서 명사절로 안긴 문장인 '동생이 고향에 돌아오기'에는 부사어 '고향에'가 있다. 하지만 ㉠에서 관형절로 안긴 문장인 '낯선'에는 부사어가 없다.
| 오답 풀이 |
① ㉠에서 '낯선'은 '(사람이) 낯설다'와 같이 주어가 생략된 관형절로 안긴 문장이다.
③ 기린은 [목이 길다].: ㉢에서 서술절로 안긴 문장의 주어는 '목이'이고, 안은문장의 주어는 '기린은'이므로 안긴문장과 안은문장의 주어는 같지 않다.
④ 주성분은 주어, 서술어, 목적어, 보어이다. ㉡에서 '동생이 고향에 돌아오기'는 명사형 어미 '-기'가 붙어 목적어의 역할을 하는 명사절로 안긴 문장이고, ㉢에서 '목이 길다'는 서술절로 안긴 문장이다. 하지만 ㉠에는 주성분으로 쓰인 안긴문장이 없다. 관형절로 안긴 문장인 '낯선'은 관형어의 역할을 하므로 부속 성분이다.

## 08
답 ①
| 해설 |
신여성(○) · 공염불(○): 접두사처럼 쓰이는 한자가 붙어서 된 말이나 합성어에서, 뒷말의 첫소리가 'ㄴ' 소리로 나더라도 두음 법칙에 따라 적는다.
| 오답 풀이 |
② • 명중율(×) → 명중률(○): 모음이나 'ㄴ' 받침 뒤에 이어지는 '렬, 률'이 아니므로 본음대로 '명중률'로 적는다.
• 백분율(○): 'ㄴ' 받침 뒤에 이어지는 '렬, 률'은 '열, 율'로 적는다.

③ • 내래월(×) → 내내월(○): '내내월'은 '내-내월'로 분석되는데, ㉣에 따라 접두사처럼 쓰이는 한자가 결합하여 된 단어는 뒷말을 두음 법칙이 적용된 형태로 적는다.
• 가정란(○): '란(欄)'이 단어의 첫머리 이외에 올 경우에는 두음 법칙을 적용하지 않고 본음대로 적는다.
④ • 태능(×) → 태릉(○): '릉(陵)'이 단어의 첫머리 이외에 올 경우에는 ㉢에 따라 두음 법칙을 적용하지 않고 본음대로 적는다.
• 실낙원(○): '실-낙원'과 같이 접두사처럼 쓰이는 한자가 결합하여 된 단어는 뒷말을 두음 법칙이 적용된 형태로 적는다.

## 09　　　　　　　　　　　　　　　　답 ②
| 해설 |
'혀의 정점이 입 안의 앞쪽에 위치하여 발음되는 모음'은 전설 모음을 의미한다. '입술을 둥글게 오므려 발음하는 모음'은 원순 모음이다. '혀의 위치를 가장 높게 발음하는 모음'은 고모음이다. 〈보기 2〉의 조건인 전설 모음, 원순 모음, 고모음에 모두 해당하는 음운인 'ㅟ'가 포함된 단어는 '거위'이다.

## 10　　　　　　　　　　　　　　　　답 ②
| 출전 |
백승주, 〈한국어 듣기 교재에 대한 텍스트 기호학적 분석〉,《어문론집》 수정
| 해설 |
한국어 학습자들이 능동적으로 한국어 듣기를 수행하는 것이 어려운 이유를 밝히고, 한국어 듣기 교육의 목표를 제시한 글이다.

> (가) 듣기는 복잡한 인지 처리가 필요한 능동적 활동인데, 대화 상황을 살펴보면 이를 알 수 있다. → (마) 실제 대화에서 대화 참여자들은 서로의 발화 의도를 실시간으로 파악하려고 노력해야 한다. → (라) 그러나 한국어 학습자들이 능동적으로 한국어 듣기를 수행(=상대의 발화 의도를 실시간으로 파악)하는 것에는 제약이 따른다. → (나) 학습자들은 한국어 듣기를 위해 필요한 자원을 균형 있게 갖추지 못했기 때문이다. → (다) 한국어 듣기 교육의 목표는 한국어 학습자들이 이러한 자원을 갖추도록 하는 것에 있다.

## 11　　　　　　　　　　　　　　　　답 ④
| 출전 |
최병권, 《세계의 교양을 읽는다》
| 해설 |
글쓴이는 정상적 법체계를 이루기 위해 이성으로 용납할 수 없는 악법에는 복종하지 말아야 한다고 주장하고 있다.
| 오답 풀이 |
① 제시문은 법이 어떠해야 한다는 당위성을 밝히는 것이 아니라, 법을 어떻게 지켜야 하는가에 초점이 맞추어져 있다.
② · ③ 제시문의 범위를 벗어난 내용이다.

## 12　　　　　　　　　　　　　　　　답 ④
| 출전 |
로버트 하일브로너, 《고전으로 읽는 경제사상》
| 해설 |
마지막 문단의, 육·해상 무역은 크레마티스티케에 속하는데, 아리스토텔레스는 크레마티스티케를 혐오했다는 내용에서 알 수 있다.

| 오답 풀이 |
① 1~2문단에 따르면, 아리스토텔레스는 도덕 원칙에 따라 모든 상행위를 에코노미아와 크레마티스티케로 나누었는데, 이 중 무한한 것은 에코노미아가 아니라 크레마티스티케이다.
② 2~마지막 문단에 따르면, 개인적인 서비스 제공은 부자연스러운 행위인 크레마티스티케에 속한다.
③ 마지막 문단에 따르면, 고리대금은 크레마티스티케에 속한다.

## 13　　　　　　　　　　　　　　　　답 ②
| 해설 |
㉡은 일반 성인도 인공호흡법을 알고 있어야 유사시에 다른 사람의 생명을 살릴 수 있는데, 그렇지 못한 경우가 있다는 취지를 지니므로 Ⅱ-1에 부합하는 내용이다. 따라서 삭제하지 않고 그대로 두어야 한다.
| 오답 풀이 |
③ 일반 성인을 대상으로 한 글의 개요이므로, 중고등학생을 대상으로 한 교육과는 관련이 없다.
④ ㉣은 범위가 넓고 추상적인 결론이므로, 구체화하여 고쳐야 한다.

## 14　　　　　　　　　　　　　　　　답 ④
| 해설 |
박재삼의 〈추억에서〉는 가난했던 어린 시절 어머니의 고달픈 삶과 한(恨)을 형상화한 시이다.
'달빛 받은 옹기전의 옹기들'은 뒤의 '말없이 글썽이고 반짝이던 것인가'로 보아 어머니의 눈물을 비유한 것이다. 그러나 "은전만큼 손 안 닿는 한이던가"는 벗어날 수 없는 가난으로 인한 한을 표현한 것이므로, '은전'은 가지고 싶지만 가질 수 없는 '부(富)'를 의미하는 것이다. '은전'은 팔고 남은 물고기의 '눈깔'을 비유한 것이다.
| 오답 풀이 |
① '울 엄매의 장사 끝에 남은 고기 몇 마리', "진주 남강 맑다 해도 / 오명 가명 / 신새벽이나 밤빛에 보는 것을" 등은 화자가 유년 시절일 때 어머니의 삶을 시각적으로 묘사한 것이다.
② 의문형 어미인 '-ㄴ가'를 반복하여 단정적인 표현을 피하고 감정을 절제하여 나타내고 있다.
③ 3연의 '별밭'은 화자가 소망하는 이상적 세계를 의미하며, '골방'은 화자의 가난한 삶을 나타낸다. 이 둘을 대조하여, 이상적 삶과는 거리가 먼, 가난한 삶을 살아가는 화자의 시적 상황을 강조하고 있다.

## 15　　　　　　　　　　　　　　　　답 ③
| 해설 |
김유정의 〈봄·봄〉은 혼인을 빌미로 주인공을 착취하는 교활한 장인과 순박하고 우직한 '나'의 갈등을 해학적으로 그린 소설이다.
'점순이는 내 편을 들어서 속으로 고수해서 하겠지'에서 '나'는 점순이 자신의 편을 들며 장인이 맞는 것을 고소해하리라고 예상한다. 그러나 실제로 점순은 '나'의 귀를 잡아당기며 우는데, 이것을 보고 '나'는 기운이 탁 꺾이고 만다. 즉 인물이 예상한 바와 어긋나는 사건을 통해 '나'의 어리숙한 성격이 드러나는 것이다.
| 오답 풀이 |
① 역순행적 구성을 취하는 것은 맞지만, 현재와 과거의 사건만이 이어지고 있을 뿐, 현재의 사건이 다시 제시되지는 않는다.

② 장인은 처음엔 '나'를 '이놈'이라고 부르지만 고통이 심해지자 '할아버지'라 부르고 있다. 이러한 과장된 희극적 상황을 통해 작품의 해학성이 약화되는 것이 아니라 강화되고 있다.
④ '나'는 작중 서술자이자 주인공이므로, 이 소설은 1인칭 주인공 시점이다. 따라서 작중 서술자가 주인공을 관찰하는 1인칭 관찰자 시점이라는 설명은 옳지 않다.

## 16  답 ②

| 출전 |
캐슬린 매콜리프, 《숙주 인간: 우리의 생각을 조종하는 내 몸속 작은 생명체의 비밀》

| 해설 |
1문단에 따르면, 레이철 헤르츠는 인간관계가 먼 사람의 몸에서 나온 것일수록 역겨운 반응이 커진다는 것을 파악하였다. 그리고 2문단에 따르면, 게리 셔먼은 어두운 색을 띨 때나 오염과 연관시켜 역겨움을 느낀다는 것을 파악하였다. 따라서 두 사람은 역겨움의 심리적 기제를 파악한 것이다.

| 오답 풀이 |
① 1문단에 따르면, 인간관계가 가장 먼 사람의 몸에서 나온 것일수록 역겨운 반응이 커진다. 따라서 낯선 타인에게는 오히려 역겨움을 느끼는 기준을 낮게 잡을 것이다.
③ 2문단에서 역겨움을 쉽게 느끼는 사람들이 오염원을 더 잘 찾아낼 수 있다는 정보를 확인할 수 있지만, 이들이 더 청결한 삶을 유지하는지의 여부는 알 수 없다.
④ 1문단에 따르면, 사람들은 자신의 세균에는 면역이 되어 있고, 친밀한 사람의 세균은 자기를 해칠 가능성이 크지 않다고 생각하기 때문에 익숙한 대상에 대해서는 역겨움을 덜 느낀다. 그러나 세균의 양에 대한 내용은 제시문에 없다.

## 17  답 ②

| 출전 |
2013년도 국가직 5급 언어논리영역, 지문 발췌

| 해설 |
1문단에 따르면, 천재성은 '천재적$^1$'인 지적 능력'과 '천재적$^2$인 과학적 업적'이라는 두 가지 의미로 구분된다. 그런데 2문단에 따르면, 천재적$^1$인 지적 능력을 가진 사람이 모두 천재적$^2$인 과학적 업적을 낼 수 있는 것이 아니며, 천재적$^2$인 과학적 업적을 낸 사람이 모두 천재적$^1$인 지적 능력을 가진 것은 아니다. 이를 바탕으로 할 때, 천재적$^1$인 지적 능력과 천재적$^2$인 과학적 업적은 서로 절대적인 상관관계가 존재하지 않음(㉠)을 알 수 있다.

| 오답 풀이 |
① 1문단에서 천재성을 '천재적$^1$인 능력'과 '천재적$^2$인 업적'으로 구분하고 있다.
③ 2문단에 제시된 '코페르니쿠스와 멘델'의 사례와 배치된다. 코페르니쿠스와 멘델은 천재적$^1$인 능력을 소유하고 있지는 않았으나 천재적$^2$인 업적을 세웠다. 따라서 천재적$^2$인 업적을 세우려면 천재적$^1$인 능력을 반드시 소유해야 하는 것은 아니다.
④ '천재적$^1$인 능력'과 '천재적$^2$인 업적'에 대한 시간의 흐름에 따른 평가는 제시문에 나오지 않는다.

## 18  답 ④

| 해설 |
'階梯(섬돌 계, 사다리 제)'는 '사다리라는 뜻으로, 일이 되어 가는 순서나 절차를 비유적으로 이르는 말 / 어떤 일을 할 수 있게 된 형편이나 기회'의 의미이므로 적절하지 않다. 하지만 '介在(끼일 개, 있을 재)'도 '어떤 것들 사이에 끼여 있음'의 의미이므로 역시 문맥에 맞지 않는다. 이 문장에서는 '글이나 그림 따위를 신문이나 잡지 따위에 실음'의 의미인 '揭載(들 게, 실을 재)'로 바꾸는 것이 적절하다.

| 오답 풀이 |
① '計量[꾀할 계, 헤아릴 량(양)]'은 '수량을 헤아림 / 부피, 무게 따위를 잼'의 의미이다. '나쁜 점을 보완하여 더 좋게 고침'을 뜻하는 '改良[고칠 개, 어질 량(양)]'으로 바꾸는 것이 적절하다.
② '啓發(열 계, 필 발)'은 '슬기나 재능, 사상 따위를 일깨워 줌'의 의미로, '상상력 계발 / 자기 계발'과 같이 쓰인다. '새로운 물건을 만들거나 새로운 생각을 내어놓음'의 의미인 '開發(열 개, 필 발)'로 바꾸는 것이 적절하다.
③ '分割(나눌 분, 나눌 할)'은 '나누어 쪼갬'의 의미로, '토지 분할'과 같이 쓰인다. '종류에 따라서 가름'의 의미인 '分類[나눌 분, 무리 류(유)]'로 바꾸는 것이 적절하다.

## 19  답 ③

| 해설 |
㉢은 ㉣의 이유이기 때문에 위치를 서로 바꾸어야 문맥상 자연스럽다.

| 오답 풀이 |
① 뒤의 '점유가 아니라 사람들을 배치하고 조작하는 기술과 기능'이라는 내용으로 보아 ㉠은 그대로 두는 것이 문맥상 적절하다.
② ㉡은 권력이 지식과 불가분의 관계를 맺고 있다는 문단의 중심 내용을 통시적으로 설명한 것이므로 문단의 통일성에 어긋나지 않는다.
④ ㉤의 앞뒤는 학문, 지식 등이 권력과 욕망에 물들어 있으므로 우리는 이러한 상관관계를 이해할 수 있는 안목을 길러야 한다는 문맥이므로, 인과 관계를 나타내는 '그러므로'는 그대로 두어야 한다.

## 20  답 ④

| 해설 |
예상되는 반론을 제시하고 그것을 반박하는 내용은 없다.

| 오답 풀이 |
① 2문단에서 과거의 권력과 근대 이후의 권력을 대조하여 설명하고 있다.
② 마지막 문단의, 개발 정보를 이용해 부동산 투기를 하는 경우의 예시를 들어 설명하는 데서 알 수 있다.
③ 권력의 실체를 밝히기 위해 지식, 진실 등을 설명하고 있다.

## 제4회 실전 모의고사

### 정답표

| 01 | ③ | 02 | ② | 03 | ④ | 04 | ④ | 05 | ② |
|---|---|---|---|---|---|---|---|---|---|
| 06 | ④ | 07 | ③ | 08 | ② | 09 | ① | 10 | ② |
| 11 | ④ | 12 | ① | 13 | ② | 14 | ④ | 15 | ① |
| 16 | ① | 17 | ③ | 18 | ③ | 19 | ③ | 20 | ③ |

### 정답과 해설

## 01  답 ③

| 해설 |

③은 안전벨트를 '생명띠'에 비유하면서, 안전벨트가 생명을 보호해 준다는 의문형 문장을 통해 안전벨트 착용을 완곡하게 요청하고 있다.

| 오답 풀이 |

① 의문형 문장은 사용하였으나, 비유적 표현은 사용하지 않았다. 또한 뒷자리 안전벨트 착용은 필수라는 데에서 안전벨트 착용을 직접적으로 요청하고 있다.
② 의문형 문장을 사용하면서, 첨단 기술보다 안전벨트가 더 안전하다는 데에서 안전벨트 착용을 완곡하게 요청하고 있다. 하지만 비유적 표현은 없다.
④ 자동차 사고 시 안전벨트가 '안아 준다'라는 표현에 비유적 표현과 안전벨트 착용의 완곡한 요청이 나타난다. 그러나 의문형 문장은 없다.

## 02  답 ②

| 출전 |

신진욱·이세영, 〈팬덤 정치, 민주주의의 열매이자 독〉, 《한겨레21》 (2022. 4. 18.), 수정

| 해설 |

제시문은 두괄식 전개 구조로, "역설적이게도 ~ 독이 될 수 있다"에 글의 주지가 나타난다. ㉠은 '민'의 규정에 따른 민주주의에 대한 변질을, ㉢은 설익은 주권자의 민주주의에 대한 열정의 위험성을, ㉣은 민주주의를 위험에 빠뜨리는 일부 주권자들의 정치 참여를 설명하고 있으므로 ㉠·㉢·㉣은 모두 글의 주지를 뒷받침한다. 그러나 ㉡은 민주주의의 발전에 악영향을 미치는 언론을 설명하고 있으므로 글의 주지와 무관하다.

## 03  답 ④

| 출전 |

고은영, 〈자가 학습과 행동 지능으로 발전하는 휴머노이드 로봇〉, 《지디넷코리아》(2023. 11. 30.)

| 해설 |

2문단에 통계 자료가 나타나지만, 이는 산업용 로봇과 서비스 로봇에 대한 이해를 돕기 위해 사용된 것이지, 로봇 시장에 당면한 과제를 제시하기 위한 것이 아니다.

| 오답 풀이 |

① 2문단에서 상위 대상인 로봇을 하위 대상인 산업용 로봇과 서비스 로봇으로 분류하고 있다.
② 2문단의 "산업용 로봇은 ~ 분야에서 사용한다"에서 산업용 로봇과 서비스 로봇의 차이점(사용 분야상의 차이)을, "시장 분석 기관에 따르면 ~ 보이고 있다"에서 이들 시장의 공통점(가파른 성장률)을 소개하고 있다.
③ 1문단에서, 노인 인구의 증가 현상이 일으키는 연쇄적 문제(노인 인구 증가 → 생산량 감소 → 경기 침체와 무역 갈등)를 설명하고 있다.

## 04  답 ④

| 해설 |

우리말 표기와 원어 표기를 아울러 보일 때는 소괄호(( ))를 쓴다. 따라서 ㉢ '커피(coffee)'는 옳게 쓰였으므로 그대로 두고 고치지 않는다. 책의 제목은 겹낫표(『 』)나 겹화살괄호(《 》) 또는 큰따옴표(" ")를 쓰므로 ㉣을 《숲이 아름다운 우리 마을》로 고치는 것은 적절하다.

| 오답 풀이 |

① 어미 '-지' 뒤에 '않-'이 어울려 '-잖-'이 될 적과 '-하지' 뒤에 '않-'이 어울려 '-찮-'이 될 적에는 준 대로 적는다는 〈한글 맞춤법〉 제39항의 내용에 따라 ㉠ '적쟎은(×)'은 '적잖은'으로 고쳐야 한다.
② ㉡ '제공하므로써(×)'는 '제공함으로써'로 고친다. 수단이나 방법, 도구, 이유의 의미를 나타낼 때에는 '-ㅁ으로써'를 쓴다. '-므로'는 '-기 때문에'란 까닭의 의미를 나타내고, '-ㅁ으로(써)'는 '-는 것으로(써)'란 수단 또는 방법의 의미를 나타낸다. '-므로'는 '-므로써(×)'가 되지 않지만 '-ㅁ으로'는 "한 살을 더 먹음으로써 서른이 되었다"처럼 '-ㅁ으로써'가 가능하다.
③ 괄호 안에 또 괄호를 쓸 필요가 있을 때 바깥쪽의 괄호는 대괄호([ ])를 쓴다.

## 05  답 ②

| 출전 |

2012학년도 3월 고2 전국연합학력평가, 수정

| 해설 |

㉯ ㉠의 '백성'은 귀족의 명칭으로, 조상에게 제사를 지냈다. 또한 ㉡에서는 '백성'에 해당하는 귀족을 '인'이라 불렀으며, 이들도 제사 등의 정신노동에 종사했다.
㉰ ㉠의 '민'은 노예 계급이다. ㉠에서 '민'은 제사에 희생물로 바쳐지기도 했으며 주인이 사망하면 순장되기도 했다. 또한 ㉡에서는 노예 계급을 '신'이라 불렀는데, ㉠에 비해 제사나 순장의 희생물로 바쳐지는 사례는 줄었지만 여전히 짐승처럼 취급되었다는 내용에서, ㉡에서도 '신'을 제사나 순장의 희생물로 바쳤음을 알 수 있다.

| 오답 풀이 |

㉮ ㉠에서 '민'은 노예이므로 피지배층을 의미했다. ㉡에서 '민' 또한 ㉠의 '소인'에 해당하는 계층으로 농업 등의 육체노동을 담당했던 피지배층이었다.
㉱ ㉠에서는 귀족, 평민, 노예 계급을 각각 '백성, 소인, 민'으로, ㉡에서는 '인, 민, 신'으로 불렸다. 즉 ㉠과 ㉡에서 모두 사용된 용어는 '민'뿐이다.

## 06  정답 ④

| 출전 |
요제프 H. 라이히홀프, 《자연은 왜 이런 선택을 했을까》, 수정

| 해설 |
2문단에 따르면, 아프리카에서 농경 문화가 발달하지 않았기 때문에 아프리카산 대형 동물은 야생 동물에서 유용 동물로의 전환이 이루어지지 않았다.

| 오답 풀이 |
① 1문단에 따르면, 가축화된 소, 염소, 양 등은 수확한 농작물의 찌꺼기를 무엇이든지 잘 먹기 때문에 농경 문화와 잘 어울린다. 또한 2문단에서도, 농경이 행해지고 이에 따라 잉여 생산물이 생긴 지역에서 야생 동물이 유용 동물로 전환되었음을 언급하고 있다.
② 1문단에서, 가축화된 동물의 특징으로 무리를 지어 살며 지도자 역할을 하는 동물을 따라다님, 수확한 농작물의 찌꺼기를 무엇이든 잘 먹음, 사육하기에 적당한 크기를 제시하는 데서 알 수 있다.
③ 2문단에 따르면, 농경이 행해지고 잉여 생산물이 생긴 지역에서 닭과 집오리, 칠면조 등의 가금류가 가축화되었다.
　*가금류(家禽類): 집에서 기르는 날짐승을 통틀어 이르는 말. 주로 알이나 고기를 식용하기 위하여 기른다. 닭·오리·거위 따위이다.

## 07  정답 ③

| 해설 |
양귀자의 〈비 오는 날이면 가리봉동에 가야 한다〉는 1980년대 도시 변두리를 배경으로 소시민들 사이에서 벌어지는 일상의 갈등과 화해를 사실적으로 그린 소설이다.
이야기 속에 이야기가 삽입된 구성은 액자식 구성을 의미한다. 이 글에서는 그와 아내의 이해타산적인 모습과 임 씨의 성실한 모습이 대비되어 있다. 그러나 제시문은 '그', '그'의 아내, 임 씨를 둘러싼 이야기만 나오며 액자식 구성이 아니다. 따라서 액자식 구성 방식으로 인물의 대립 구도를 부각한 것은 아니다.

| 오답 풀이 |
① 열 손가락에 공이('옹이'의 방언)가 박인 채 묵묵히 일하는 임 씨의 외양과 행동을 통해 근면 성실한 임 씨의 성격을 드러내고 있다.
② 그와 그의 아내는 처음에 임 씨를 믿지 못하고 경계했으나 옥상 일을 하는 임 씨의 모습을 보고 임 씨에 대한 생각을 바꾸고 있다.
④ 이 작품은 전지적 작가 시점을 취하면서도 '그'라는 특정 인물의 시각에서 임 씨에 대한 인식, 아내와 있었던 일 등을 서술하고 있다.

## 08  정답 ②

| 해설 |
충담사의 〈찬기파랑가(讚耆婆郎歌)〉는 화랑인 기파랑을 추모하여 지은 10구체 향가이다.
화자는 죽은 기파랑을 찬양하며 추모하고 있다. 그러나 기파랑의 부재로 인한 현실의 모순은 이 시에 나타나지 않는다.

| 오답 풀이 |
① 10행의 '서리 묻누올 화반이여(서리조차 모르실 화랑의 우두머리여)'라고 기파랑을 예찬하는 데서 알 수 있다.
③ 8행의 기파랑의 마음을 좇겠다는 내용에서 알 수 있다.
④ 맑고 고결하며 원만한 기파랑의 성품을 자연물에 빗대어 나타내고 있다.

## 09  정답 ①

| 해설 |
㉠의 뒤에 배 도령의 부모님이 그를 걱정하고 있고, 어머니는 몸져누웠다는 이야기가 이어지므로, ㉠에 들어갈 말로 가장 적절한 한자 성어는 '자나 깨나 잊지 못함 / 자나 깨나 잊지 못하여'의 뜻인 '寤寐不忘(깰 오, 잠잘 매, 아닐 불, 잊을 망)'이다.

| 오답 풀이 |
② 同病相憐[같을 동, 병들 병, 서로 상, 불쌍히 여길 련(연)]: 같은 병을 앓는 사람끼리 서로 가엾게 여긴다는 뜻으로, 어려운 처지에 있는 사람끼리 서로 가엾게 여김을 이르는 말
③ 髀肉之歎{嘆}(넓적다리 비, 고기 육, 갈 지, 탄식할 탄): 재능을 발휘할 때를 얻지 못하여 헛되이 세월만 보내는 것을 한탄함을 이르는 말. 중국 촉나라 유비가 오랫동안 말을 타고 전쟁터에 나가지 못하여 넓적다리만 살찜을 한탄한 데서 유래한다.
④ 我田引水(나 아, 밭 전, 끌 인, 물 수): 자기 논에 물 대기라는 뜻으로, 자기에게만 이롭게 되도록 생각하거나 행동함을 이르는 말

## 10  정답 ②

| 출전 |
권지혜·조영일, 〈작품 속 역할의 간접 외상 경험이 배우의 정신 건강에 미치는 영향〉, 《한국범죄심리연구》(2023), 수정

| 해설 |
트라우마를 의식적으로 잊으려고 애쓰기보다는 그것을 반복적으로 경험함으로써 치료하는 방법에 대해 설명한 글이다. 〈보기〉는 이러한 방법에 대한 내용이 시작되는 ㉡에 들어가야 적절하다.

## 11  정답 ④

| 출전 |
마이 티 응우옌 킴, 〈물에는 뭔가 특별한 것이 있다〉, 《세상은 온통 화학이야》, 수정

| 해설 |
호수의 물이 위에서부터 어는 이유를 물의 '밀도 이상'으로 설명한 글이다.

> 겨울에 차가워진 물은 바닥으로 가라앉는다. → ㉣ 물은 4℃에서 최대 밀도에 도달하고, 다시 호수의 위쪽으로 갈수록 물이 차가워진다. → ㉡ 그러다가 호수 표면부터 점차 아래로 얼어 간다. → ㉢ 이러한 '밀도 이상' 현상이 없었다면, 호수는 바닥에서부터 얼기 시작할 것이다. → ㉤ 얼음이 아래부터 언다면 호수는 훨씬 빨리 통째로 얼어붙을 것이다. → ㉠ 그러나 '밀도 이상' 현상 덕분에 호수의 물고기들은 겨울에도 물에서 헤엄칠 수 있다.

## 12  정답 ①

| 해설 |
㉠은 〈표준 발음법〉 제23항 규정이고, ㉡은 〈표준 발음법〉 제26항 규정이다.
㉠ '삯돈[삭똔]'은 받침 'ㄱ(ㄳ)' 뒤에 연결되는 'ㄷ'을 된소리로 발음한 것이므로 ㉠의 예로 적절하다.

ⓒ '몰상식(沒常識)[몰쌍식]'은 한자어이므로 ⓒ의 예로 적절하다.

| 오답 풀이 |
② ⓒ '길가[길까]'는 한자어가 아니므로 ⓒ의 예에 해당하지 않는다. '길가'는 표기상으로는 사이시옷이 없더라도, 관형격 기능을 지니는 사이시옷이 있어야 할 합성어의 경우에는, 뒤 단어의 첫소리 'ㄱ, ㄷ, ㅂ, ㅅ, ㅈ'을 된소리로 발음한다는 〈표준 발음법〉 제28항의 예에 해당한다.
③ ㉠ '앉고[안꼬]'의 받침 'ㄵ'은 ㉠의 대표음으로 발음되는 받침 'ㄱ, ㄷ, ㅂ'에 해당하지 않는다. '앉고'는 어간 받침 'ㄴ(ㄵ), ㅁ(ㄻ)' 뒤에 결합되는 어미의 첫소리 'ㄱ, ㄷ, ㅅ, ㅈ'은 된소리로 발음한다는 〈표준 발음법〉 제24항의 예에 해당한다.
④ ㉠ '훑소[훌쏘]'는 어간 받침 'ㄼ, ㄾ' 뒤에 결합되는 어미의 첫소리 'ㄱ, ㄷ, ㅅ, ㅈ'은 된소리로 발음한다는 〈표준 발음법〉 제25항의 예에 해당한다.

## 13   답 ②

| 출전 |
박진영, 〈사적인 영역, 선 넘지 않기의 중요성〉, 《동아사이언스》 (2023. 12. 2.)

| 해설 |
2문단에, 자신의 내적 바운더리를 상대방이 넘어서고 있는지의 여부가 관계 만족도에 많은 영향을 미친다는 내용이 있지만, '관계 만족도를 최대로 올릴 수 있는 방법'은 나와 있지 않다. 또한 각자 생각하는 이상적인 친밀도가 다르다는 이야기는 있지만, 이것이 타인과 같아야 한다는 내용도 없다.

| 오답 풀이 |
① 2문단의 '상대가 바라는 이상적인 친밀도와 자신이 바라는 이상적인 친밀도의 차이'에서 사람마다 관계에서 바라는 이상적인 친밀도가 다를 수 있음을 알 수 있다.
③ 상대방이 자신의 내적 선을 넘어서고 있는지의 여부가 관계 만족도에 큰 영향을 미친다는 내용에서 알 수 있다.
④ 1문단의 '데이비드 프로스트의 추적 조사'를 통해 드러나는 의도이다.

## 14   답 ④

| 출전 |
강현식, 《꼭 알고 싶은 심리학의 모든 것》

| 해설 |
대립 과정 이론에 따르면, 상태 A는 외부 자극을 반복해도 증가하지 않지만, 상태 B는 상태 B를 반복하면 증강되고, 상태 A의 강도를 감소시킨다. 번지점프로 공포감을 느꼈다가 즐거움을 느낀 사람이 번지점프와 같은 외부 자극을 반복하면, 번지점프로 인한 공포감(상태 A)의 강도는 변하지 않다가 즐거움(상태 B)의 강도가 증가하면서 감소하게 된다.

| 오답 풀이 |
① 일탈 행동 후 죄책감을 느낀 사람이 일탈 행동을 반복하는 것에 대해 대립 과정 이론은 외부 자극(일탈 행동)으로 죄책감이 일어난 후에 이와 상반된 반응(쾌감 등)이 일어났기 때문이라고 설명할 수 있다.
② 마지막 부분에 따르면, 약물 섭취로 처음 만들어지는 긍정적 반응은 쾌감(상태 A)이고 나중에 만들어지는 부정적 반응은 불쾌감(상태 B)이다. 그런데 상태 A를 만드는 외부 자극을 반복해도 상태 A의 강도에는 아무런 영향이 없다. 상태 B를 반복하면 상태 B는 증강되고 상태 A의 강도는 감소된다. 따라서 약물 섭취(외부 자극)를 반복할수록 쾌감 후 나타나는 불쾌감은 증강되고, 이로 인해 쾌감은 줄어든다고 추론할 수 있다.
③ 외부 자극에 의해 처음 만들어지는 반응(상태 A)은 외부 자극이 사라지면 재빨리 사라지지만, 그 후에 만들어지는 반응(상태 B)은 천천히 감소하며, 상태 A가 제거되어도 어느 정도 지속된다. 따라서 큰 프로젝트를 성공한 이후의 상태 A는 기쁨이고, 상태 B는 허무함이므로 기쁨보다 허무함이 더 오래 남는다고 추론할 수 있다.

## 15   답 ①

| 출전 |
박경화, 〈도시의 밤은 너무 눈부시다〉, 중학교 《국어》 교과서, 미래엔

| 해설 |
벼(농작물)도 인공 불빛의 피해를 입고, 도시에 사는 아이들(사람)도 인공 불빛의 피해를 입는다는 개별적 사례들에 비추어 '인공 불빛의 빛 공해로 많은 생물체가 피해를 입고 있다'라는 일반적 결론을 이끌어 내고 있다. 이는 귀납 추론을 사용한 것이다. ①에서도 영희와 철수의 사례를 바탕으로 "무리하게 다이어트를 하면 건강을 해치게 된다"라는 일반적 결론을 이끌어 내고 있으므로 귀납 추론이 나타난다.

| 오답 풀이 |
② '비타민 C는(p는) 피부색을 밝게 해 준다(q이다) - 이번에 출시한 화장품에는(r은) 비타민 C가 있다(p이다) - 그러므로 이 화장품에는(r은) 미백 효과가 나타난다(q이다)'인 정언 삼단 논법이 쓰였다.
③ 개방 경제 정책과 폐쇄적 경제 정책을 대조한 뒤, 두 경제 정책을 종합하고 있으므로 변증법적 논증 방식이 쓰였다.
④ '태풍이 오면(p이면) 비행기가 뜨지 않을 것이다(q이다) - 내일 태풍의 영향권에 들 것이다(p이다) - 따라서 내일 비행기는 결항될 것이다(q이다)'이므로 가정적 조건문의 전건 긍정식이 쓰였다.

## 16   답 ①

| 출전 |
고영근·구본관, 《우리말 문법론》

| 해설 |
**형태소**: 푸르/ㄴ/하늘/을/나(날)/는/새/들/을/좀/보/아 → 12개

| 오답 풀이 |
② **자립 형태소**: 하늘, 새, 좀 → 3개
③ **형식 형태소**: -ㄴ, 을, -는, -들, 을, -아 → 6개
④ **실질 형태소이면서 의존 형태소**: 푸르-, 나(날)-, 보- → 3개

## 17   답 ③

| 해설 |
ⓒ의 '학교에서'는 주어이지만, "학교에서 안 좋은 일이 있었니?"의 '학교에서'는 부사어이므로 둘의 문장 성분은 다르다.

| 오답 풀이 |
① 《표준국어대사전》의 문형 정보에는 주어를 제외한 용언의 필수적 성분만이 제시된다. ㉠에서 '주다'는 '…에/에게 …을 주다'의

형태로 쓰인다. 따라서 필수적인 문장 성분은 '친구가(주어) 나에게(필수 부사어) 선물을(목적어) 주었다(서술어)'이다.
② ㉠의 '작은'은 관형어이고, ㉡의 '서울'도 뒤에 오는 체언 '지도'를 수식하는 관형어이다.
④ 부속 성분에는 부사어, 관형어가 있다. ㉢에서 '어제'는 부사어이므로 부속 성분이지만 '선생님이'는 보어이므로 주성분이다. 주성분에는 주어, 서술어, 목적어, 보어가 있다.

## 18  답 ③

| 해설 |
허난설헌의 〈규원가(閨怨歌)〉는 최초의 규방 가사로, 원만하지 못한 결혼 생활에 대한 한탄과 함께 남편에 대한 그리움과 기다림을 표현한 원부가(怨婦歌)이다.
'설빈 화안 어딘 두고 면목가증 되거고나'에서 과거의 아름다웠던 얼굴과, 남에게 미움을 살 만한 현재의 얼굴을 대조적으로 제시하여 세월의 흐름을 한탄하는 화자의 마음을 표현하고 있다.

| 오답 풀이 |
①·② 대화의 형식이나 언어유희는 나타나지 않는다.
④ '매화, 자최눈' 등의 계절적 소재는 화자의 마음 변화와는 관계가 없다. 화자는 임을 원망하지만 여전히 그리워하고 있다.

## 19  답 ③

| 해설 |
백석의 〈고향(故鄕)〉은 고향과 혈육에 대한 그리움을 서사적 구조로 표현한 시이다.
'여래 같은 상을 하고 관공의 수염을 드리워서' 등에 의원의 외모가 묘사되어 있다. 그러나 이것이 아버지의 외모와 비슷하다는 내용은 나오지 않는다. 화자는 아버지로 섬기는 이와 의원이 막역지간이라는 정보와, 의원의 손길에서 느껴지는 따스함 때문에 아버지를 떠올리고 있는 것이다.
*막역지간(莫逆之間): 서로 거스르지 않는 사이라는 뜻으로, 허물없는 아주 친한 사이를 이르는 말

| 오답 풀이 |
①·② 의원을 만나고 그와 대화하며 벌어지는 이야기가 시간의 흐름에 따라 전개되고 있다.
④ 마지막의 "손길은 따스하고 부드러워 / 고향도 아버지도 아버지의 친구도 다 있었다"에서 알 수 있다.

## 20  답 ③

| 출전 |
류지현·조충연, 〈미세 플라스틱 현황과 인체에 미치는 영향〉, 《공업화학전망》(2019), 수정

| 해설 |
미세 플라스틱이 형성되는 원인과 이를 열거한 내용은 제시문에 나오지 않는다.

| 오답 풀이 |
① 1문단에서 플라스틱이 자연 생태계에 영향을 미치는 사례로, 농작물 재배를 위해 PVA나 PE 필름으로 토양을 덮는 방식을 들고 있다.
② 1문단에 농작물 경작 시에 플라스틱 사용으로 인한 혜택과 부정적 효과가 함께 제시되어 있으며, 2문단에는 플라스틱이 인체에 미치는 악영향이 제시되어 있다.
④ 2문단의 마지막 부분에서 알 수 있다.

# 제5회 실전 모의고사

## 정답표

| 01 | ④ | 02 | ③ | 03 | ③ | 04 | ③ | 05 | ② |
|----|---|----|---|----|---|----|---|----|---|
| 06 | ① | 07 | ② | 08 | ① | 09 | ④ | 10 | ② |
| 11 | ② | 12 | ④ | 13 | ④ | 14 | ③ | 15 | ③ |
| 16 | ① | 17 | ③ | 18 | ② | 19 | ③ | 20 | ④ |

## 정답과 해설

### 01
**답 ④**

**| 해설 |**
④는 공손성의 원리 중 동의의 격률에 대한 설명이다. 민은 이 나라에 한국인이 없다는 훈의 말에 곧바로 반박하고 있으므로 동의의 격률을 어기고 있다.

**| 오답 풀이 |**
① 민이 자신의 여행 경험을 겸손하게 말하는 데서 겸양의 격률을 지키고 있음을 알 수 있다.
② 훈이 "제가 점심 살 테니 노하우를 조금만 알려 주시겠어요?"라고 말하는 데서 요령의 격률을 지키고 있음을 알 수 있다.
③ 훈이 "와, 대단하시네요"라고 말하는 데서 칭찬의 격률을 지키고 있음을 알 수 있다.

### 02
**답 ③**

**| 출전 |**
2012년도 국가 공무원 5급 공채 · 외교관 후보자 선발 제1차 시험

**| 해설 |**
2문단에 따르면, 주주는 자신의 이익을 보호하기 위해 '이사회의 구성, 감사의 임명, 예산 제약 설정' 등을 통하여 경영자의 활동을 감시한다. 하지만 3문단에서 영업 보고서의 공시는 주주의 이익에 상반되는 행동을 하지 않겠다는 것을 증명하기 위해 경영자가 수행하는 활동이라는 것을 알 수 있다.

**| 오답 풀이 |**
① 1문단의, '주주와 경영자가 주인 – 대리인 관계의 실례라고 할 수 있다. ~ 이 과정에서 서로간의 이해가 상충하면 '대리인 문제'가 발생하며'에서 알 수 있다.
② 제시문에 따르면, 대리인 비용에는 감시 비용, 확증 비용, 잔여 손실이 있는데, 이 중 감시 비용과 확증 비용은 경영자가 주주의 이익을 위해 활동하는지를 감시하고 증명할 때 소요된다.
④ 2~3문단에 따르면, 감사의 임명, 예산 제약 설정, 기업의 재무 상황에 대한 공인과 보고 등은 대리인 문제를 방지하기 위한 감시 활동과 확증 활동이다. 마지막 문단에 따르면, 주주와 경영자 간에 감시 활동과 확증 활동이 최적으로 이루어진다고 하더라도 주주와 경영자의 의사 결정 사이에 괴리가 생겨 회사 이익이 감소할 수 있다. 대리인 문제는 대리인 때문에 발생하는 주인의 손실을 의미하므로 감사의 임명, 예산 제약 설정, 기업의 재무 상황에 대한 공인과 보고 등이 적절히 이루어져도 대리인 문제는 발생할 수 있음을 알 수 있다.

### 03
**답 ③**

**| 출전 |**
〈사람의 유전 현상〉, 고등학교 《생명과학 1》 교과서

**| 해설 |**
사람의 유전 현상 연구가 어려운 이유와, 연구 방법을 설명한 글이다.

> ⓒ 다른 생물과 달리, 사람의 유전 현상을 연구하는 것은 어렵다. → ㉠ 유전 연구를 위해서는 짧은 기간 내 여러 세대를 관찰할 수 있어야 하고, 인위적인 교배가 가능해야 한다. → ㉡ 그러나 사람은 한 세대의 길이가 길고 자손의 수가 적으며, 임의 교배가 불가능하다. → ⓒ 따라서 간접적인 방법으로 사람의 유전 현상에 관한 정보를 얻는다. → ⓔ 그리고 최근에는 분자 생물학의 발달로 직접 분석하는 방법을 통해서도 사람의 유전 현상을 연구한다.

### 04
**답 ③**

**| 출전 |**
예병일, 〈구급차 · 응급 환자 분류법 탄생과 나폴레옹의 전쟁〉, 《동아 사이언스》(2023. 5. 30.), 수정

**| 해설 |**
래리의 환자 분류법은 부상자 전체의 생존률을 향상시키는 것이 목적이었기 때문에 많은 부상자를 살릴 수 있었을 것이다. 그러나 군의관의 수에 대한 내용은 나와 있지 않으므로 적은 수의 군의관으로 부상자를 치료했다는 내용은 추론할 수 없다.

**| 오답 풀이 |**
① 래리의 환자 분류법 이전에는 환자들 중 다시 싸울 수 있는 병사와 계급이 높은 병사를 우선적으로 치료했다는 내용에서 알 수 있다.
② 래리의 환자 분류법을 통해서는 적군의 병사들도 치료를 받게 되었다는 내용에서 알 수 있다.
④ 래리의 환자 분류법 이전에는 가능한 한 많은 생명을 구하기보다는 효과적인 군사력 유지에 중점을 두고 환자를 치료했다는 내용에서 알 수 있다.

### 05
**답 ②**

**| 해설 |**
언어의 형식인 '음성'와 내용인 '의미' 사이에 필연적인 관계가 존재하지 않는다는 것, 동일한 내용에 대해 각 언어마다 표현하는 형식이 다르다는 것, 동음어가 존재한다는 것은 모두 언어의 자의성에 대한 예가 될 수 있다. 언어의 자의성은 언어 기호의 형식인 '음성'과 내용인 '의미' 사이에는 필연적 관계가 아닌 자의적 · 임의적 관계만 존재한다는 특성을 말한다.

**| 오답 풀이 |**
① **언어의 역사성**: 언어는 하나의 사회적 약속이지만, 시간의 흐름에 따라 신생 · 성장 · 사멸하는 변화를 겪을 수 있는 특성
③ **언어의 사회성**: 음성과 의미가 일단 사회적 약속으로 수용되면 이를 개인이 마음대로 바꿀 수 없는 언어의 특성
④ **언어의 창조성**: 한정된 음운이나 단어로 무한한 문장과 글을 만들어 사용할 수 있고, 처음 듣는 문장도 이해할 수 있는 특성

## 06  답 ①

| 해설 |
- 斡旋(관리할 알, 돌 선): 남의 일이 잘되도록 주선하는 일
- 否運(막힐 비, 운전할 운): 막혀서 어려운 처지에 이른 운수 / 불행한 운명. '否'는 '아닐 부'로도 읽고, '막힐 비'로도 읽는데, '否運'에서는 '막힐 비'로 읽는다.

| 오답 풀이 |
② • 洞察(꿰뚫을 통, 살필 찰): 예리한 관찰력으로 사물을 꿰뚫어 봄. '洞'은 '고을 동'으로도 읽고, '꿰뚫을 통'으로도 읽는데, '洞察'에서는 '꿰뚫을 통'으로 읽는다.
  • 嗚咽(탄식 소리 오, 목멜 열): 목메어 욺. 또는 그런 울음. '咽'은 '목멜 열'로도 읽고, '목구멍 인'으로도 읽는데, '嗚咽'에서는 '목멜 열'로 읽는다.
③ • 捕捉(사로잡을 포, 잡을 착): 꼭 붙잡음. / 요점이나 요령을 얻음. / 어떤 기회나 정세를 알아차림.
  • 殺到(감할 쇄, 다다를 도): 전화, 주문 따위가 한꺼번에 세차게 몰려듦. / 어떤 곳을 향하여 세차게 달려듦. '殺'는 '죽일 살'로도 읽고, '감할 쇄'로도 읽는데, '殺到'에서는 '감할 쇄'로 읽는다.
④ • 看做(볼 간, 지을 주): 상태, 모양, 성질 따위가 그와 같다고 봄. 또는 그렇다고 여김.
  • 龜裂[터질 균, 찢을 열(렬)]: 거북의 등에 있는 무늬처럼 갈라져 터짐. / 친하게 지내는 사이에 틈이 남. / 추위 따위로 손발이 터짐. '龜'은 '거북 귀'로도 읽고, '터질 균'으로도 읽는데, '龜裂'에서는 '터질 균'으로 읽는다.

## 07  답 ②

| 해설 |
텔레비전(○)/텔레비젼(×), 컨테이너(○)/콘테이너(×)

| 오답 풀이 |
① 레크레이션(×) → 레크리에이션(○), 배드민턴(○)/배드민튼(×)
③ 네비게이션(×) → 내비게이션(○), 헤드라이트(○)/해드라이트(×)
④ 프리젠테이션(×) → 프레젠테이션(○), 리더쉽(×) → 리더십(○)

## 08  답 ①

| 해설 |
㉠ • 젖히고(○): '젖히다'는 '안쪽이 겉으로 나오게 하다'의 의미로 바르게 쓰였다.
  • 한참(○): '한참'은 '어떤 일이 상당히 오래 일어나는 모양'의 의미로 바르게 쓰였다.
㉢ • 새워(○): '한숨도 자지 않고 밤을 지내다'의 의미로는 '새우다'를 쓴다.
  • 빌려(○): '빌리다'는 '어떤 일을 하기 위해 기회를 이용하다'의 의미로 바르게 쓰였다.

| 오답 풀이 |
㉡ • 틈틈히(×) → 틈틈이(○): '틈이 난 곳마다 / 겨를이 있을 때마다'의 의미로는 '틈틈이'가 바른 표기이다.
  • 어떻해(×) → 어떡해(○): '어떻게 해'가 줄어든 말인 '어떡해'가 바른 표기이다.
㉣ • 겉잡을(×) → 걷잡을(○): '걷잡다'는 '겉으로 대강 짐작하여 헤아리다'의 의미이다. 이 문장에서는 '한 방향으로 치우쳐 흘러가는 형세 따위를 붙들어 잡다 / 마음을 진정하거나 억제하다'의 의미인 '걷잡다'를 써야 한다.
  • 부치기로(○): '부치다'는 '먹고 자는 일을 제집이 아닌 다른 곳에서 하다'의 의미로 바르게 쓰였다.

## 09  답 ④

| 출전 |
최정규, 《이타적 인간의 출현》

| 해설 |
다윈의 견해에 따르면 도덕성이 뛰어난 집단은 그렇지 않은 다른 집단과의 경쟁에서 승리할 가능성이 높다. 자연 선택은 어떤 행위적 특성이 그 환경에서 살아남아 사회에 전파된다는 것이므로, 집단 선택에서 도덕성을 지닌 집단의 생존으로 도덕성이 집단 전체로 퍼져 나가게 된다.

| 오답 풀이 |
①·② 개인 선택에서는 이타적인 사람에게 유리한 점이 별로 없을지도 모르지만, 집단 선택에서는 이타적인 집단이 승리할 가능성이 크므로 사람들의 생존에는 이기적인 태도보다 이타적인 태도가 더 유리하다.
③ 개인 선택에서는 이기적인 사람이 자연 선택될 가능성이 높을 수 있지만, 집단 선택에서는 이타적인 사람이 자연 선택될 가능성이 높다.

## 10  답 ④

| 해설 |
제시문은 각 분야의 전문가들이 학술적인 주제에 대한 발표를 위주로 한 토의이므로 심포지엄의 사례이다.

| 오답 풀이 |
② 참석자들이 상대방의 의견을 논파하는 내용은 나오지 않는다.

## 11  답 ②

| 해설 |
신경림의 〈농무(農舞)〉는 산업화 과정에서 소외된 1970년대 농촌을 배경으로 하여 피폐한 농촌 현실에 대한 농민들의 분노와 한(恨)을 읊은 시이다.
"답답하고 고달프게 사는 것이 원통하다"로 보아 이 시에서는 농민들이 느끼는 암울한 삶에 대한 감정을 절제된 어조로 표현한 것이 아니라 직설적으로 표현하고 있다.

| 오답 풀이 |
① '운동장 – 소줏집 – 장거리 – 쇠전 – 도수장'의 공간 이동을 통해 시상이 전개되고 있다.
③ '비료값도 안 나오는 농사'는 1970년대 산업화에서 소외된 농촌의 구조적 모순을 의미하는 것으로, 농민들이 울분을 일으키는 직접적이고 근본적인 이유가 된다.
④ '분이 얼룩진'은 분장이 얼룩졌다는 의미와 분노로 가득 찼다는 두 가지 의미를 지닌다. 또한 "우리는 점점 신명이 난다"는 집단적 한과 농민들의 격해진 분노를 반어적으로 표현한 것이다.

## 12  답 ④

| 출전 |
2003학년도 3월 고3 전국연합학력평가

| 해설 |

'개념적 체계'를 '손전등'이라는 친숙한 사물을 끌어와 유추의 방식으로 설명하고 있다. 손전등의 강도나 각도에 따라 같은 사물이 다르게 보인다(ⓔ)는 것은 사물의 다른 측면이나 국면이 드러났다는 것을 의미한다. 이는 주관적 요인인 개념적 체계가 역사가의 인식을 제한하여 사실의 특정 측면을 바라보게 한다는 것이다. 역사 인식을 왜곡하는 것은 개념적 체계가 아니라 편견이므로 ④는 ⓔ의 의미로 적절하지 않다.

| 오답 풀이 |

①·②·③ 윌쉬는 주관적 요인 중 역사적 해석에 관한 이론과 세계관을 개념적 체계라고 하였다. 따라서 개념적 체계를 비유한 ⓒ '손전등'은 '역사적 해석에 관한 이론과 세계관'을 의미한다. 또한 손전등을 통해 바라보고자 하는 ⓐ '어떤 물건'은 역사가가 바라보고자 하는 것이므로 '역사가가 해석하고자 하는 역사'를 의미한다. ⓓ '손전등의 강도나 각도'는 사물의 다른 측면이나 국면을 드러내는 개념적 체계이므로 다양한 모습의 개념적 체계를 의미한다.

## 13  ④

| 출전 |

강나은, 〈여가 활동으로 얻는 운동 에너지〉

| 해설 |

1문단에 따르면, '훌라'는 하와이어이므로 이름 자체가 하와이어라는 설명은 적절하다. 그런데 훌라가 하와이 토착 종교의 교리를 전파하는 수단이 되었다는 내용은 제시문에 나오지 않는다. 2문단에, 19세기의 하와이 선교사들이 훌라를 선교의 수단으로 삼았다는 내용만이 있다.

| 오답 풀이 |

① 마지막 문단, 훌라를 취미로 가진 이들이 훌라에 정신적인 치유 효과가 있다고 말한 데서 알 수 있다.
② 2문단의, 하와이의 자연은 훌라의 손동작에 녹아들어 있다는 내용에서 알 수 있다.
③ 1문단의, 과거에는 남성이 주로 훌라춤을 추었다는 내용에서 알 수 있다.

## 14  ③

| 출전 |

김형자, 〈기후 위기에 맞선 '감자의 싸움'〉, 《주간조선》(2023. 6. 29.), 수정

| 해설 |

2문단에 따르면, 유전 공학의 발전으로 인류가 생물의 유전자 다양성을 감소시켰으며, 이로 인해 감자는 갑작스러운 환경 변화에 취약해지게 되었다. 따라서 감자의 생존을 위협하는 가장 근본적인 원인(⊙)은 감자의 유전자 풀이 단순해지고 있는 것이다.

| 오답 풀이 |

② 감자가 이상 기후나 전염병에 취약해지는 이유는 기후 변화에 강한 특정 유전자의 감소가 아닌, 유전자 다양성 자체의 감소에 있으므로 적절하지 않다.

## 15  ③

| 해설 |

작가 미상의 〈봉산(鳳山) 탈춤〉은 전 7 과장으로 구성된 민속극으로, 제시문은 제6 과장 '양반춤' 중 한 부분이다.
자신을 잡아들여 횡포를 부리는 양반에게 취발이가 저항하는 모습은 나오지 않는다.

| 오답 풀이 |

① 말뚝이가 취발이의 엉덩이를 양반의 코앞에 내밀게 하며 엉뚱한 말을 하는 것은 양반을 조롱하는 행동이다. 이러한 말뚝이의 행동을 통해 지배 계급인 양반 계층의 권위가 약해지는 등 봉건적 계급 질서가 동요하던 조선 후기의 사회상을 엿볼 수 있다.
② 말뚝이가 취발이에게 생원의 ⊙ '전령'을 보여 주며 "당신 잡히었소"라고 말하자 취발이가 전령을 보고 말뚝이에게 끌려 양반의 앞에 온다는 내용으로 보아, 아직은 양반의 권위가 사라지지 않았음을 알 수 있다.
④ "나랏돈 노랑돈 ~ 잡아들여라", "그러면 이놈의 모가지를 뽑아서 밑구녕에다 갖다 박아라" 등에서 지배 계급으로서 다른 계급에게 부당하고 가혹한 횡포를 부리는 양반의 부정적 모습을 폭로하여 풍자하고 있다.

## 16  ①

| 해설 |

밑줄 친 '놓다'는 앞말이 뜻하는 행동을 끝내고 그 결과를 유지함을 나타내는 보조 동사이다. ①의 '나누어 먹다'는 '나누다'와 '먹다'의 실질적인 의미가 각각 살아 있으므로 본용언과 본용언의 구성이다. 나머지 ②·③·④는 모두 보조 용언으로 쓰였다.

| 오답 풀이 |

② **써 나가다**: '나가다'는 앞말이 뜻하는 행동을 계속 진행함을 나타내는 보조 동사이다.
③ **시작하고 보다**: '보다'는 앞말이 뜻하는 행동을 먼저 하고서 그 뒷일은 나중에 생각함을 나타내는 보조 동사이다.
④ **일해 오다**: '오다'는 앞말이 뜻하는 행동이나 상태가 말하는 이 또는 말하는 이가 정하는 기준점으로 가까워지면서 계속 진행됨을 나타내는 보조 동사이다.

## 17  ③

| 해설 |

정약용의 〈고시(古詩) 7〉은 지배층의 횡포로 인한 백성들의 고통스러운 삶 또는 작가 자신의 순탄치 못한 삶을 표현한 한시이다.
이 시에서는 탐관오리의 횡포에 시달리는 백성들의 삶을 바람에 휩쓸리고 연잎과 행채에 의해 괴롭힘을 당하는 부평초에 빗대어 표현함으로써 지배층이 백성을 위하지 않고 수탈과 학정만을 일삼는 현실을 우의적으로 비판하고 있다.

| 오답 풀이 |

① 부평초는 지배층의 횡포로 힘겹게 살아가는 백성(또는 유배된 화자 자신)을 의미하고, 연잎, 행채는 백성을 괴롭히는 지배층(또는 화자를 괴롭히는 세력)을 의미하므로 대조적 의미를 지닌 시어가 사용되었다. 하지만 이를 통해 세월의 무상함을 표현한 것은 아니다.
② '부평초만은 ~ 더부살이 신세처럼', "연잎은 너무 괄시를 하고" 등에서 자연물을 의인화하고 있지만 이에 대한 화자의 인식 변

화는 나타나지 않는다.
④ 누군가에게 말을 건네는 듯한 어조가 아니라 독백조로 시상이 전개되고 있으며 특히 마지막 시구인 '어쩌면 그리 서로 어그러지기만 할까'는 학정을 일삼는 정치 현실에 대한 화자의 한탄을 강조하는 설의적 표현이다.

## 18
답 ②

| 출전 |
강성곤, 〈환경 경영이 기업 가치에 미치는 영향〉, 수정

| 해설 |
환경과 사회적 이슈가 중요해짐에 따라서 기업의 경영 방식에도 변화가 나타나고 있으며, 지속 가능한 경영이 새로운 경영 패러다임으로 등장했다는 것을 설명하는 글이다. 따라서 '지속 가능한 경영 방식이 등장한 배경'이 중심 내용으로 가장 적절하다.

| 오답 풀이 |
① 사회적 이슈가 기업의 경영 성과에 영향을 미치기 때문에 기업의 경영 방식이 변화한다는 것이 이 글의 주제이다.
③ 사회가 변해 왔음에도 경제적 성과를 극대화하는 것이 기업의 목표라는 사실은 변함이 없다는 내용으로 보아 적절하지 않다.
④ 사회적 영향력에 대한 내용이 빠져 있으며, 글쓴이가 주장하는 바의 근거 중 하나에만 해당하므로 중심 내용으로 적절하지 않다.

## 19
답 ③

| 출전 |
임지룡, 《국어 의미론》

| 해설 |
아빠가 열정적이라는 것을, '청춘'이라는 어휘가 가지고 있는 어떤 성질이나 특징을 들어 간접적으로 설명하는 것이므로 ㉠에는 '비유적', ㉡에는 '내포적'이 들어가는 것이 가장 적절하다.

## 20
답 ④

| 해설 |
천승세의 〈포 대령〉은 제대 후에도 현실을 전시 상황으로 인식하는 포 대령이라는 인물을 통해 폭력적인 전쟁 경험이 야기하는 비극적인 삶의 모습을 그린 소설이다.
이 글은 부수적 인물인 '나'가 '포 대령'이라 불리는 주인공의 이야기를 전하는 1인칭 관찰자 시점을 취하고 있다. 제시문에서는 제대한 '나'가 우연히 군대가 아닌 곳에서 포 대령을 만나게 된 사건을 전하고 있다. '나'는 군인의 신분이 아닌 상황에서 만나게 된 포 대령의 모습과 반응 등을 관찰하면서 '항상 포성 같은 목소리로 ~ 건대할 리는 만무했다', "그 하품은 ~ 작위적인 방법으로 연발됐다"와 같이 인물에 대한 자신의 해석과 판단을 함께 전하고 있다.

| 오답 풀이 |
①·③ 3인칭 시점
② 1인칭 주인공 시점

---

## 제6회 실전 모의고사

### 정답표

| 01 | ③ | 02 | ② | 03 | ③ | 04 | ① | 05 | ④ |
| 06 | ④ | 07 | ④ | 08 | ② | 09 | ② | 10 | ④ |
| 11 | ① | 12 | ③ | 13 | ② | 14 | ① | 15 | ② |
| 16 | ③ | 17 | ① | 18 | ② | 19 | ④ | 20 | ③ |

### 정답과 해설

## 01
답 ③

| 출전 |
2009학년도 11월 고1 전국연합학력평가

| 해설 |
㉠ '좌절한 사람'은 좌절의 원인을 공격하려는 경향을 보이는데, 이때 원인 제공자가 강할 경우 자신보다 힘이나 지위가 약한 존재에게 대신 공격성을 드러낸다. 또한 ㉡ '권위주의적 성격을 가진 사람'은 자기 자신이나 타인이 나약한 것을 참지 못한다. 따라서 ㉠과 ㉡은 모두 약한 존재에 대해 부정적 태도를 보인다.

| 오답 풀이 |
① 2문단의 "이와 같은 ~ 가질 수 있다"의 앞뒤 문맥을 살펴보면, ㉠은 외부적으로 존재하는 공격 대상, 즉 외부적 원인 때문에 편견이 나타나고, ㉡은 권위를 중시하는 성격적 특징, 즉 내부적 원인 때문에 편견이 나타남을 알 수 있다.
② ㉡은 자신의 신념에 지나치게 경직되어 있으므로 자기 신념에 대한 확신이 강하다. 그러나 ㉠의 자기 신념에 대한 확신 정도는 알 수 없다. 따라서 ㉡이 ㉠보다 자기 신념에 확신이 강한지 비교할 수 없다.
④ 1문단에 따르면, 편견은 선천적으로 타고나는 것이 아니다. 따라서 ㉠과 ㉡은 편견이 인간의 선천적 특성이라는 사실을 드러내지 않는다.

## 02
답 ②

| 출전 |
2014학년도 3월 고3 전국연합학력평가, 수정

| 해설 |
"적극적 규제는 ~ 있을 겁니다"에서 '악성 댓글로부터 선의의 이용자를 보호하기 위한 적극적 규제의 필요성'을 주장하는 김 교수의 의견에 일부 동조하고 있다. 그러면서도 적극적 규제가 일으킬 수 있는 두 가지 문제점을 지적하고 있다.

| 오답 풀이 |
① 사회자가 김 교수나 이 소장의 말을 요약한 부분은 없다. 사회자는 토의 순서를 안내하며, 토의 참여자들에게 추가 질문하고 있다.
③ 악성 댓글을 해결하기 위한 구체적 방안을 제시하고 있는 사람은 김 교수이다. 이 소장은 김 교수의 해결 방안에 대해 첨언만 하고 있다.
④ '댓글에서 전체 여론의 향방을 읽어 내는 데에는 한계가 있다'는 문제의 원인으로 김 교수는 통계 자료를, 이 소장은 사례("가령

매우 적은 ~ 무관하지 않죠")를 통해 설명하고 있다.

## 03 답 ③

| 출전 |

장유승, 〈타임 패러독스와 수주대토〉, 《국민일보》(2023. 11. 29.)

| 해설 |

글쓴이는 주가 변동의 원인은 다양하므로 일정한 패턴을 예측할 수 없다고 설명하고 있다. 따라서 과거의 패턴이 반복되지 않는다는 것이 글쓴이가 말하고자 하는 바로 가장 적절하다.

| 오답 풀이 |

②·④ 문제 해결을 위한 다양한 원인 탐색의 필요성이나 일의 순서에 대한 내용은 제시문에 나오지 않는다.

## 04 답 ①

| 해설 |

'적의 손에 떨어졌다'에서 '떨어지다'는 '진지나 성 따위가 적에게 넘어가게 되다'라는 의미이다. '墮落[떨어질 타, 떨어질 락(낙)]'은 '올바른 길에서 벗어나 잘못된 길로 빠지는 일'을 의미하므로 '떨어지다'의 의미에 대응하는 단어로 적절하지 않다. 여기서는 '적의 성, 요새, 진지 따위가 공격을 받아 무너지다'를 의미하는 '陷落[빠질 함, 떨어질 락(낙)]되다'를 쓰는 것이 적절하다.

| 오답 풀이 |

② 下落[아래 하, 떨어질 락(낙)]: 값이나 등급 따위가 떨어짐.

③ 脫落[벗을 탈, 떨어질 락(낙)]: 범위에 들지 못하고 떨어지거나 빠짐.

④ 墜落[떨어질 추, 떨어질 락(낙)]: 높은 곳에서 떨어짐. / 위신이나 가치 따위가 떨어짐. / 할아버지나 아버지의 공덕에 미치지 못하고 떨어짐.

## 05 답 ④

| 해설 |

오상원의 〈유예(猶豫)〉는 전쟁 상황에서 겪는 인간의 실존적 고뇌를 의식의 흐름 기법과 혼용된 시점으로 형상화한 소설이다. ㉠은 죽음에 대한 저항 의지가 아니라, 전쟁이라는 비극적인 상황에서 인간은 무의미하고 무가치한 존재라는 것을 나타낸 말이다.

| 오답 풀이 |

① 살인을 하고도 태연한 사람들의 모습을 "몇 분 후면 화롯불에 손을 녹이며 ~ 기지개를 할 것이다"와 같이 시각적 이미지로 나타내는 데서 알 수 있다.

② '나를, 자기를 잊어서는 안 된다'에서는 1인칭 시점이 나타나지만, 다음에는 "걸음걸이는 그의 의지처럼 또한 정확했다"로 3인칭 시점에서 서술하고 있다.

③ 이 소설에서는 주인공 '나'가 처형당하기까지의 유예 시간 동안을 의식의 흐름에 따라 서술하고 있다.

## 06 답 ④

| 출전 |

2018학년도 서강대학교 인문계 모의 논술 자료집

| 해설 |

"심지어 두 집단이 ~ 더욱 과장해 행동상의 정체성을 확보하려 할 것이다"에 따르면, 두 집단의 물리적 거리가 가깝다 해도 둘의 관계가 매우 적대적이라면 서로 상대와 다른 문화적 정체성을 확보하려 애쓸 것이다. 따라서 적대적 관계에 있는 두 집단의 물리적 거리가 좁혀진다 하더라도 둘의 문화적 유사성이 증가하지는 않을 것이다.

| 오답 풀이 |

① 한 부족에 있었더라도 집단이 분리되고 바다 등에 의해 격리될 때, 장벽 한쪽에서 발생하는 혁신이 반대쪽으로 보급될 방법은 없다는 내용에서 알 수 있다.

② 문화는 사람들에게 우연히 들이닥치는 임의적인 역할과 상징의 집합이 아니라, 사람들이 삶을 위해 축적하는 기술적·사회적 혁신의 웅덩이라는 내용에서 알 수 있다.

③ 언어와 종, 문화는 보다 늦게 분리된 것들이 서로 더 비슷한 경향이 있다는 내용에서 알 수 있다.

## 07 답 ④

| 출전 |

고종석, 《감염된 언어》

| 해설 |

순수한 한국어에 대한 상상을 비판하고, 한국어라는 랑그는 이질적인 파롤들이 모여 이루어진 것이라는 견해를 담은 글이다.

> (라) 이질적인 파롤들이 모여 한국어라는 랑그를 이루는데 이것을 가능하게 하는 것은 소통 가능성이다. → (가) 외래어를 비롯한 이물질이 한국어에 스며드는 것을 비판하는 사람들은 순수했던 과거의 어떤 한국어를 상상한다. → (다) 그러나 언어 민족주의자들이 상정하는 순수한 한국어 가운데도 깊이 살펴보면 그 어원이 중국이나 몽고어에서 온 것이 상당수 있다. → (나) 우리가 한국어라고 부르는 언어는 7세기에 신라인들이 쓰던 언어가 진화한 것인데, 그것은 압도적으로 외래 요소를 들여오는 과정이기도 했다. 거의 모든 문명어들은 외래 요소와의 혼합을 경험했다.

## 08 답 ②

| 출전 |

유홍준, 《나의 문화유산 답사기》, 수정

| 해설 |

1문단에 따르면, 범종은 기본적으로 몸체인 종신(鐘身)과 종 고리인 종뉴(鐘紐)로 구성된다. 또한 마지막 문단에 따르면, 한국 종은 몸체에 비천상이 조각되었고, 종 고리(종뉴)는 용으로 만들어졌다.

| 오답 풀이 |

① 동양의 범종은 몸체를 나무 봉으로 때려 울리는 식으로 소리를 낸다. 몸체 안에 있는 방울을 울려서 소리를 내는 것은 서양 종의 특징이다.

③ 일본 종은 몸체의 형태가 열 십(十) 자 모양인 것이 아니라, 몸체에 열 십(十) 자를 반복적으로 그린 기하학적 구성이 있는 것이다.

④ 마지막 문단에 우리나라 범종은 소리나 울림이 아름다워 한국 종이라는 별도의 학명으로 불린다는 설명이 제시되어 있지만, 이것이 형태의 아름다움보다 소리의 울림을 중시했다는 것을 의미하지는 않는다.

## 09 답 ②

| 출전 |

성동은, 〈산업체에서의 식품 알레르기 관리〉, 《한국 산업 식품 공학회》(2018)

| 해설 |

1문단에서는 식품 알레르기와 그로 인한 피해가 전 세계적으로 증가하고 있는 현황을, 2문단에서는 그에 따른 현대적인 예방법을 제시하고 있다. 따라서 '현대 사회의 식품 알레르기 문제와 그 예방법'이 중심 내용으로 가장 적절하다.

| 오답 풀이 |

① · ④ 식품 알레르기 문제의 전망, 식품 알레르기 증상을 치료하는 방법에 대해서는 언급하고 있지 않다.
③ 가공식품 섭취 빈도의 증가가 알레르기로 인한 사고 발생 가능성을 높인다는 것은 2문단에 부분적으로 제시된 내용이다.

## 10  답 ④

| 해설 |

㉠ · ㉡ **수펄(×) → 수벌(○) · 숫소(×) → 수소(○)**: '수사돈, 수은행나무, 수고양이' 등도 접두사 '수-'를 쓴다.

| 오답 풀이 |

③ ㉢ **숫병아리(×) → 수평아리(○)**: '수평아리'는 접두사 다음에서 나는 거센소리를 인정한다.

## 11  답 ①

| 출전 |

2003학년도 중앙대학교 논술고사

| 해설 |

인간이 대상을 그 자체로 탐구한다는 것을 광학과 음향학의 예시로 뒷받침하고 있다. ① 역시 부조리극의 예시를 들고 있다.

| 오답 풀이 |

② 대조  ③ 정의  ④ 인과

## 12  답 ③

| 해설 |

김춘수의 〈겨울밤의 꿈〉은 몽상을 통해 가난한 서민들에 대한 연민을 드러낸 시이다.
화자는 가난한 시민들의 일상에 도움을 주는 연탄가스가 '쥐라기의 지층'에서 비롯되었음을 떠올리며 연탄가스를 '쥐라기'와 연결하고 있다. 그러면서 '쥐라기의 새와 같은 새'가 서울의 겨울의 지붕 위에 내려와 앉는 비현실적인 장면을 상상하고 있다. 이 상상의 장면이 '꿈'에 나타나는 것이므로 '꿈'은 '화자가 상상한 비현실적 장면을 시각적으로 형상화해 주는 장치'이다.

| 오답 풀이 |

① 화자는 시 전체에서 '연탄가스'가 가난한 시민들에게 온기를 주는 대상이라고 인식하고 있다.
② 화자의 내면을 반성·성찰하는 것은 이 시의 내용과 무관하다.
④ '꿈'에서 보는 것은, '쥐라기의 새와 같은 새'가 '연탄가스에 그을린 서울의 겨울의 제일 낮은 지붕 위에 내려와 앉은' 모습이다. 이는 중생대와 현대의 만남이므로 '긍정적 미래'와는 관련이 없다.

## 13  답 ②

| 출전 |

김경훈, 《한국인이 잘 모르는 뜻밖의 한국》

| 해설 |

내시는 14세기에 가장 강력한 힘을 가졌으나, 이미 13세기부터 내시의 힘이 강해지기 시작했다고 했다. 따라서 내시들이 원나라에 간 14세기 이전부터 내시들의 힘이 강해진 것이다.

| 오답 풀이 |

① '내시'는 본래 직위 이름이었으며, 궁중에서 일하는 거세된 남자를 의미하는 '환관'이 대개 내시직을 맡았다. 그런데 고려 의종 이후에 내시직에 환관이 임명되어 조선까지 이어졌다는 내용이 나온다. 이를 통해 고려 시대에는 환관이 아니더라도 내시의 직위를 맡았던 이도 존재했음을 알 수 있다.
③ 고려 말 이후 내시와 환관이 동의어가 되기 전에는 세도 있는 가문의 청년이 내시가 되기도 했다는 내용에서 알 수 있다.
④ 내시인 백안독고사가 원나라 임금에게 청을 넣어 왕을 귀양 보내기까지 할 만큼 왕권을 압도하는 힘을 행사했다는 데서 알 수 있다.

## 14  답 ①

| 해설 |

'하였으니'의 '-였-'은 이야기하는 시점에서 볼 때 완료되어 현재까지 지속되거나 현재에도 영향을 미치는 상황을 나타내는 어미이다. 나머지 ② · ③ · ④는 모두 미래의 상황을 나타낸다.

| 오답 풀이 |

② **도착하겠구나**: '-겠-'은 미래의 일이나 추측을 나타내는 어미이다.
③ **지었다**: '-었-'은 이야기하는 시점에서 볼 때 미래의 사건이나 일을 이미 정해진 사실인 양 말할 때 쓰이는 어미이다.
④ **큰일났다**: '-았-'은 이야기하는 시점에서 볼 때 미래의 사건이나 일을 이미 정하여진 사실인 양 말할 때 쓰는 어미이다.

## 15  답 ②

| 해설 |

(가) 작가 미상의 〈덴동 어미 화전가〉는 순흥 지방의 화전놀이를 소재로 하여 조선 후기 부녀자들의 삶을 그린 규방 가사이다. (나) 이황의 〈도산십이곡(陶山十二曲)〉은 자연을 노래한 '언지'와 학문에의 정진을 노래한 '언학' 부분으로 이루어진 연시조이다.
(나)의 '청산'과 '유수'는 영원성과 불변성을 나타내는 자연물이다. 화자는 이러한 자연물의 속성을 본받아 '만고상청'하겠다(변함없이 꾸준히 학문 수양에 정진하겠다)는 의지를 드러내고 있다.

| 오답 풀이 |

① (가)의 화자는 화전놀이를 하며 '일촌간장 쌓인 근심', '천만 첩이나 쌓인 설움', '구곡간장 깊은 설움' 등과 같은 심리적 갈등을 해소하고 있다. 그러나 화전놀이를 하는 상황을 희화화하는 부분은 나타나지 않는다.
③ 반어적 표현은 (가)와 (나)에 모두 나타나지 않는다.
④ (나)의 초장과 중장에서 대구법이 나타난다. 이를 통해 자연을 예찬하며 끊임없는 학문 수양을 다짐하고 있다. (가)에서도 '이 팔청춘 이내 마음 ~ 꽃 화 자로 부쳐 두고' 등과 같이 대구법이 사용되었다. 이를 통해 근심을 잊으려는 화자의 태도를 드러내고 있다.

## 16  답 ③

| 출전 |
2020학년도 4월 고3 전국연합학력평가, 수정

| 해설 |
ⓔ은 '폰트 파일이 저작권으로 보호되고 있다는 사실을 모르고 사용하는 학생들', ⓜ은 '폰트 파일의 저작권이 있음을 알면서도 폰트 파일을 문제의식 없이 사용하는 학생들'을 대상으로 한 해결 방안인데, ⓔ·ⓜ의 대상들은 모두 ⓛ에 포함되어 있다. 따라서 ⓔ·ⓜ은 모두 ⓛ을 해결할 수 있는 방안이다.

| 오답 풀이 |
① 문제와 해결 방안의 구조에서 주제는 주로 해결 방안에서 확인할 수 있다. ㉠은 폰트 파일의 저작권을 침해하는 학생들이 늘어나는 문제를 지적한 것이고, 이 문제의 해결책(주제)은 2문단에 제시되어 있다.
② ⓛ과 ⓒ은 모두 폰트 파일의 저작권을 침해하는 학생들이 늘어나는 문제의 원인을 상술한 것이다.
④ ⓔ과 ⓜ은 모두 학생들의 폰트 파일 저작권 침해를 줄이기 위한 방안이다.

## 17  답 ①

| 해설 |
㉠ • 지우개: '그러한 행위를 하는 간단한 도구'의 뜻을 더하고 명사를 만드는 접미사 '-개'가 붙은 파생어이다.
• 알부자: '진짜, 알짜'의 뜻을 더하는 접두사 '알-'이 붙은 파생어이다.
㉡ • 스며들다: 연결 어미로 이어진 통사적 합성어이다.
• 돌보다: 연결 어미가 생략된 비통사적 합성어이다.

| 오답 풀이 |
② ⓛ '들이닥치다'는 '몹시', '마구', '갑자기'의 뜻을 더하는 접두사 '들이-'가 붙은 파생어이다.
③ ⓛ '강마르다'는 '몹시'의 뜻을 더하는 접두사 '강-'이 붙은 파생어이다.
④ ㉠ '곶감'은 관형사형 어미가 생략된 비통사적 합성어이다.

## 18  답 ②

| 해설 |
문맥상 ㉠과 ⓔ은 모두 정음이가 가지고 있는 책을 가리킨다.

| 오답 풀이 |
① ㉠은 화자보다 청자에게 가까운 대상인, 정음이가 가지고 있는 책을 가리키고, ⓛ은 청자보다 화자에게 가까운 대상인, 역시 정음이가 가지고 있는 책을 가리킨다.
③ ⓒ은 앞에서 이야기한 정음이가 가지고 있는 책을 가리키는 것이 아니라 화자에게 가까운 대상인, 훈민이가 가지고 있는 책을 가리킨다.
④ ⓜ은 화자나 청자로부터 멀리 있는 곳을 가리키는 지시 대명사이다.

## 19  답 ④

| 해설 |
이덕무의 〈우언(迂言)〉은 자신의 삶에 대한 자부심을 우회적으로 표현한 고전 수필이다.
시정에 살면서 명리에 마음을 두는 것은 작은 부끄러움이고, 이를 안고 사는 사람은 백에 백이다. 반면 시정에 살면서 은거에 마음을 두는 것은 작은 즐거움이고, 이를 누리는 자는 백에 하나 있거나 아주 없다. 따라서 시정에 사는 사람들 중에서 '부끄러움'을 느끼는 경우가 '즐거움'을 느끼는 경우보다 더 많다.

| 오답 풀이 |
① '명리'에 마음을 두는 것은 '부끄러움'에, '은거'에 마음을 두는 것은 '즐거움'에 대응시키고 있으므로 '나'는 '은거'의 가치를 '명리'의 가치보다 더 높이 평가하고 있다.
② '나'는 '산림과 시정 중 어디에 사느냐'와 '명리와 은거 중 어디에 마음을 두느냐'를 기준으로 삶의 유형을 구분하고 있다.
③ '참으로 가장 높은 것은 작은 즐거움을 누리는 자'에서 '나'가 '작은 즐거움'을 누리는 자를 가장 높이 평가하고 있음을 알 수 있다. '작은 즐거움'을 누리는 것은 시정에 살면서 은거에 마음을 두는 것을 뜻하는데, '나'는 스스로를 시정에 살면시 은거에 마음을 두는 자라고 말하고 있다. 따라서 '나'는 자신의 삶의 방식에 자부심을 가지고 있는 것이다.

## 20  답 ③

| 출전 |
이정우, 〈'무상 의료 = 공짜' 그 왜곡된 등식〉, 《ScooP》 vol. 172 (2015. 12. 28.)

| 해설 |
글쓴이는 국가가 효율적으로 의료 시스템을 운영할 수 있기 때문에 무상 의료가 필요하다고 주장하고 있다. "무상 의료 = 공짜'라는 편견"은 이 주장의 전제가 된다.
㉠을 구체적으로 풀이하면 '유럽은 경제적으로 풍요하기 때문에 의료비를 전폭적으로 지원해 줄 수 있다는 생각은, '무상 의료 = 공짜'라는 오해에서 비롯된 편견이다'. ㉠의 이유는 마지막에 나와 있다. 즉, 개인이 당장 의료비를 지출하는 유상 의료든, 개인이 내는 세금으로 국가가 의료비를 지출하는 무상 의료든 개인이 돈을 내는 것은 모두 마찬가지이므로 국가의 경제력과 의료 제도는 상관이 없다는 것이다.

| 오답 풀이 |
② 제시문의 내용으로는 알 수 없으며 ㉠과도 관련이 없다.
④ 1문단의 내용에서 잘못된 진술임을 알 수 있다.

## 제7회 실전 모의고사

### 정답표

| 01 | ④ | 02 | ③ | 03 | ④ | 04 | ③ | 05 | ④ |
| 06 | ③ | 07 | ② | 08 | ③ | 09 | ③ | 10 | ④ |
| 11 | ③ | 12 | ① | 13 | ③ | 14 | ④ | 15 | ① |
| 16 | ③ | 17 | ② | 18 | ④ | 19 | ① | 20 | ③ |

### 정답과 해설

## 01   답 ④

| 출전 |

김현정, 〈미술, 과학 기술을 만나 한층 더 확장〉, 《Science Times》 (2020. 11. 12.), 수정

| 해설 |

'미술의 발전은 문명의 발달과 맥을 같이 한다'는 주지를 미술의 발전 과정을 통해 설명한 글이다. 두괄식 문단으로 구성하기 위해 (다)를 제일 앞에 두어야 한다.

> (다) 미술은 문명의 발달과 함께 발전해 왔다(주지). → (나) 인류 최초의 미술은 선사 시대의 동굴 벽화이다. → (마) 이 그림들은 주술적 의미를 담아 대상의 분신을 만드는 목적으로 그려졌다. → (라) 그림을 (분신을 만드는 대상인) 실물과 일치시키는 묘사에서 출발했다. → (가) 이후 중세로 접어들면서 색채와 도구를 이용한 그림을 그렸고 미술은 단순히 대상의 재현이 아닌 상상력의 산물이 되었다.

## 02   답 ③

| 해설 |

이강백의 〈알〉은 우화적인 기법을 통해 독재 정권의 권력 찬탈과 권력의 유지 과정을 간접적으로 풍자한 희곡이다.
박물관장은 알 속에 공룡이 있다는 조작을 통해 군중들의 위기의식을 증폭하고 이에 굴복한 군중들은 박물관장의 거짓에 순응하고 만다. 왕이 된 박물관장은 이러한 시민들을 향해 "자, 돼지들아, 괴로워하라. 이마를 땅에 찧으며 어리석음을 한탄하거라"라며 조롱한다. 즉 '돼지'는 부당한 권력에 기만당한 우매한 군중을 조롱하는 의미로 쓰인 것이다.

| 오답 풀이 |

① 박물관장이 조성한 공룡이라는 공포와 위협 때문에 군중들이 황급히 박물관장을 왕으로 뽑은 데에서 알 수 있다.
②·④ 박물관장이 알 속에 공룡이 있다는 말로 군중들의 공포심을 자극해 왕의 자리를 차지한 데서 '알'이 권력을 잡기 위해 이용한 도구임을 알 수 있다. 또한 왕이 된 이후에는 알의 정체에 대해 말을 바꾸어 군중들의 혼란을 야기하여 무력하게 만드는 데에서 알은 그 실체가 없는 조작된 도구이며 군중들을 조종하는 도구로도 이용되고 있음을 알 수 있다.

## 03   답 ④

| 해설 |

백수 광부의 아내가 지은 〈공무도하가(公無渡河歌)〉는 임을 잃은 슬픔을 노래한 시가로 '이별의 만류 – 임과의 이별 – 임의 죽음 – 애도와 탄식'으로 시상이 전개되고 있다.
이 작품의 주제 의식인 이별의 정한은 고려 가요 〈가시리〉, 김소월의 〈진달래꽃〉으로 계승되지만, 〈공무도하가〉에 한의 극복 의지는 나타나지 않는다.

| 오답 풀이 |

② '물'의 시적 이미지는 '화자의 충만한 사랑(1행) – 임과의 이별(2행) – 임의 죽음(3행)'으로 변용되고 있다.
③ 백수 광부와 아내 여옥의 배경 설화가 전한다. 또한 이 시가는 집단 가요에서 개인적 서정시로 넘어가는 과도기의 작품이다.

## 04   답 ③

| 해설 |

'불려지던'에서 '불려지다'는 피동 접사와 통사적 피동문의 표현인 '-어지다'를 중복하여 사용한 이중 피동의 오류이다. 따라서 '불려지던'은 '불리던'으로 고쳐 쓰는 것이 적절하다. 한편 '불리다'는 '…에게 불리다'의 형태로 쓰이는데 필수 부사어인 '아이들에게'가 있으므로 필수 부사어가 누락되었다고 보기 어렵다.

| 오답 풀이 |

① **현재로써는**(×) → **현재로서는**(○): 이 문장에서는 '지위나 신분 또는 자격을 나타내는 격 조사'인 '로서'로 고쳐 쓰는 것이 적절하다. '로써'는 '어떤 물건의 재료나 원료를 나타내는 격 조사 / 어떤 일의 수단이나 도구를 나타내는 격 조사 / 시간을 셈할 때 셈에 넣는 한계를 나타내거나 어떤 일의 기준이 되는 시간임을 나타내는 격 조사'로 쓰인다.
② **소개시켜**(×) → **소개해**(○): '소개시키다'와 같이 '시키다'를 '하다'로 바꾸어도 의미의 변화가 없으면 과도한 사동 표현으로 본다. 고객이 제품을 스스로 소개하는 것이므로 '소개해'로 고쳐 쓰는 것이 적절하다.
④ **나에게 있어**(×) → **나에게**(○): '…에 있어'는 번역 투 표현이므로 '…에게'로 고쳐 쓰는 것이 적절하다.

## 05   답 ④

| 출전 |

박용현, 〈납치범의 질문〉

| 해설 |

글쓴이는 비록 흉악 범죄를 막기 위해서라지만, 피의자의 인권을 침해하고 헌법을 거슬러서는 안 된다고 주장하고 있다. 글쓴이는 자신과 다른 견해를 일관되게 비판하고 있을 뿐, 그것을 일부 인정하는 부분은 나타나지 않는다.

| 오답 풀이 |

① 1문단에서 피의자의 인권을 부정하는 주장을 열거하고 있고, 마지막 문단에서 민주 사회를 '한 손이 뒤로 묶인 채 적과 싸워야 하는 것'에 비유하고 있다.
② 2문단에서, 범죄자의 인권을 침해하는 환경과 인정하는 환경을 대비하여, 그런 환경에서 자란 아이들이 어떤 결과를 맞게 될지를 예상하며 인권의 중요성을 강조하고 있다.
③ 마지막 문단에서 이스라엘 대법원의 판결을 인용한 뒤, "이 판결은 우리에게 헌법과 인권에 관하여 시사하는 바가 크다 하겠다"라고 언급하는 데서 알 수 있다.

## 06
답 ③

| 출전 |
2005학년도 6월 고1 전국연합학력평가
| 해설 |
2문단에 따르면, 조선 시대의 위정자들이 무예와 각종 기술 교육에 소홀했던 이유는 교육의 목표가 예의를 가르치고 이를 실천하도록 하는 데 있었기 때문이다. 무예와 각종 기술 교육 기관이 없어서 무예와 각종 기술 교육에 소홀했는지는 알 수 없다. 또한 조선 시대에 기술 교육 기관의 존재 여부도 제시문만으로는 알 수 없다.
| 오답 풀이 |
① 1문단의, 위정자들은 백성들을 교육함으로써 사회가 안정되고 정치는 저절로 이루어진다고 생각하여 교육에 대해 커다란 관심을 가졌다는 내용에서 알 수 있다.
② 2문단의, '각종 기술 교육을 경시하고 이에 종사하는 관료들을 천대'에서 알 수 있다.
④ 2문단의, 개항기 열강의 침탈에 적극적으로 대항하지 못하고 근대화 과정에서 어려움을 겪어야 했던 것이 유교적 교육관으로 인하여 빚어진 어두운 측면이라는 내용에서 알 수 있다.

## 07
답 ②

| 출전 |
〈블랙 스완이 지배하는 세상〉, 《EBS 지식 프라임》
| 해설 |
마지막 문단에서 '세계 금융 위기'를 파괴의 블랙 스완, '오바마의 출현'을 희망의 블랙 스완이라고 비유한 데에서 블랙 스완이 부정적 파장을 몰고 오는 사건에 의미가 한정되는 것은 아님을 알 수 있다.

## 08
답 ③

| 해설 |
미란은 임원진들이 프레젠테이션을 칭찬했다는 사실을 근거로 들어, 넘어진 것보다 그것이 더 중요하다고 조언함으로써 정은을 위로하고 있다.
| 오답 풀이 |
① 미란이 정은의 말을 요약하는 내용은 나오지 않는다.
② "너무 긴장해서 그랬나 보다"에서 미란은 정은의 상태를 살피고 있지만, 정은의 태도를 타박하지는 않는다.
④ 정은이 프레젠테이션에서 칭찬받은 일을 미란이 언급한 것에서 정은이 듣고 싶어 하는 말을 했다고 볼 수는 있다. 그러나 미란이 자신의 경험을 덧붙이는 내용은 나오지 않는다.

## 09
답 ③

| 해설 |
마지막 문장인 '언어의 통제와 조작은 언어학자에 의해 이루어지는 것이 아니라 사회적 조건에 의해 일어난다는 사실이다'에서 글쓴이의 견해를 알 수 있다. 즉 한 언어의 의미는 언어학자와 같은 개인이 아니라 사회적으로 주어진 조건에 의해 정해진다는 것이 글쓴이의 생각인 것이다.
| 오답 풀이 |
② 사례를 통해 언어가 지닌 성격을 말하고자 한 것일 뿐, 언어를 변화시킬 때 신중해야 한다고 주장한 것은 아니다.

## 10
답 ④

| 해설 |
능동문을 피동문으로 바꾸었을 때, 능동문의 주어인 '철수가'는 피동문에서는 '철수에게'와 같이 부사어의 형태로 나타난다.
| 오답 풀이 |
① ㉠ 주동문의 서술어인 '넓다'는 한 자리 서술어이다. 그러나 사동문의 서술어인 '넓히다'는 '…을 넓히다'의 형태로 쓰이는 두 자리 서술어이다.
㉡ 주동문의 서술어인 '안다'는 '…을 안다'의 형태로 쓰이는 두 자리 서술어이다. 그러나 사동문의 서술어인 '안기다'는 '…에/에게 …을 안기다'의 형태로 쓰이는 세 자리 서술어이다.
② ㉠에서 주동문의 서술어인 형용사 '넓다'는 사동문에서는 사동사인 '넓히다'가 되었고, ㉡에서 주동문의 서술어인 타동사 '안다'는 사동문에서는 사동사인 '안기다'가 되었다. 따라서 형용사와 동사 모두 사동화될 수 있다.
③ ㉡의 사동문의 서술어와 ㉢의 피동문의 서술어는 모두 '안겼다'이므로 '안기다'의 경우 사동사와 피동사의 형태가 같다.

## 11
답 ③

| 해설 |
'門前雀羅[문 문, 앞 전, 참새 작, 그물 라(나)]'는 '문 앞에 참새 그물을 친다는 뜻으로, 권력이나 재물을 잃으면 찾아오는 사람이 드물어짐을 이르는 말'이므로 문맥에 맞지 않는다. 이 문장에는 '찾아오는 사람이 많아 집 문 앞에 시장을 이루다시피 함을 이르는 말'인 '門前成市(문 문, 앞 전, 이룰 성, 시장 시)'를 쓰는 것이 적절하다.
| 오답 풀이 |
① 近墨者黑(가까울 근, 먹 묵, 놈 자, 검을 흑): 먹을 가까이하는 사람은 검어진다는 뜻으로, 나쁜 사람과 가까이 지내면 나쁜 버릇에 물들기 쉬움을 비유적으로 이르는 말
② 殷鑑不遠(성할 은, 거울 감, 아닐 불, 멀 원): 거울삼아 경계하여야 할 전례(前例)는 가까이 있다는 뜻으로, 다른 사람의 실패를 자신의 거울로 삼으라는 말
④ 棟梁之材[마룻대 동, 들보 량(양), 갈 지, 재목 재]: 마룻대와 들보로 쓸 만한 재목이라는 뜻으로, 집안이나 나라를 떠받치는 중대한 일을 맡을 만한 인재를 이르는 말

## 12
답 ①

| 해설 |
- 거리: 오이나 가지 따위를 묶어 세는 단위. 한 거리는 오이나 가지 50개를 이른다.
- 두름: 조기 따위의 물고기를 짚으로 한 줄에 10마리씩 두 줄로 엮은 것을 세는 단위
- 손: 한 손에 잡을 만한 분량을 세는 단위. 조기, 고등어, 배추 따위 한 손은 큰 것 하나와 작은 것 하나를 합한 것을 이르고, 미나리나 파 따위 한 손은 한 줌 분량을 이른다.
- 쌈: 바늘을 묶어 세는 단위. 한 쌈은 바늘 24개를 이른다.

오이 한 거리(50) + 조기 두 두름(40) + 고등어 두 손(4) + 바늘 한 쌈(24)은 모두 118개이다.

## 13  ② 

| 출전 |
2005학년도 대학수학능력시험 9월 모의평가

| 해설 |
갑 확대 지칭은 부분으로 전체를 지칭하는 환유이고, 축소 지칭은 전체로 부분을 지칭하는 환유이다. '손이 모자라다'에서 신체의 한 부분인 '손'은 전체인 '일꾼'을 의미하므로 확대 지칭이 나타난 것이다. 반면 '온 동네가 기뻐했다'에서 전체인 '온 동네'는 그 부분인 '동네 사람'을 의미하므로 축소 지칭이 나타난 것이다.

병 '이 대리는 자리를 옮겼다'는 상황에 따라 '이 대리는 지위나 직위를 옮겼다'라는 뜻도 될 수 있고, '이 대리가 차지하고 있던 공간을 이동했다'라는 뜻도 될 수 있다. 즉 상황에 따라 동일한 낱말인 '자리'가 환유적으로 쓰이기도 하고, 그렇지 않기도 하므로 환유의 지칭 기능이 상황 의존적임을 보여 주는 사례이다.

| 오답 풀이 |
을 '우리는 공원 벤치에 앉아 잡담을 즐겼다'의 '벤치'는 '여러 사람이 앉을 수 있는 긴 의자'를 가리키는 것으로 인접성을 바탕으로 사물이나 관념을 지칭하는 환유 표현이 아니다. 반면 '축구장에서 벤치와 선수들이 이성을 잃고 동요하기 시작했다'의 '벤치'는 벤치에 앉은 감독이나 코치를 지칭하므로 환유 표현이다.

## 14  ④

| 해설 |
(가) 작가 미상의 〈개를 여라믄이나 기르되 ~〉는 소박한 일상어와 음성 상징어를 통해 서민들의 진솔한 생활 감정을 표현한 사설시조이다. (나) 작가 미상의 〈귀쏘리 져 귀쏘리 ~〉는 독수공방하는 화자의 외로움을 귀뚜라미에 감정 이입하여 표현한 사설시조이다. 전전반측의 상황인 '사창 여원 줌을 슬쯔리도 씨오는고야'에는 역설법이 아니라 반어법이 쓰였다.
* 전전반측(輾轉反側): 누워서 몸을 이리저리 뒤척이며 잠을 이루지 못함.

| 오답 풀이 |
① (가)에는 감정 이입의 기법이 나타나지 않는다. 그러나 (나)에서는 임과 떨어져 있는 화자의 슬픔을 '귀쏘리'에 이입하여 나타내고 있다.
②·③ (가)에서는 '홰홰', '버동버동', '캉캉' 등의 의성어나 의태어를 효과적으로 사용하여 얄미운 개가 하는 행동을 과장적이면서도 해학적으로 묘사하고 있다. 또한 임과의 만남을 방해하는 개를 원망함으로써 임에 대한 사랑을 간접적으로 드러내고 있다.

## 15  ①

| 출전 |
2020학년도 3월 고2 전국연합학력평가

| 해설 |
㉠ 앞에는 선험적인 도덕 법칙이 존재하며 모든 인간은 이를 따라야 한다는 도덕적 원칙주의자의 주장이, 뒤에는 갈등 상황이 생겼을 때 도덕 법칙에 따라 행동하라는 내용이 제시되어 있다. 앞뒤가 원인과 결과의 관계로 이어지고 있으므로 '따라서, 그래서'가 들어가야 적절하다.
㉡ 앞에는 도덕적 원칙주의의 의의, 뒤에는 도덕적 원칙주의의 한계가 제시되어 있다. 앞뒤가 상반되게 이어지고 있으므로 '하지만, 그런데, 그러나'가 들어가야 적절하다.
㉢ 앞에는 개인들이 합의를 통해 만든 상위 원리를 바탕으로 도덕적 갈등을 해결할 수 있다는 도덕적 자유주의자의 주장이, 뒤에는 도덕적 자유주의자가 공정한 형식적 절차를 마련하는 것을 최우선으로 삼는다는 내용이 제시되어 있다. 앞뒤가 원인과 결과의 관계로 이어지고 있으므로 '따라서, 그러므로'가 들어가야 적절하다.
㉣ 앞과 뒤에 모두 도덕적 자유주의의 한계가 제시되어 있으므로 첨가나 순접의 접속어인 '또한, 그리고'가 들어가야 적절하다.

## 16  ③

| 출전 |
2005학년도 대학수학능력시험 9월 모의평가

| 해설 |
제시문에서는 예술 작품의 감상 과정을, 서로 다른 관점과 개성을 지닌 예술 작품과 감상자가 묻고 대답하면서 서로의 관점을 교정해 가는 것으로 설명하고 있다. ㉢ '시계'와 ㉣ '전이해'는 예술 작품과 감상자가 가지고 있는 관점과 개성을 의미하는 것이다. 예술 작품과 감상자는 자신의 관점과 개성으로 서로를 끌어들이지 않고 대화를 통해 이를 초월하여 새로운 진리(의미)를 만들어 낸다.

| 오답 풀이 |
①·②·④ 예술 작품과 감상자는 ㉠ '대화'를 통해 서로의 관점을 ㉡ '교정'하고, 결국 ㉤ '새로운 시야'를 획득하게 된다. 즉 ㉠은 수단이고 ㉡과 ㉤은 결과이다.

## 17  ②

| 해설 |
• 알다시피(○): '-다시피'는 '-는 바와 같이'의 뜻을 나타내는 연결 어미이다.
• 짭짤하게(○): 한 단어 안에서 같은 음절이나 비슷한 음절이 겹쳐 나는 부분은 같은 글자로 적는다.

| 오답 풀이 |
① • 출석율(×) → 출석률(○): 한자음 '률(率)'이 단어 첫머리 이외에 올 경우에는 두음 법칙이 적용되지 않으므로 본음대로 적는다. 모음이나 'ㄴ' 받침 뒤에 이어지는 렬, 률의 경우에만 '열, 율'로 적는다.
• 있길래(○)/있기에(○): '-길래'는 '-기에'를 구어적으로 이르는 말이다.
③ • 모잘라서(×) → 모자라서(○): 기본형이 '모자라다'이고, '모자라 - 모자라니'로 활용한다. '모잘라다(×)'는 비표준어이다.
• 안스럽다(×) → 안쓰럽다(○): '손아랫사람이나 약자의 딱한 형편이 마음이 아프고 가엾다'의 의미로는 '안쓰럽다'가 바른 표기이다.
④ • 짜집기(×) → 짜깁기(○): '짜깁기'는 '직물의 찢어진 곳을 그 감의 올을 살려 본디대로 흠집 없이 짜서 깁는 일 / 기존의 글이나 영화 따위를 편집하여 하나의 완성품으로 만드는 일'의 뜻이다.
• 해어진(○): '닳아서 떨어지다'의 의미로는 '해어지다'가 바른 표기이다. '해어지다'의 준말은 '해지다'이다.

## 18  ④

| 해설 |
효용론이란 문학 작품이 독자에게 미친 영향을 중심으로 감상하는 것을 말하므로 ④가 효용론에 따라 시를 감상한 것이다.

| 오답 풀이 |
① 문학 작품과 시대적 배경을 연결하여 감상하는 반영론적 관점이 나타난다.
② 문학 작품과 작가의 관계에 주목하여 감상하는 표현론적 관점이 나타난다.
③ 문학 작품 자체에 주목하여 감상하는 구조론적 관점이 나타난다.

## 19  ①

| 출전 |
박성혜·박병주·박해령, 〈혈류 개선 효능을 지닌 한약재의 영양 성분 분석 및 항산화 활성에 관한 연구〉, 《디지털융복합연구》(2016), 수정

| 해설 |
1문단의, '조직 세포에서 생긴 노폐물과 이산화 탄소'라는 내용에서 알 수 있다.

| 오답 풀이 |
② 빈혈의 판정을 위해서는 전체 혈액을 구성하는 혈액 성분의 비율을 알아야 하는 것이지, 혈장과 혈청의 비율만으로 빈혈을 판정하는 것은 아니다.
③ 2문단에 따르면, 중성 지방은 혈액을 구성하는 주요 성분이다. 또한 인체의 혈액 중 80%가 물이므로, 물도 혈액의 구성 성분에 포함된다.
④ 1문단에 따르면, 혈액은 세균이나 바이러스를 체외에 배출하는 것이 아니라 그것에 대항하여 싸우는 역할을 한다. 그리고 혈액의 기능인 체내 항상성 유지와 생체 방어 작용이 서로 인과적으로 연결되었다고 볼 수도 없다.

## 20  ③

| 출전 |
2017년도 PSAT 5급 언어논리, 지문 발췌

| 해설 |
뇌의 좌반구 기능은 논리적 사고가 우세하고, 우반구 기능은 상상력이나 창의력 같은 직관적 사고가 우세하다. 또한 뇌의 좌·우반구의 신체 제어에서 좌우 교차가 일어난다. 즉 뇌의 좌반구는 오른쪽 신체를 제어하고 우반구는 왼쪽 신체를 제어하는 것이다.
2문단에 따르면 현대인의 약 80%가 오른손잡이로, 인간의 오른손 선호 현상은 '이성 대 직관의 힘겨루기, 뇌의 두 반구 사이의 힘겨루기가 오른손과 왼손의 힘겨루기로 표면화된 것'이라고 글쓴이는 추측하고 있다. 즉 뇌의 좌반구 기능이 우반구보다 우세하기 때문에 뇌의 좌반구가 제어하는 오른손 선호가 일반적인 현상이 되었다는 것이다. 따라서 '뇌의 좌반구가 인간의 행동을 지배하는 권력을 갖게 되었기 때문에 오른손 선호에 이르렀다고 볼 수 있다'가 빈칸에 들어가야 적절하다.

| 오답 풀이 |
① 2문단에 따르면, 인간은 오른손 선호가, 인간을 제외한 대부분의 포유류 동물은 왼발 선호가 나타난다. 따라서 인간은 뇌의 좌반구 기능이, 인간을 제외한 대부분의 포유류 동물은 뇌의 우반구 기능이 우세함을 알 수 있다.
② 2문단의 '이성 대 직관의 힘겨루기, 뇌의 두 반구 사이의 힘겨루기가 오른손과 왼손의 힘겨루기로 표면화된 것'에 따르면, 뇌의 좌·우반구 기능의 우열이 원인이 되어 오른손 선호라는 결과가 나타난 것이다.
④ 글쓴이는 논리적 사고가 우세한 뇌의 좌반구가 직관적 사고가 우세한 우반구와의 힘겨루기에서 이겼다고 추측하고 있다. 따라서 글쓴이는 직관적 사고보다 논리적 사고가 인간의 행위를 더 강하게 지배해 왔다고 생각할 것이다.

# 제8회 실전 모의고사

## 정답표

| 01 | ② | 02 | ② | 03 | ① | 04 | ② | 05 | ④ |
| 06 | ④ | 07 | ② | 08 | ① | 09 | ① | 10 | ③ |
| 11 | ③ | 12 | ② | 13 | ① | 14 | ③ | 15 | ③ |
| 16 | ② | 17 | ① | 18 | ③ | 19 | ② | 20 | ② |

## 정답과 해설

### 01  답 ②
| 해설 |
제시문은 응급 환자 이송이라는 예외를 인정하지 않고 일반적인 규칙을 그대로 적용함으로써 오류가 발생한 것이므로 우연의 오류를 범한 예이다. '우연의 오류'란 일반적인 규칙이 특수한 경우에 그대로 적용될 수 없음에도 적용함으로써 빚어지는 오류이다. ② 역시 태풍으로 인한 침수라는 예외를 인정하지 않은 것이므로 우연의 오류가 나타난 것이다.

| 오답 풀이 |
① 두 사건 사이에 인과 관계가 없음에도 단순히 시간상으로 선후 관계인 것을 인과 관계로 잘못 판단한 오류인 '잘못된 인과 관계의 오류'가 나타난 것이다.
③ 원인과 결과를 서로 순서만 바꿔 되풀이하는 오류인 '순환 논증의 오류'가 나타난 것이다.
④ 의미가 두 가지 이상인 단어를 동시에 사용함으로써 발생하는 오류인 '애매어 사용의 오류'가 나타난 것이다.

### 02  답 ②
| 출전 |
장회익, 〈새로운 생명 가치관의 모색〉

| 해설 |
남의 생명이 자기 생명만큼 소중하다는 생각만으로 대상에 따라 태도를 달리하는 것을 심정적인 면에서까지 완전히 없앨 수는 없었기 때문에, 사람들은 윤리의 초점을 사회 규범을 마련하는 것에까지만 맞추게 되었다는 문맥이다. 따라서 〈보기〉는 ㉡에 들어가야 알맞다.

### 03  답 ①
| 해설 |
'열'은 관형사로도, 수사로도 쓰인다. ㉠ '열'은 뒤에 오는 체언을 수식하는 수 관형사이고, ㉡ '열'은 뒤에 조사가 붙은 수사이다. ①의 '둘'은 수사로만 쓰인다. 따라서 ㉠과 같은 품사가 아니다.

| 오답 풀이 |
② '세'는 관형사로만 쓰인다.
③ '셋째'는 수사로도, 관형사로도, 명사로도 쓰인다. 이 문장에서는 '순서가 세 번째가 되는 차례'의 뜻인 수사로 쓰였다.
④ '하나'는 수사로도, 명사로도 쓰인다. 이 문장에서는 '수효를 세는 맨 처음 수'를 뜻하는 수사로 쓰였다.

### 04  답 ②
| 출전 |
문재완, 〈범죄 보도와 무죄 추정 원칙〉, 《한국 언론법 학회》(2020)

| 해설 |
제시문에서는 범죄 사건 보도의 긍정적 효과를 주로 언급하고 있다. 따라서 '범죄 사건 보도의 의의'가 제목으로 가장 적절하다.

| 오답 풀이 |
①·④ 제시문의 부분적인 내용일 뿐이다.
③ 2문단에 언급된 내용이지만, 부정적 효과가 크게 고려할 사항은 아니라는 언급으로 보아 제목이 될 수 없다.

### 05  답 ④
| 해설 |
이문재의 〈광화문, 겨울, 불꽃, 나무〉는 도시의 야간 조명이 연출하는 비정상적인 모습을 통해 자연의 섭리를 파괴하는 현대 문명에 대한 비판적 인식과 우려를 드러낸 시이다.
㉠ '꼬마전구들'은 자연의 섭리를 거스르는 현대 문명을 의미한다.
④의 '텔레비전' 역시 자연의 소리를 가로막는 현대 문명의 이기를 의미한다.

| 오답 풀이 |
① '전파'는 '나'와 그를 이어 주는 사랑의 감정을 의미한다.
② '용수철'은 새의 역동적인 모습을 나타내는 객관적 상관물이다.
③ '엘리베이터'는 삶과 죽음이 공존하는 공간을 의미한다.

### 06  답 ④
| 출전 |
케네스 포메란츠·스티븐 토픽, 《설탕, 커피 그리고 폭력》

| 해설 |
2문단에 따르면, 동네 식료품상들은 식료품의 값이 싸고 주민들이 자가용으로 쉽게 갈 수 있는 슈퍼마켓들에 밀려 설 자리를 잃게 되었다. 위생적이지 않은 물건을 팔았기 때문에 도태된 것은 아니다.

| 오답 풀이 |
① 3~마지막 문단에 따르면, 소수의 기업이 키운 브랜드들은 광고를 통해 사람들에게 더욱 익숙해지게 되었고, 사람들은 친숙함을 느끼는 브랜드를 더 위생적이라고 생각하여 선택하게 되었다.
② 1·마지막 문단에 따르면, 19세기 이전에는 가까울수록 신선한 것이었으나 그로부터 200년이 지난 후에는 감독 기관의 인증이 훨씬 더 믿음직스러워졌다.
③ ㉠ '이러한 경향'은 신선함을 둘러싼 전통적인 관념들이 바뀌게 된 것을 의미한다. 1~2문단에 따르면, 냉장 보관이 등장하고 도시화가 진행되고 슈퍼마켓이 늘어나면서 ㉠이 더욱 빨라졌다.

### 07  답 ②
| 출전 |
2010학년도 11월 고1 전국연합학력평가, 수정

| 해설 |
촉각상이란 촉각적 경험을 통해 대상에 대해 이미 알고 있는 이미지이며, 촉각상에 의존하여 표현하는 방법은 시각적으로는 모순되더라도 알고 있는 사실을 명확하게 전달하는 데 중점을 둔 방법이라는 데에서 알 수 있다.

| 오답 풀이 |

① 거리에 따라 크기가 달라 보여도 같은 사물이라면 똑같은 크기로 그리는 것은 시각상이 아니라 촉각상이다.
③·④ 원근법적 표현에 익숙한 사람은 시각상보다 촉각상에 치중한 그림이 어색하게 느껴지지만, 원근법적 표현에 익숙하지 않은 어린아이에게는 그렇지 않은 경우가 많다는 데에서 알 수 있다.

## 08　답 ①

| 해설 |

- 속은∨척하고(○)(원칙)/속은척하고(○)(허용): '척하다'는 보조 용언이다. 본용언과 보조 용언이 '관형사형 + 보조 용언'의 구성일 경우, 보조 용언은 띄어 씀을 원칙으로 하되 경우에 따라 붙여 씀도 허용한다.
- 넘어갈∨만도∨하다(○): '만도∨하다'와 같이 의존 명사 뒤에 조사가 붙은 경우는 보조 용언 구성이 아니라 의존 명사와 용언의 구성이므로 붙여 쓸 수 없다.

| 오답 풀이 |

② ・두∨도시간(✕) → 두∨도시∨간(○): '간'은 '한 대상에서 다른 대상까지의 사이'를 뜻하는 의존 명사이므로 앞말과 띄어 쓴다.
　・석∨달∨만에(○): '만'이 '앞말이 가리키는 동안이나 거리'의 뜻을 나타내는 의존 명사이므로 앞말과 띄어 쓴다.
③ ・지난∨밤(✕) → 지난밤(○): '지난밤'은 한 단어이므로 붙여 쓴다.
　・문단속만큼은(○): '만큼'은 체언 뒤에 붙어 앞말에 한정됨을 나타내는 보조사이므로 앞말에 붙여 쓴다.
④ ・있을∨지(✕) → 있을지(○): '-을지'는 추측에 대한 막연한 의문을 나타내는 어미이므로 앞말에 붙여 쓴다.
　・그럴듯한데(○): '그럴듯하다'는 한 단어이므로 붙여 쓴다. '-ㄴ데'는 어미이므로 앞말에 붙여 쓴다.

## 09　답 ①

| 출전 |

한나 아렌트, 《예루살렘의 아이히만》, 수정

| 해설 |

미디어 기술이 우리를 점차 전체주의적으로 만드는 것(㉠)은 이 글의 논지인 '민주적 결차에 따른 숙고와 실득, 힘의의 언어가 필요'하게 된 배경, 즉 전제이다.

| 오답 풀이 |

② ㉠에서는 미디어 기술로 인해 나타나는 전체주의적 모습이, ㉡에서는 절대악으로 인해 나타난 전체주의 사회의 모습이 나타난다. ㉠과 ㉡은 서로 다른 전체주의 사회의 모습을 설명한 것이지 ㉡이 ㉠을 부연 설명한 것이 아니다.
③ ㉢은 '전체주의 사회가 보여 준 '절대 악'의 모습은 역사 속으로 사라졌다'는 ㉡의 일부 내용을 옹호한 것이 아니라 새로운 전체주의가 도래할 것이라는 내용을 담고 있다.
④ ㉣ 때문에 ㉤이 필요하다는 것이므로 ㉣은 논지인 ㉤을 뒷받침하는 근거(이유)이다.

## 10　답 ③

| 출전 |

정현용, 〈청소년 기준은 몇 살일까… 18세·19세·24세?〉, 《서울신문》(2018. 8. 15.)

| 해설 |

'청소년증' 발급 기준은 만 9~18세이며, 청소년 보호법은 만 19세 미만을 청소년으로 규정하고 있다. 따라서 청소년증의 발급 대상자 중 만 18세라고 하더라도 올해는 여전히 청소년 보호법의 대상이기 때문에 술을 구매할 수 없다. 따라서 청소년증의 발급 대상자 모두는 올해에 마트에서 술을 구매할 수 없다.

| 오답 풀이 |

① 영화 비디오법은 만 19세 미만, 게임 산업 진흥법은 만 18세 미만을 청소년으로 규정하고 있다. 청소년 관람 불가 영화를 볼 수 있는 사람은 만 19세 이상이므로 게임 산업 진흥법상 청소년이 아니다. 따라서 청소년 이용 불가 게임을 할 수 있다.
② 교통 카드의 청소년 할인 혜택 대상자는 만 13~18세이며, 청소년 복지법상 청소년은 만 9~24세이므로 적절한 설명이다.
④ △△시의 유명 관광지 매표소에서는 만 13~24세를 청소년으로 규정해 입장료를 할인해 준다. 그런데 청소년 활동법상 청소년은 만 9~24세이므로 만 9~12세 청소년은 입장료를 할인받을 수 없다.

## 11　답 ③

| 해설 |

작가 미상의 〈흥부가(興夫歌)〉는 판소리 다섯 마당 중 하나로, 형제 간의 우애와 권선징악이라는 표면적 주제와, 조선 후기의 부조리한 사회에 대한 비판이라는 이면적 주제를 드러낸 판소리 사설이다. '아니리'는 판소리에서, 창을 하는 중간중간에 가락을 붙이지 않고 이야기하듯 엮어 나가는 사설을 의미하므로 ㉠에 들어가기에 적절하다.

| 오답 풀이 |

① 언어유희는 '상처는 여편네 죽은 것이고'에 나타난다. 그러나 이를 통해 지배층의 횡포를 풍자한 것은 아니다.
　＊ 상처(喪妻): 아내의 죽음을 당함.
　＊ 상처(傷處): 몸을 다쳐서 부상을 입은 자리
② '병영 가신 우리 영감 매 한 대도 맞지 말고'와 '요망스럽게 여편네가 밤새도록 울더니 돈 한 푼 못 벌고'라는 흥부의 말로 보아, 아내가 흥부에게 매품을 팔라고 요청한 것은 아니다.
④ 이어지는 흥부 마누라의 말을 고려할 때, ㉡에는 흥겨운 리듬인 '중중모리장단'이 들어가야 적절하다.
　＊ 중중모리장단: 민속 음악에서, 판소리 및 산조 장단의 하나. 중모리장단보다 빠르고 자진모리장단보다 느리다.
　＊ 진양조장단: 민속 음악에서 쓰는 판소리 및 산조 장단의 하나. 24박 1장단의 가장 느린 속도로, 정악(正樂)에서 사용하는 여민락에만 해당한다.

## 12　답 ③

| 해설 |

작가 미상의 〈상사별곡(相思別曲)〉은 독수공방의 외로움과 이별한 임에 대한 그리움을 노래한 가사이다.
'인간의 일이 만코 조물이 시기런지 ~ 낙목한천 또 되엿닉'로 보아 화자는 조물의 시기 때문에 임과 재회하지 못한다고 생각하고 있다. 그러나 오고가 '글발'이 임과 이별한 원인이라고 생각할 근거는 제시되지 않았다.

| 오답 풀이 |

① '어이 이젓슬가', '소식인들 쉬울손가' 등에서 설의법을 사용하여 화자의 안타까운 심정을 강조하고 있다.

② '흉중의 불이 나니 구회간장 다타간다'에서 화자의 애타는 심정을 '불'에 빗대어 나타내는 데서 알 수 있다.
④ '황미시절 떠난 이별 만학단풍 느졋ᄂᆡ', '삼ᄒᆞ삼추 지나가고 낙목한천 또 되엿ᄂᆡ'에서 화자가 임과 이별한 기간이 오래되었음을 나타내고 있다.

## 13  답 ①

| 해설 |

'작업량을 ㉠ <u>나눌</u>'의 '나누다'는 '몫을 분배하다'의 의미이고, '기쁨과 슬픔을 함께 ㉡ <u>나누며</u>'의 '나누다'는 '즐거움이나 고통, 고생 따위를 함께하다'의 의미이다. 따라서 ㉠과 ㉡은 소리가 같고 의미도 서로 밀접한 관련이 있는 다의 관계로 볼 수 있다. ①의 '아이를 <u>기르기</u>'에서 '기르다'는 '아이를 보살펴 키우다'의 의미이고, '콧수염을 <u>길렀다</u>'에서 '기르다'는 '머리카락이나 수염 따위를 깎지 않고 길게 자라도록 하다'의 의미이다. 따라서 이 두 단어는 다의 관계로 볼 수 있다. 나머지 ②·③·④는 모두 소리는 같으나 뜻이 다른 동음이의 관계에 있는 단어들이다.

| 오답 풀이 |

② • 계기로 <u>삼다</u>: 무엇을 무엇이 되게 하거나 여기다.
  • 짚신을 <u>삼다</u>: 짚신이나 미투리 따위를 결어서 만들다.
③ • 날개를 <u>치다</u>: 날개나 꼬리 따위를 세차게 흔들다.
  • 사람을 <u>치다</u>: 차나 수레 따위가 사람을 강한 힘으로 부딪고 지나가다.
④ • 틈을 <u>타다</u>: 어떤 조건이나 시간, 기회 등을 이용하다.
  • 운명을 잘 <u>타다</u>: 복이나 재주, 운명 따위를 선천적으로 지니다.

## 14  답 ③

| 해설 |

'사회를 하나의 유기체로 볼 때에, 그 조직이나 양식, 또는 그 상태를 이르는 말'을 뜻하는 '체제'는 '體制(몸 체, 억제할 제)'로 쓴다.
＊題: 제목 제

| 오답 풀이 |

① 推移(옮길 추, 옮길 이): 일이나 형편이 시간의 경과에 따라 변하여 나감. 또는 그런 경향
② 弊害(폐단 폐, 해로울 해): 폐단으로 생기는 해
④ 崩壞(무너질 붕, 무너질 괴): 무너지고 깨어짐.

## 15  답 ③

| 해설 |

정호승의 〈제비꽃은 제비꽃답게 피면 됩니다〉는 각자의 개성이 지닌 아름다움과 그것이 모여 이루는 조화로운 삶의 중요성을 이야기한 수필이다.
인간이 개성적 존재로서 존중받는 일이 어렵다는 것을 강조하는 내용은 제시문에 나오지 않는다. "제비꽃이 제비꽃이면 되듯이 나 또한 이대로 나 자신이면 됩니다"는 인간은 모두 각자의 아름다움을 지니고 있으므로 개성적 존재로 존중받는 일은 자연스럽고 따라서 남과 비교할 필요가 없다는 의미를 함축한다.

| 오답 풀이 |

①·②·④ 제비꽃이 다른 꽃을 부러워하지 않고 자신의 모습 그대로 아름답게 존재하는 것에서 인간도 남과 비교하지 않고 자신만이 지닌 아름다움을 존중해야 한다는 점을 유추하고 있다. 또한 꽃밭이 아름답기 위해서는 각자의 아름다움을 지닌 꽃들이 서로 조화를 이루어야 하듯이 각자의 아름다움도 다른 사람들의 아름다움과 조화를 이룸으로써 빛나야 아름다운 세상이 됨을 유추하여 이야기하고 있다. 즉 글쓴이는 개개인의 가치와 공동체적 삶 둘 다의 중요성을 강조하고 있는 것이다.

## 16  답 ②

| 해설 |

㉠ 나룻배[나루빼/나룯빼]: 순우리말로 된 합성어로서 뒷말의 첫소리가 된소리로 나므로 ㉠의 예로 적절하다.
㉡ 깻잎[깬닙]: 순우리말로 된 합성어로서 뒷말의 첫소리 모음 앞에서 'ㄴㄴ' 소리가 덧나므로 ㉡의 예로 적절하다.
㉢ 제삿날(祭祀날)[제ː산날]: 순우리말과 한자어로 된 합성어로서 뒷말의 첫소리 'ㄴ, ㅁ' 앞에서 'ㄴ' 소리가 덧나므로 ㉢의 예로 적절하다.

| 오답 풀이 |

① ㉡ 훗일(後일)[훈ː닐]: 순우리말과 한자어로 된 합성어로서 앞말이 모음으로 끝난 경우 뒷말의 첫소리 모음 앞에서 'ㄴㄴ' 소리가 덧나는 것의 예이다.
③ ㉢ 잇몸[인몸]: 순우리말로 된 합성어로서 앞말이 모음으로 끝난 경우 뒷말의 첫소리 'ㄴ, ㅁ' 앞에서 'ㄴ' 소리가 덧나는 것의 예이다.
④ ㉠ 자릿세(자릿貰)[[자리쎄/자릳쎄]: 순우리말과 한자어로 된 합성어로서 앞말이 모음으로 끝난 경우 뒷말의 첫소리가 된소리로 나는 것의 예이다.

## 17  답 ①

| 출전 |

2020학년도 7월 고3 전국연합학력평가

| 해설 |

1문단에 따르면, 의사 표시자의 의사가 직접적인 행위로 드러난 것은 행위 의사가 아니라 '표시 행위'이다. 행위 의사는 '계약서 작성이라는 행위를 의도하거나 인식하는 것'으로 계약서를 작성하는 것과 같은 직접적인 행위가 드러나지 않는다.

| 오답 풀이 |

② 1문단에 따르면, 의사 표시자가 '전원주택을 짓고 싶다'는 동기로 인해 '토지를 사야겠다고 마음먹은' 효과 의사가 나타난다. 따라서 의사 표시자의 효과 의사는 의사 표시자의 동기를 바탕으로 나타난다.
③ 1문단의 "효과 의사"를 B(상대방)에게 전달해야겠다는 A(의사 표시자)의 생각은 '표시 의사'와 일치한다.
④ 2문단에 따르면, 의사와 표시가 일치하지 않을 때 의사 표시는 의사 표시의 본질을 의사 표시자의 '효과 의사'로 보고, 표시주의는 의사 표시자의 '표시 행위'로 본다.

## 18  답 ③

| 해설 |

2문단에서 의사 표시의 본질을 바라보는 관점 중 '의사 표시자의 효과 의사'를 중시하는 의사주의와 '의사 표시자의 표시 행위'를 중시하는 표시주의를 제시한 뒤, '의사와 표시 모두 의사 표시의 요소로 파악'하는 효력주의를 제시하는 데서 알 수 있다.

| 오답 풀이 |
① 2문단에 '의사 표시의 본질을 바라보는 세 가지 관점'을 소개하고 있으나, '의사 표시의 본질을 파악하는 과정'을 설명하고 있지는 않다.
② 1문단에서, 구체적 사례를 통해 의사 표시 과정을 설명하고 있다. 그러나 효과 의사, 표시 의사, 행위 의사, 표시 행위는 의사 표시 과정에 나타나는 의사 표시자의 의사 표시 단계이지 의사 표시의 종류는 아니다.
④ 2문단에서, 상대방의 신뢰를 보호하지 못하는 의사주의의 문제점을 지적하고 있지만, '바람직한 의사 표시 방법'을 설명하지는 않았다.

## 19
답 ②

| 출전 |
이광석, 〈챗지피티, 인공 지능[AI]과 민주주의〉, 《민주주의 이슈와 전망》

| 해설 |
자동화 연산 처리로 자동 창작 지식을 만들어 내는 생성형 AI의 특징과 그로 인한 전망을 제시한 글이다.

> ⓒ 생성형 AI는 일종의 거대 '리믹스' 자판기와 흡사하다. → ⓑ 이로 인해 창의적 행위의 결과물을 얻는 기존의 방식은 인공 지능에 의해 쉽게 거세될 운명이 되었다. → ⓐ 왜냐하면 우리는 이제 단 몇 초면 근사한 문장과 생성 이미지가 뚝딱 만들어지는 리믹스 소비 세계에 곧 입문할 것이기 때문이다. → ⓔ 자동화 연산 처리로 만들어지는 리믹스 행위는 현실에서 가치를 잃게 될 것이다. → ⓓ 또한 리믹스로 생성된 자동 창작 지식의 온라인 세계 내 과포화 상태가 절정에 이를 것이다.

## 20
답 ②

| 출전 |
진회숙, 〈오르간, 그 화려한 소리의 이면〉, 《중앙일보》(2023. 3. 14.), 수정

| 해설 |
1문단에서 글쓴이는 오늘날의 관객들 중 과거에 오르간 연주를 위해 많은 노동력이 필요했음을 아는 사람이 드물다고 주장한다. 그러나 과거의 관객이 일꾼들의 노고를 인식하지 못했음을 추론할 수 있는 근거는 없다.

| 오답 풀이 |
① 1문단에 따르면, 오르간에 따라서 파이프의 수는 수십 개에서 수만 개이다. 따라서 파이프에 공기를 불어 넣는 데 필요한 노동력의 크기가 오르간의 종류에 따라 달라졌을 것이라고 추론할 수 있다.
③ 2문단에서 지금은 전기를 이용해 파이프에 바람을 불어 넣는다고 하였으므로, 오늘날에는 오르간 연주를 위해 파이프에 바람을 불어 넣는 노동이 필요하지 않을 것이라고 추론할 수 있다.
④ 2문단의 연주 도중에 일꾼들이 도망을 가기도 했다는 내용에서 추론할 수 있다.

# 제9회 실전 모의고사

정답표

| 01 | ② | 02 | ② | 03 | ④ | 04 | ② | 05 | ① |
| 06 | ② | 07 | ③ | 08 | ① | 09 | ③ | 10 | ④ |
| 11 | ② | 12 | ② | 13 | ④ | 14 | ② | 15 | ② |
| 16 | ③ | 17 | ③ | 18 | ③ | 19 | ③ | 20 | ② |

정답과 해설

## 01
답 ②

| 출전 |
김영욱 외, 〈체면, 소통 그리고 갈등 해소: 체면 – 소통 모델과 소통의 가능성 모색〉, 《한국 언론 학회》(2011), 수정

| 해설 |
1문단의, 한국의 체면도 서양의 체면과 마찬가지로 사회적 상호 작용을 통해 주장되고 강화된다는 내용과 배치된다.

| 오답 풀이 |
① 2문단의, 리엔은 자기 스스로를 보고 느끼는 반성적 부끄러움이지만 미엔쯔는 남에게 비추어진 자신의 모습을 보고 느끼는 부끄러움이라는 내용에서 알 수 있다.
③ 2문단의, 중국과 달리 한국의 체면은 사회적 체면과 개인적 체면을 모두 포함하고 있다는 내용에서 알 수 있다.
④ 1문단의, 서양의 페이스는 연속상의 개념을 갖는 것임에 비해 한국의 체면은 이분법적인 잣대로 평가된다는 내용에서 알 수 있다.

## 02
답 ②

| 해설 |
작가 미상의 〈청산별곡(靑山別曲)〉은 고려 후기 유랑민의 고달픈 삶과 고뇌를 노래한 고려 가요이다.
'우리라 우리라 새여 ~ 널라와 시름 한 나도' 등으로 보아, ⓒ '새'는 화자의 감정이 이입되어 화자와 동일시되는 대상이다. 그러나 ⓔ '새'는 '(갈던) 밭' 또는 '(날아가는) 새'로 속세에 미련을 가지고 화자가 바라보는 대상이므로 화자의 감정이 이입되거나 화자와 동일시되는 대상이 아니다.

| 오답 풀이 |
① ㉠ '쳥산'과 ㉤ '바룰(바다)'에 살고 싶다고 하는 것으로 보아 둘은 화자가 바라는 이상향을 의미한다.
③ ㉣의 '믈 아래'는 속세를 의미하므로 그쪽을 보고 있다는 것은 이상향을 바라면서도 속세에 대한 미련을 버리지 못하고 있음을 의미한다.
④ "얄리얄리 얄라셩 얄라리 얄라"는 유음인 ㄹ을 사용한 후렴구로, 이를 반복하여 리듬감을 형성하고 있다.

## 03
답 ④

| 해설 |
작가는 작품을 통해 피력한 자신의 견해에는 구속될 것을 요구받지

않지만, 지식인의 한 사람으로서 상황 문제에 대해 글로 피력한 견해로부터는 결코 자유롭지 못하다는 것이 제시문의 내용이다. 따라서 작가는 지식인으로서 글로 피력한 자신의 견해에 대해서는 책임을 면할 수 없다는 것이 이 글의 요지이다.

| 오답 풀이 |
① 작가는 상상력에 의해 가능한 모든 명제를 제기할 권리를 용인받기 때문에, 작품을 통해 피력한 견해에 대해서는 구속될 것을 요구받지 않는다는 내용과 배치된다.
③ '지식인이란 존경할 명칭에는 자기가 피력한 견해를 그대로 실천하지 못한다 하더라도'와 배치되는 내용이다.

## 04  답 ②

| 출전 |
박선웅 외, 〈앤서니 기든스의 제3의 길과 복지 정책〉, 고등학교《사회문화》교과서, 금성출판사

| 해설 |
앤서니 기든스에 따르면, 개인에 대한 국가의 간섭과 관련해서 북유럽 국가의 사회 민주주의 기획인 '제1의 길'과 미국식 신자유주의 개혁인 '제2의 길'은 서로 반대된다. 그는 각각에서 나타나는 한계를 보완하기 위해 제1의 길과 제2의 길을 통합한 제3의 길을 주장하고 있다. 이는 두 개의 대립되는 개념인 정(正)과 반(反)으로부터 이를 지양하여 제3의 개념인 합(合)을 도출하는 '변증법적 논증 방식'을 사용한 것이다. ②에서도 인간의 이성과 감성을 대조하고, 이를 종합한 '감성과 이성을 조절할 수 있는 인간상의 필요성'을 주장하고 있으므로 변증법이 사용되었다.

| 오답 풀이 |
① 철근과 뼈의 유사성을 바탕으로 뼈가 우리 몸에서 하는 역할을 설명하고 있으므로 유비 추론이 쓰였다. 유비 추론은 두 대상 사이의 유사성을 바탕으로 나머지 요소들의 동일성을 추론하는 방법이다.
③ '만약 기업이 성장하려면(p이면) 기업은 명확한 목표를 설정하고 변화를 위해 구성원들이 노력해야 한다(q이다)'의 가정적 조건문으로 논리를 전개하고 있다. '이를 실천하는 기업은 많지 않다(~q이다). 따라서 우리나라 기업은 성장하기 힘들다(~p이다)'는 후건 부정으로 전건 부정의 결론을 도출한 것이다.
④ '대한민국 국민은(p는) 투표권을 행사할 의무가 있다(q이다). 19세 청년들은(r은) 대한민국 국민이다(p이다). 따라서 19세 청년들은(r은) 투표권을 행사할 의무가 있다(q이다)'의 정언 삼단 논법으로 논리를 전개한 것이다.

## 05  답 ①

| 출전 |
문광훈, 〈다른 종류의 풍요로움〉,《숨은 조화: 심미적 경험의 파장》, 수정 / 한정식, 〈프레임의 의미 창조〉/ 박경리, 〈토지〉

| 해설 |
예쁘다, 편안하다와 심미적인 것을 대조하고, 아름다운 것을 예시로 들고, 그것을 묘사로 표현하고 있다. ①에는 유추의 방식이 쓰였는데, 제시문에 유추의 방식은 나타나지 않는다.

| 오답 풀이 |
② 대조  ③ 예시  ④ 묘사

## 06  답 ②

| 해설 |
윤동주의 〈쉽게 씌어진 시〉는 상징적 시어를 사용하여 자기반성과 현실 극복의 의지를 나타낸 시이다.
㉠ '최후의 나'는 부정적인 현실을 극복하기 위한 성찰의 과정 끝에 도달한 내면적 자아로 화자가 긍정적으로 인식하는 대상이다. 이와 가장 이질적인 의미를 지닌 것은 ②의 '내 얼굴'이다. '녹'이 낀 구리 거울(성찰의 매개체)에 비친 '내 얼굴'은 망국민으로서 느끼는 부끄러운 모습이자 욕된 자아의 모습이라고 할 수 있다.

| 오답 풀이 |
① 벌판에 서 있는 꽃나무는 현실적 자아를 의미하고, '제가생각하는꽃나무'는 현실적 자아가 지향하는 꽃나무로, 이상적 자아를 의미한다.
③ '아름다운 혼'은 화자가 지향하는 본질적 자아의 모습이다.
④ 소멸과 죽음의 공간인 사막에서 화자가 운명처럼 만나게 되는 '나'는 화자의 본원적 자아로 볼 수 있다.

## 07  답 ③

| 해설 |
〈보기〉는 문장의 의미가 명확하지 않은 중의적 문장이다. 사람들이 아무도 오지 않은 것인지, 오기는 했는데 모두 오지는 않은 것인지 명확하지 않은 것이다. 그러나 ③은 문장 내에서 중의성이 발견되지 않는다.

| 오답 풀이 |
① 친구가 현재 넥타이를 매고 있는 행위를 하고 있는 것인지, 현재 넥타이를 맨 상태로 있는 것인지 명확하지 않다.
② 철수가 웃으며 누나를 배웅한 것인지, 누나가 웃으며 떠난 것인지 명확하지 않다.
④ '할아버지의 초상화'가 할아버지가 그린 초상화인지, 할아버지를 그린 초상화인지, 할아버지가 소유한 초상화인지 명확하지 않다.

## 08  답 ①

| 해설 |
㉠ 갈음(○): '다른 것으로 바꾸어 대신함'의 의미로는 '갈음'을 쓴다.
㉡ 받힌(○): '머리나 뿔 따위에 세차게 부딪히다'의 의미로는 '받히다'를 쓴다.
㉢ 늘이려고(○): '본디보다 더 길어지게 하다'의 의미로는 '늘이다'를 쓴다.

| 오답 풀이 |
㉠ 가름: 쪼개거나 나누어 따로따로 되게 하는 일 / 승부나 등수 따위를 정하는 일
㉡ 받친: '받치다'는 '먹은 것이 잘 소화되지 않고 위로 치밀다 / 화 따위의 심리적 작용이 강하게 일어나다 / 물건의 밑이나 옆 따위에 다른 물체를 대다' 등의 의미이다.
㉢ 늘리려고: '늘리다'는 '물체의 넓이, 부피 따위를 본디보다 커지게 하다 / 수나 분량 따위를 본디보다 많아지게 하거나 무게를 더 나가게 하다 / 시간이나 기간을 길게 하다' 등의 의미이다.

## 09 답 ③

| 해설 |
이동하의 〈장난감 도시〉는 한국 전쟁 직후 도시 변두리의 판자촌을 배경으로 하여 어린 소년의 경험과 성장을 그린 자전적 성격의 소설이다.
'나'는 팔리지 않은 ㉠'풀빵'을 저녁밥으로 먹는다. 그러면서 ㉠이, 기대하던 지폐(돈)가 아니라 풀빵에 지나지 않으며, 앞으로도 지폐를 찍어 내는 일(돈을 버는 일)에는 실패할지도 모른다고 생각하고 있다. 즉 '나'는 ㉠을 통해 자신의 가족이 앞으로도 가난하게 살 것임(미래가 암울할 것임.)을 예감한 것이다.

| 오답 풀이 |
① '나'가 ㉠이 돈이 될 것이라고 기대한 데에서 물질적 가치를 중시하고 있음을 알 수 있지만, 정신적 가치를 중시하지 않는 모습은 나오지 않는다.
② '나'의 가족은 팔리지 않은 ㉠을 앞에 두고 '서로의 얼굴을 쳐다보려 하지 않'고 있다. 따라서 ㉠이 가족의 사랑을 확인하는 계기가 된다는 설명은 적절하지 않다.

## 10 답 ④

| 해설 |
'하'는 높임 명사 뒤에 쓰이는 호격 조사로 '시여, 이시여'의 의미이다.

| 오답 풀이 |
① '뿌메'는 '쁘다[用]'에 명사형 어미 '-움'이 결합한 '뿜+에'의 형태이다. 중세 국어에서 명사형 어미로는 주로 '-옴/-움'이 쓰였다.
② '-습-'은 객체 높임 선어말 어미이다. 중세 국어에서 객체 높임은 선어말 어미 '-숩-/-줍-/-숩-'에 의해 문장의 목적어나 부사어를 높였다.
③ '술흔'은 '술ㅎ(체언)+은(보조사)'으로 분석될 수 있다. 이때 '은'은 주격 조사가 아니라 보조사이다. 중세 국어 시기의 주격 조사는 일반적으로 '이'의 형태만 쓰였다.

## 11 답 ②

| 출전 |
공준환, 〈신성화된 죽음과 그 이면들〉

| 해설 |
전사자 숭배의 유래를 밝힌 글이다.

> ㉠ 총력전 체제가 근대 전쟁의 일반적인 모습이 되면서 많은 사상자가 발생하게 됨. → ㉡ 근대 국가들은 이를 처리할 해법으로 죽음에 위계를 부여하게 됨. → ㉢ 죽음은 좋은/나쁜 죽음, 공적/사적 죽음으로 위계화됨(상술). → ㉣ 국가가 '좋은 공적 죽음'만을 관리한 것이 전사자 숭배의 시작점이 됨. → ㉤ 국립묘지와 무명 용사탑이 이를 증거함(예시).

## 12 답 ②

| 출전 |
앨릭잰더 스터지스, 《주제로 보는 명화의 세계》

| 해설 |
바니타스 정물화에서 볼 수 있는 정물은 세속적인 노력과 소유의 부질없음, 시간의 흐름 등의 상징적 의미를 지닌다. 작가는 이런 사물을 통해 작품의 주제를 표현하는 것이다.

| 오답 풀이 |
① 소유의 부질없음을 경고하는 내용의 바니타스 정물화는 17세기 초에 발전했지만, 그 이전의 종교화에서도 소유의 부질없음은 중요한 주제였다는 내용과 배치된다.
③ 세속적인 노력과 소유의 부질없음을 경고하기 위해 고급품을 배제한 것이 아니라, 값비싼 물건도 사용하였다.
④ 마지막 문장에 따르면, 종교화에서도 성인들이 죽음을 상기시키는 '해골'에 대해 숙고하는 모습을 보여 주었다. 이로 보아 17세기 이전의 종교화와 바니타스 정물화 모두 해골을 소재로 삼았음을 알 수 있다.

## 13 답 ④

| 출전 |
신동흔 외, 고등학교《국어Ⅰ》교과서, 동아출판

| 해설 |
가입하기 정책을 실행하면, 모든 국민은 자동적으로 장기 기증을 거부하는 상태가 되어 장기 기증을 하고 싶은 사람은 특별한 서류 절차를 밟아야 장기 기증자가 될 수 있다. 이로 인해 가입하기 정책을 실행하면 장기 기증 비율이 탈퇴하기 정책을 실행한 국가보다 낮아진다. 그러나 가입하기 정책을 실행했을 때, 장기 기증에 대한 의사(거부 혹은 가입 의지)가 어떻게 달라지는지는 추론할 수가 없다.

| 오답 풀이 |
① 1문단에 따르면, 유럽 내에서도 나라 간 장기 기증 비율은 차이가 크다. 2문단 이후에서 정책에 따라 장기 기증 비율에 차이가 난다고 설명하고 있으므로, 정책 차이 때문에 유럽 내의 나라 간 장기 기증 비율에 차이가 날 수도 있다고 추론할 수 있다.
② 탈퇴하기는 자동적으로 장기 기증자가 되어 장기 기증을 원치 않을 경우에는 탈퇴를 위한 서류 절차가 필요한 정책이다. 따라서 탈퇴하기 정책이 실행되었다면, 모든 사람은 자동으로 장기 기증자이므로 장기 기증을 거부하려는 사람은 특별한 서류 절차를 거쳐야 한다.
③ 탈퇴하기를 시행하는 국가에서는 모든 국민이 자동적으로 장기를 기증하는 사람이 되고, 가입하기 정책을 시행하는 국가에서는 모든 국민이 자동적으로 장기 기증을 거부하는 사람이 된다. 그리고 각각의 정책에서 장기 기증을 거부하거나 장기 기증에 동의하는 사람만 서류 절차를 거쳐야 한다. 이를 고려할 때, 탈퇴하기 정책을 실행하는 국가는 장기 기증 비율이 높고 가입하기 정책을 실행하는 국가는 장기 기증 비율이 낮다는 사실은, 탈퇴(장기 기증 거부)나 가입(장기 기증 동의)을 위한 서류 절차를 밟는 사람보다 밟지 않은 사람이 더 많아 자동적으로 설정된 상태를 유지하는 사람들이 많다는 것을 의미한다고 추론할 수 있다.

## 14 답 ②

| 출전 |
2022년도 LEET, 지문 발췌

| 해설 |
㉠에는 망막에 있는 신경절 세포의 작동 원리를 바탕으로 숲속을 걸을 때 작은 동물의 움직임을 알아차릴 수 있는 이유가 들어가야 한다. "신경절 세포 가운데 특정 종류는, 각 세포가 감지하는 부분이 이미지 전체의 이동 경로와 같은 경로를 따라 움직일 때는 전기적 신호가 발생하지 않고 다른 경로를 따라 움직일 때만 신호가 발생

한다"라는 앞 문장으로 보아 ㉠에는 '그 부분에 분포한 특정 종류의 신경절 세포만이 신호를 발생하기 때문에 작은 움직임도 잘 볼 수 있게 된다'가 들어가야 적절하다.

| 오답 풀이 |
① 2문단에 따르면, 신경절 세포가 전기적 신호를 출력하지 않을 때는 각 세포가 감지하는 부분이 이미지 전체의 이동 경로와 같은 경로를 따라 움직일 때이다. ㉠은 이동 경로가 다른 '작은 동물의 상'을 묻고 있으므로 적절하지 않다.
③ 1문단에 따르면, 한곳을 응시하더라도 안구가 끊임없이 움직이기 때문에 망막에 형성된 이미지의 떨림이 계속 생긴다. 작은 동물의 움직임을 볼 수 있으려면 더 정교한 시각 정보 처리가 필요한 것은 맞지만, 망막에 형성된 이미지의 떨림이 생기지 않게 하는 방식으로 가능한 것은 아니다.
④ 2문단에 따르면, 전체 이미지의 경로와 다른 방향으로 움직일 때만 반응하는 신경절 세포의 작동 원리에 의해 작은 동물의 움직임을 알아챌 수 있다.

## 15   답 ②

| 출전 |
이상우, 〈밝은 사진 만드는 3박자, 조리개, 셔터, ISO〉, 《동아일보》 (2013. 3. 26.)

| 해설 |
2문단에 따르면, 조리갯값이 작을수록 '조리개가 개방'되며, '사진이 밝아'지고, '심도는 얕아진다'. 조리개가 개방되면 조리갯값이 작아지므로 심도도 얕아진다.

| 오답 풀이 |
① 마지막 문단에서, 느린 셔터 스피드로 촬영하면 피사체의 움직임도 오래 찍혀 잔상이 남는다는 사실을 알 수 있다. 즉 셔터 속도가 느릴수록 잔상이 남는다.
③ 3문단에 따르면, 셔터가 열린 시간이 길수록 사진은 어두워지는 것이 아니라 밝아진다.
④ 3문단에 따르면, 셔터는 이미지 센서(혹은 필름)와 렌즈 사이를 막고 있는 장치이며, SLR 카메라에는 미러 셔터가 부착되어 있다. 따라서 SLR 카메라 렌즈 뒤에는 미러 셔터, 이미지 센서 순으로 위치해 있을 것이다.

## 16   답 ③

| 해설 |
유씨 부인의 〈조침문(弔針文)〉은 부러진 바늘에 대한 슬픔과 추모의 정을 제문(祭文)의 형식으로 표현한 고전 수필이다.
비유법 중 하나인 환유법은 제시문에 쓰이지 않았다. 환유법은 표현하려는 대상과 연관되는 다른 사물의 속성이나 특징을 들어 그 대상을 대신 나타내는 표현 방법이다.

| 오답 풀이 |
① '물중의 명물이요, 철중의 쟁쟁이라', "민첩하고 날래기는 백대의 협객이요, 굳세고 곧기는 만고의 충절이라"에서 유사한 어구를 짝 지어 표현한 대구법이 쓰였다.
② "민첩하고 날래기는 백대의 협객이요, 굳세고 곧기는 만고의 충절이라"에서 바늘을 '협객, 충절'에 빗대는 은유법이 쓰였다. 사물인 바늘을 사람의 협객에 비유하고 있으므로 의인법도 함께 쓰인 표현이다.
④ "오호통재라, 아깝고 불쌍하다", "아깝다 바늘이여, 어여쁘다 바늘이여" 등에서 감탄사와 탄식하는 어조를 사용하고 있으므로 영탄법이 쓰였다.
  * 오호통재(嗚呼痛哉): '아, 비통하다'라는 뜻으로, 슬플 때나 탄식할 때 하는 말

## 17   답 ③

| 해설 |
관용구 '허리가 부러지다'는 '어떤 일에 대한 부담이 감당하기 어려운 상태가 되다 / 당당한 기세가 꺾이고 재주를 펼 수 없게 되다 / 몹시 우습다'의 의미이다. 따라서 '겸손하게 자기를 낮추다'의 의미로 '허리가 부러지다'를 쓰는 것은 적절하지 않다. 이 문장에서는 '어깨를 낮추다' 정도로 바꿔 쓰는 것이 적절하다.
 * 어깨를 낮추다: 겸손하게 자기를 낮추다.

| 오답 풀이 |
① 물 쓰듯: 물건을 헤프게 쓰거나, 돈 따위를 흥청망청 낭비하다.
② 코웃음(을) 치다: 남을 깔보고 비웃다.
④ 눈(을) 밝히다: 무엇을 찾으려고 신경을 집중하거나 힘을 넣다.

## 18   답 ③

| 해설 |
㉢은 '수비 불안'과 호응할 수 있는 서술어가 없는 문장이므로 '과' 앞뒤의 문장 구조를 맞춰 '수비가 불안하고 ~'와 같이 고치는 것이 적절하다. '수비 불안'을 '수비 불안 요인'으로 고치는 것은 역시 '과' 앞뒤의 문장 구조가 맞지 않으므로 적절하지 않다.

| 오답 풀이 |
① '생각되어지는'은 피동문의 표현을 중복하여 사용한 이중 피동 표현이다. 따라서 '생각되는'과 같이 고쳐 쓴 것은 적절하다.
② '복지 정책은 ~ 전망입니다'는 주술 호응이 맞지 않는 문장이다. 따라서 주술 호응에 맞게 '복지 정책은 ~ 불가피할 것으로 전망됩니다'로 고쳐 쓴 것은 적절하다.
④ '궁금한 점이 안 되다'는 어색하므로 '궁금한 점'과 호응할 수 있는 서술어를 넣어 '궁금한 점이 있거나'로 고쳐 쓴 것은 적절하다.

## 19   답 ③

| 출전 |
김우창, 〈외국 문학 수용의 철학〉, 《법 없는 길》

| 해설 |
1문단에서, '전통에 대한 이해'를 새롭게 해야 한다고 말한다. 즉 전통은 '재산 목록이 아니라 거기에 대응하는 창조적 능력의 소산'이라는 것이다. 2문단에서도 '역사적 결단'과 관계된 '창조적 선택' 속에서 전통을 소유하는 길을 말한다. 따라서 이 글은 '전통에 대한 창조적 이해와 소유의 길'을 중심 내용으로 한다고 볼 수 있다.

| 오답 풀이 |
① 서두에서 '인간의 문화적·역사적 형성'을 이해하기 위해서는 전통에 대한 이해가 가장 중요하다고 했다. 그러나 이것은 '전통의 막대한 영향력'보다는 전통의 진정한 이해와 소유를 말하려는 것이다.
② 이 글에서는 '전통의 확실성과 안정성이 크게 흔들리는' 역사적 정신의 유동성을 강조하고 있다. 따라서 '전통의 확실성과 안정성을 확립'하는 것은 중심 내용과 거리가 멀다.

④ 1문단에서 '전통의 외면적 업적'을 '재산 목록'이 아닌 '창조적 능력의 소산'으로 볼 것을 요청하고 있다. 그리고 이것은 2문단의 전통에 대한 '회의와 부정의 길'과 상통한다. 따라서 '외면적 업적의 보존'은 중심 내용과는 무관하다.

## 20

답 ②

| 해설 |

㉠ 뒤의, 이 상태에서 전통의 많은 것들은 당연한 것으로 받아들여지며, 바꿀 수 없는 물건의 단단함을 가지고 물화되어 나타난다는 내용과 부합하는 태도가 들어가야 한다. 따라서 ㉠에는 '무반성적'이 들어가는 것이 적절하다.

㉡ 뒤의 내용으로 보아, 이 '정신의 ㉡' 속에서는 전통의 확실성과 안정성이 크게 흔들리고, 역사는 불확실과 결단의 문제적 상황임이 드러난다. 따라서 ㉡에는 '유동성'이 들어가는 것이 적절하다.

## 제10회 실전 모의고사

### 정답표

| 01 | ② | 02 | ③ | 03 | ④ | 04 | ② | 05 | ① |
|----|----|----|----|----|----|----|----|----|----|
| 06 | ③ | 07 | ② | 08 | ② | 09 | ① | 10 | ④ |
| 11 | ② | 12 | ③ | 13 | ③ | 14 | ③ | 15 | ② |
| 16 | ④ | 17 | ③ | 18 | ① | 19 | ④ | 20 | ④ |

### 정답과 해설

## 01

답 ②

| 출전 |

김성수 외, 《과학 기술의 상상력과 소통의 글쓰기》

| 해설 |

2문단에 따르면, 연료 전지는 충전 없이 전기를 발생시킬 수 있는데, 이의 전제로 연료의 공급을 들고 있다. 따라서 연료 공급이 불필요한 것은 아니다.

| 오답 풀이 |

① 1문단의, 연료 전지는 수소와 산소를 결합하여 물을 만들고 이때 발생하는 에너지를 전기 형태로 바꾸는 방식으로 전기가 발생된다는 데서 알 수 있다.

③ 마지막 문장에서, 연료 전지가 수소를 생산하기 위해서 여전히 화석 연료에 의존할 수밖에 없다는 한계가 있음을 지적하는 데서 알 수 있다.

④ 2~마지막 문단의, 연료 전지는 공해 물질이나 이산화 탄소 배출을 획기적으로 줄이고 에너지 효율도 두 배나 높기 때문에 기존의 화석 연료 시스템에 비해 '획기적인 장점'이 있다고 말하는 데서 알 수 있다.

## 02

답 ③

| 해설 |

신광한의 〈하생기우전(何生奇遇傳)〉은 주인공이 죽은 여인의 혼령과 사랑하게 되고 부활한 그녀와 혼인한 후 입신출세한다는 내용의 전기 소설이다.
"고려 때 하생이란 사람이 평원에 살았다. ~ 태학 학생으로 추천하였다"에서는 하생의 집안 내력과 처지, 외모와 능력 등을, "하생은 국학에 입학했다. ~ 늘 답답하고 우울한 마음이었다"에서는 국학에 입학한 이후의 하생의 처지와 심리 변화 등을 서술자가 요약적으로 서술하고 있다.

| 오답 풀이 |

① 서술자가 작중에 직접 개입하여 사건에 대한 자신의 주관적 느낌이나 평가를 드러내는 편집자적 논평은 나타나지 않는다.

② "옛날 종군이란 사람은 고향으로 돌아올 때 ~ 모두 약관의 나이에 큰 뜻을 품은 이들이다"에서 하생이 종군, 사마상여의 고사를 언급하고 있지만, 이는 하생이 국학에 입학하러 가면서 품은 포부와 의지를 드러내기 위한 것이지, 이를 통해 세태를 비판한 것은 아니다.

④ "대대로 한미한 집안 출신으로, ~ 혼자 먹고살기도 버거웠다", "이때 나라 정치가 ~ 늘 답답하고 우울한 마음이었다"에 하생의 불우한 처지가 드러나 있을 뿐, 특정 소재가 활용되지는 않았다.

## 03  답 ④

| 해설 |

2문단에 따르면, 표절하려는 의도가 없이 유사한 멜로디를 우연히 만들 경우, 표절 여부는 본인의 양심 문제이다. 그러나 법적 판결의 경우, 양심적인 표절자의 진술에만 기댈 수는 없다. 따라서 법은 '시작하는 첫 두 마디가 같으면 무조건 표절로 판단'과 같은 객관적 기준을 통해 표절 여부를 판단한다. 즉 법은 표절자의 주관적 진술이 아닌 객관적 기준을 이용해 표절 여부를 판단하므로 표절하려는 의도와 상관없이 작품의 일정 부분이 동일하다면, 표절로 판단할 수 있다.

| 오답 풀이 |

① 법적 권위를 가진 판결은 표절자의 진술에만 기댈 수 없다는 데에서 적절하지 않음을 알 수 있다.
② 표절에 대한 법적 판단에는 '시작하는 첫 두 마디가 같으면 무조건 표절로 판단한다'와 같은 객관적 기준이 있다. 따라서 재판관에 따라 표절 여부에 대한 판단이 달라진다고 볼 수 없다.
③ 표절을 법적으로 규제하는 궁극적 이유는 제시문에서 알 수 없다. 다만 1문단에 따르면, 표절자가 돈을 버는 것이 정당한 행위가 아니기 때문에 표절을 법적으로 규제한다.

## 04  답 ②

| 출전 |

2017학년도 경북대학교 수시논술 모의고사

| 해설 |

㉠ 1문단에 따르면, '후천성 가설'은 인간이 후천적인 언어 경험에 의해 언어 능력을 습득할 수 있다는 견해이고, '선천성 가설'은 인간이 언어의 보편적 요인을 갖고 태어나 쉽게 언어 능력을 습득할 수 있다는 견해이다. 2문단의, "이것은 동일한 지시물을 ~ 중국어에서는 'shuǐ'라고 부른다"에서 설명하는 언어의 특성은 '자의성'으로, 언어마다 동일한 지시물을 가리키는 어휘가 다르다는 것을 말한다. 따라서 이러한 특성을 지닌 어휘를 습득하는 것은 (언어에는 공통적으로 나타나는 보편적 요인이 있다는) 선천적인 언어 능력이 아닌 후천적인 언어 경험에 의한 것으로 볼 수 있다. 따라서 ㉠에는 '어휘가 지닌 자의성은 후천성 가설'이 들어가야 적절하다.

㉡ 마지막 문단에서 설명하는 어휘의 특성은 각 언어의 어휘를 이루는 음운의 숫자가 모두 제한되어 있다는 것이다. 이는 여러 언어들의 공통점이므로 인간이 언어의 보편적 요인을 갖고 태어나기 때문에 언어 능력을 쉽게 습득한다는 선천성 가설로 더 잘 설명할 수 있다. 따라서 ㉡에는 '어휘가 지닌 음운의 제한성은 선천성 가설'이 들어가야 적절하다.

## 05  답 ①

| 해설 |

'軋轢[삐걱거릴 알, 수레에 칠 력(역)]'은 '수레바퀴가 삐걱거린다는 뜻으로, 서로 의견이 맞지 아니하여 사이가 안 좋거나 충돌하는 것을 이르는 말'이므로 문맥에 맞지 않는다.

| 오답 풀이 |

② 叱咤(꾸짖을 질, 꾸짖을 타): 큰 소리로 꾸짖음.
③ 反芻(돌이킬 반, 꼴 추): 한번 삼킨 먹이를 다시 게워 내어 씹음. / 어떤 일을 되풀이하여 음미하거나 생각함. 또는 그런 일
④ 鼻祖(코 비, 할아비 조)[=始祖(시조)]: 한 겨레나 가계의 맨 처음이 되는 조상 / 어떤 학문이나 기술 따위를 처음으로 연 사람 / 나중 것의 바탕이 된 맨 처음의 것

## 06  답 ③

| 해설 |

정철의 〈관동별곡(關東別曲)〉은 금강산과 관동 팔경을 유람하며 느낀 감회와 풍류를 표현한 가사이다.
화자는 태백산 그림자를 담은 물을 한강의 목멱(남산)에 닿게 하고 싶다고 말하고 있다. 한강과 목멱은 임금이 계신 한양을 뜻하므로 이는 태백산의 아름다운 풍경을 임금께 보여 드리고 싶다는 의미로 화자의 연군지정을 나타낸 것이다. 하지만 ③은 노래를 통해 시름을 달래고 싶은 화자의 마음을 나타내므로 연군지정과는 거리가 멀다.

| 오답 풀이 |

① 유배된 임금(단종)에 대한 애절한 마음이 드러나 있다.
② 북풍의 찬 바람에 임금을 걱정하는 화자의 충정이 드러나 있다. '옥루 고처'는 궁궐을 빗댄 표현이고, '북두'는 임금을 표상한다.
④ "님 향한 내 뜻을 조차 그칠 뉘를 모르나다"에서 임금을 향한 변함없는 충성의 마음을 드러내고 있다.

## 07  답 ②

| 출전 |

마이클 샌델, 《돈으로 살 수 없는 것들》, 수정

| 해설 |

마지막 내용을 고려할 때, 자유 시장 옹호자들의 주장에 관한 반박 견해가 이어져야 한다. 자유 시장 옹호자들은 '공연의 가치를 가장 높게 평가하는 사람은 최고 가격으로 입장권을 구매하는 사람이다'를 근거로 해서 대리 줄서기와 암표 판매를 금지하는 극장 측에 반대하고 있다. 그런데 극장 측에서 대리 줄서기와 암표 판매를 금지하는 이유는 공연을 간절하게 보고 싶어 하는 사람들이 공연을 봐야 공연이 주는 즐거움을 극대화할 수 있기 때문이다. ②는 자유 시장 옹호자가 아니라 극장 측에 대한 반박이므로 이어질 내용으로 적절하지 않다.

| 오답 풀이 |

① 자유 시장 옹호자들이 '입장권에 최고 가격을 지불하는 사람들이 공연의 가치를 가장 높게 평가하는 사람'이라고 주장한 데에 반박한 것이므로 이어질 내용으로 적절하다.
③ 자유 시장 옹호자들은 공연을 열렬하게 관람하고 싶은 사람은 공연의 가치를 가장 높게 평가하는 사람이고, 이들은 입장권에 최고 가격을 지불하는 사람이라고 보고 있다. ③은 이에 대한 반박이므로 이어질 내용으로 적절하다.
④ 자유 시장 옹호자들은 돈을 받고 줄을 서는 사람(=대리 줄서기)을 허용하면 공연에서 최대의 즐거움을 누릴 관객으로 공연장을 채울 수 있다고 주장한다. ④는 대리 줄서기가 아닌 직접 줄서기를 하는 사람이어야 공연의 가치를 가장 높게 평가해 공연이 주는 즐거움이 극대화된다는 것이므로 이어질 내용으로 적절하다.

## 08 답 ②

| 해설 |

자유 무역 협정(FTA)(×) → 자유 무역 협정[FTA](○): 고유어나 한자어에 대응하는 외래어나 외국어 표기임을 나타낼 때에는 대괄호([ ])를 쓴다.

| 오답 풀이 |

① 이게 마음에 드니, 저게 마음에 드니?(○): 한 문장 안에서 몇 개의 선택적인 물음이 이어질 때 앞에 오는 물음의 끝에는 쉼표( , )를 쓰고 물음표(?)는 맨 끝의 물음, 즉 문장의 끝에 한 번만 쓴다.
③ 2024. 3. 23.(○): 아라비아 숫자만으로 연월일을 표시할 때는 글자 대신 마침표( . )로 연월일을 나타낼 수 있다. 이때 '일'을 나타내는 마침표를 생략해서는 안 된다.
④ [이혜정(실장), 박철용(과장)](○): 주석이나 보충적인 내용을 덧붙일 때 보통 소괄호(( ))를 쓰는데, 소괄호 안에 다시 소괄호를 써야 하는 경우가 있다. 이런 경우에는 바깥쪽의 괄호를 대괄호([ ])로 쓴다.

## 09 답 ①

| 해설 |

㉠ 닦달하였다(○)/닥달하였다(×): '닦달하다'는 '남을 단단히 윽박질러서 혼을 내다'의 의미이다.
㉢ 비스름했지만(○): '비스름하다'는 '거의 비슷하다'의 의미이다.
㉤ • 자랑깨나(○): '깨나'는 체언 뒤에 붙는 조사로 '꽤나(×)'는 잘못된 표기이다.
• 조그맣네(○): 'ㅎ' 불규칙 용언이 어미 '-네'와 결합할 때 어간 끝의 'ㅎ'이 탈락한 형태와 탈락하지 않은 형태를 모두 표준어로 인정하였다. 따라서 '조그마네(○)/조그맣네(○)' 모두 바른 표기이다.

| 오답 풀이 |

㉡ 금새(×) → 금세(○): '금세'는 '지금 바로'의 뜻으로 '금시에'가 줄어든 말이다. 구어체에서 많이 사용된다.
㉣ • 헤매이고(×) → 헤매고(○): '헤매이다(×)'는 비표준어이다.
• 다니데(○): '-데'는 화자가 직접 경험한 사실을 나중에 보고하듯이 말할 때 쓰이는 말로 '-더라'와 같은 의미를 전달한다. 참고로 '-대'는 직접 경험한 사실이 아니라 남이 말한 내용을 간접적으로 전달할 때 쓰인다.

## 10 답 ④

| 출전 |

2015학년도 11월 고2 전국연합학력평가

| 해설 |

A와 B는 상대의 질문에 답변하며 새로운 제안을 제시하고 있지만, A가 상대의 견해에 일부 동조하는 부분은 나타나지 않는다. B는 C의 의견에 '그러네'라고 동조하고 있다.

| 오답 풀이 |

① A는 '이 운동에 대해 ~ 좋을 것 같은데?'에서, C는 '한 해에 ~ 좋을 것 같아'에서 B의 질문에 대해 답하며 더 준비해야 하는 자료를 언급하고 있다.
② "사전 조사를 해 보니까 ~ 좋을 거 같은데"에서 B는 사전 조사 결과를 근거로 들어 정보를 전달하며 친구들의 참여도 유도하는 방향으로 발표문을 써야 한다는 주장을 강조하고 있다.
③ '여기 이 표는 ~ 안 맞는 것 같아'라는 C의 말에서 알 수 있다.

## 11 답 ②

| 해설 |

제시문은 유교 사상에서 말하는 자연과 인간의 관계에서 볼 때 인간은 자연의 일부이므로 자연과 인간은 대립하지 말고 공존해야 한다는 내용을 담고 있다. 따라서 '자연과 인간의 공존을 찾는 유교의 자연관'이 제목으로 가장 적절하다.

| 오답 풀이 |

① 유교의 '여러 가지 자연관'이 아니라 자존과 공존의 질서를 논한 유교의 한 가지 자연관을 설명하고 있다.
③ 제시문에 현대 문명의 자연관에 대한 반성은 나오지 않는다.
④ 유교에 대한 언급이 빠져 적절하지 않다. 제시문은 유교의 자연관에 특수화되어 있다.

## 12 답 ③

| 출전 |

이은희, 〈'유전자 가위' 치료 열리나… '선천성 빈혈' 유전자 치료제 첫 승인〉, 《더중앙》(2023. 12. 4.)

| 해설 |

카스게비는 유전자 가위인 크리스퍼를 이용해 베타 지중해성 빈혈을 치료한다. 2문단에 따르면, 카스게비는 베타 지중해성 빈혈 환자의 체내에서 '감마를 억제하는 물질을 만드는 유전자'를 크리스퍼로 제거한다. 그러면 감마 사슬이 만들어져 환자의 체내에 작용하면서 증상이 개선된다.

| 오답 풀이 |

① 낫 모양 적혈구 빈혈증은 베타 헤모글로빈이 제 기능을 못 하기 때문에 발생하는 심각한 유전 질환이다. 베타 헤모글로빈은 '성인'의 헤모글로빈 구성 성분이므로 낫 모양 적혈구 빈혈증이 '태어나자마자 발현'한다고 볼 수 없다.
② 태아의 헤모글로빈은 '헴 + 알파 + 감마'로 구성되는데, 감마 사슬이 베타 사슬에 비해 산소와의 반응성이 더 좋아서 태아는 모체의 혈액에서 산소를 쉽게 넘겨받을 수 있다. 그런데 출생 직후에는 대기 중 산소 농도가 높아 베타 사슬만으로도 충분하므로 헤모글로빈의 구성이 '헴 + 알파 + 베타'로 바뀐다. 따라서 헤모글로빈의 구성이 달라지는 이유는 대기 중 산소를 더 많이 공급받기 위해서가 아니라 대기 중 산소 농도가 충분하기 때문이다.
④ 크리스퍼 유전자 가위를 이용해 잘라 내는(제거하는) 것은 베타 헤모글로빈이 아니라 '감마를 억제하는 물질을 만드는 유전자'이다.

## 13 답 ③

| 해설 |

김용택의 〈사람들은 왜 모를까〉는 인간의 정서에서 비롯하는 인생의 성숙과 성찰을 주제로 한 시이다.
'서러움', '손에 닿지 않는 것들'은 먼 데 있는 것들로 삶을 성숙하게 만들어 주는 인간의 근원적인 정서와 관련된다는 점에서 서로 공통된다. 그러나 '마른 풀잎들'은 저문 산 아래와 대비되는 아침 강 언덕에 있는 것이므로 이들과 시적 의미가 서로 다르다.

| 오답 풀이 |

① "누가 알랴 사람마다 / 누구도 닿지 않은 고독이 있다는 것을"에서 설의법과 도치법을 사용하여 사람에게는 타인이 알지 못하는 혼자만의 고독이 있다는 화자의 인식을 드러내고 있다.

② "이별은 손끝에 있고 / 서러움은 먼 데서 온다"에서 추상적 관념인 '이별, 서러움'을 '있다, 온다'로 구체화하고 있다.
④ 아침 햇살이 있는 강 언덕과 저문 산 아래의 서로 대비되는 시공간이 나타난다. 이 중 화자는 저문 산 아래, 산 뒤, 손에 닿지 않는 것들에 의미를 부여하여 고통을 통해 삶이 성숙해진다는 인식을 드러내고 있다.

## 14  답 ③

| 해설 |
이문구의 〈우리 동네 김 씨〉는 〈우리 동네〉 연작의 일부로, 1970년대 국가의 주도로 근대화가 진행되던 농촌에서 일어나는 사건을 다룬 소설이다.
부면장은 미터법에 의한 도량형 명칭의 통일이 국가 시책이라는 점을 강조하여 '헥타르'를 써야 한다고 주장하고 있다. 이에 대해 김은 '우리말을 쓰자'도 국가 시책임을 강조하며 알아듣기 힘든 '헥타르' 대신 '평, 마지기, 배미'를 써야 한다고 주장하고 있다. 즉 부면장과 김은 모두 국가 시책의 중요성을 강조하고 있다.

| 오답 풀이 |
① 부면장이 김을 면박 주기 위해 "천동면이 이렇게 촌인가"라고 한 말을, 김은 그대로 반복하여 국가 시책이라는 점만 강조하여 현실과 유리된 도량형 명칭을 강조하는 부면장을 비판하고 있다.
② 현재 상황에 김이 '평, 마지기' 등의 단위 대신 '헥타르'를 쓰는 것에 대한 불만을 말하는 모습과 "옛날버팀 공무원 말 다르구 농민들 말 다른 게 원칙인 게유"라고 한 데에서 알 수 있다.
④ 부면장이 "도대체 당신 워디 사는 누구여? 뭣 하는 사람여?"라고 물은 데에서 알 수 있다.

## 15  답 ②

| 해설 |
'부르다'는, '말이나 행동 따위로 다른 사람의 주의를 끌거나 오라고 하다'의 뜻으로는 '…을 부르다'의 형태로 쓰이는 두 자리 서술어이다. 따라서 서술어가 요구하는 필수 성분은 주어, 목적어 2개이다.
'짓다' 또한 '재료를 들여 밥, 옷, 집 따위를 만들다'의 뜻으로는 '…을 짓다'의 형태로 쓰이는 두 자리 서술어로, 서술어가 요구하는 필수 성분의 종류와 개수가 〈보기〉와 같다.

| 오답 풀이 |
① 몸이 예전과 다르다.: '다르다'는 '비교가 되는 두 대상이 서로 같지 아니하다'의 뜻으로는 '…과 다르다'의 형태로 쓰이는 두 자리 서술어이다. 서술어가 요구하는 필수 성분은 주어, 부사어 2개이다.
③ 의사가 (아이의) 팔에 (예방) 주사를 놓았다.: '놓다'는 '치료를 위하여 주사나 침을 찌르다'의 뜻으로는 '…에/에게 …을 놓다'의 형태로 쓰이는 세 자리 서술어이다. 서술어가 요구하는 필수 성분은 주어, 목적어, 부사어 3개이다.
④ 이 선생은 (자기) 직업을 천직으로 여겼다.: 이 문장에서 '여기다'는 '…을 …으로 여기다'의 형태로 쓰이는 세 자리 서술어이다. 서술어가 요구하는 필수 성분은 주어, 목적어, 부사어 3개이다.

## 16  답 ④

| 출전 |
이준선 外, 《한국 역사 지리》

| 해설 |
㉠ 서구의 인간 중심적 태도의 출발은 이데올로기적인 것이었으나 결국 현대 사회의 주류 자연관으로 자리 잡게 된다는 문맥이다. 따라서 상반된 내용을 이어 주는 '하지만, 그러나'가 들어가야 적절하다.
㉡ 인간과 자연을 분리해서 생각하는 인간 중심적 자연관이 현대 사회의 주류 자연관이지만, 서구에도 일원론적 자연관이 있다는 문맥이다. 따라서 '사실, 물론'이 들어가야 적절하다.
㉢ 일원론적 자연관이 있지만 이것은 과학적 자연관에 밀려났다는 문맥이다. 따라서 상반된 내용을 이어 주는 '그러나'가 들어가야 적절하다.

## 17  답 ③

| 출전 |
이천용, 〈나무에 대해 무지한 세상〉

| 해설 |
1문단에서 나무에 대한 인식 변화의 필요성을 제기한 뒤, 2문단에서 변화의 바람직한 방향을 제시하고 있다. 하지만 구체적인 인식의 변화 과정은 제시문에 나오지 않는다.

| 오답 풀이 |
① 1문단의 마지막에서, "어찌해야 그 무지를 바꿀 수 있을까"라고 자문하고, 이어지는 문단에서 그 방법을 제시하고 있다.
② 1문단에서, 모 학교에서 벌어진 천연기념물에 대한 관리 소홀 등의 사례를 제시하여 나무를 보호하는 데 매우 소홀하다는 문제의 심각함을 드러내는 데서 알 수 있다.
④ 2문단에서, 상시 교육, 보호림으로 지정 등 다각적으로 해결책을 제시하는 데서 알 수 있다.

## 18  답 ①

| 해설 |
'실어'의 기본형은 '싣다'로, '글, 그림, 사진 따위를 책이나 신문 따위의 출판물에 내다'의 의미이다. '싣다'는 '실어 – 실으니 – 싣는' 등으로 활용하는 'ㄷ' 불규칙 용언이다.

| 오답 풀이 |
② '머물렀다'의 기본형은 '머무르다'로, '도중에 멈추거나 일시적으로 어떤 곳에 묵다'의 의미이다. '머무르다'는 '머물러 – 머무르니' 등으로 활용하는 '르' 불규칙 용언이다. 준말인 '머물다'에 모음 어미가 연결될 때에는 준말의 활용형을 인정하지 않으므로 '머물어(×)', '머물었다(×)'로 쓰지 않고 본말의 활용형인 '머물러, 머물렀다'로만 쓴다.
③ '불었다'의 기본형은 '붇다'로, '물에 젖어서 부피가 커지다'의 의미이다. '붇다'는 '불어 – 불으니 – 붇는'으로 활용하는 'ㄷ' 불규칙 용언이다. '붓다'는 '살가죽이나 어떤 기관이 부풀어 오르다 / 성이 나서 뾰로통해지다' 등의 의미이다.
④ '나은'의 기본형은 '낫다'로, '보다 더 좋거나 앞서 있다'의 의미이다. '낳다'는 '배 속의 아이, 새끼, 알을 몸 밖으로 내놓다 / 어떤 결과를 이루거나 가져오다' 등의 의미이다.

## 19  답 ④

| 출전 |
고재현, 〈외계인 탐사 비법을 간직한 개기 월식〉, 《한국일보》(2022. 11. 17.)

| 해설 |
저녁 무렵 두꺼운 대기를 뚫고 눈에 들어오는 노을빛이 붉게 보이는 이유는 파장이 긴 빨간색 빛이 살아남아 대기를 통과할 확률이 높기 때문이라는 내용에서 알 수 있다.

| 오답 풀이 |
① 햇빛 속에서 미세한 먼지들을 쉽게 볼 수 있는 것은 빛의 반사와 굴절 현상 때문이 아니라 빛의 산란 때문이다.
② 개기 월식은 태양, 지구, 달이 일직선을 이뤄 달 전체가 지구의 그림자에 가려지는 현상이다. 지구가 태양의 광선이 달에 직접 도달하는 것을 차단하기 때문에 발생한다.
③ 개기 월식 때 달이 붉게 보이는 이유는 지구 대기를 통과한 빨간색 빛이 달의 표면에 도달한 후 산란되는 것이 아니라 반사되기 때문이다.

## 20  답 ④

| 해설 |
개기 월식의 개념을 설명하는 데서 정의가 사용되었다. 또한 먼지에 부딪힌 빛이 사방으로 산란되어 퍼지는 현상과 대기를 통과하는 햇빛이 공기 분자와 부딪혀 산란되는 현상을 예로 들어 서로 비교하고 있다. 그리고 저녁 무렵 노을빛이 붉게 보이는 이유를 인과의 방식으로 설명하고 있다. ④의 유추의 방식은 이 글에 사용되지 않았다.

| 오답 풀이 |
① 정의   ② 인과   ③ 비교

---

# 제11회 실전 모의고사

### 정답표

| 01 | ④ | 02 | ② | 03 | ④ | 04 | ④ | 05 | ③ |
| 06 | ② | 07 | ③ | 08 | ② | 09 | ③ | 10 | ② |
| 11 | ③ | 12 | ③ | 13 | ③ | 14 | ② | 15 | ③ |
| 16 | ① | 17 | ③ | 18 | ④ | 19 | ① | 20 | ④ |

### 정답과 해설

## 01  답 ④

| 출전 |
2014학년도 6월 고2 전국연합학력평가

| 해설 |
오늘날에는 책이 무수히 많기 때문에 세상의 모든 책을 읽으려고 하기보다는 좋은 책을 가려서 읽는 자세가 필요하다고 조언하는 글이다.

| 오답 풀이 |
① 2문단에서, 글쓴이가 어릴 때부터 널리 배우고 많이 듣는 일에 뜻을 두었다고 언급하였으나 이것을 주장하려는 것은 아니다.
② 옛날에는 책이 많지 않아 유향과 반고처럼 책을 많이 읽는 것이 가능했으나, 책이 많은 오늘날에는 모든 책을 읽는 것이 불가능하므로 좋은 책을 가려서 읽자는 주장을 하고 있다.
③ 1문단에서, 문식이 승함에 따라 학문을 하는 사람은 근본에서 이탈하여 서로 다투어 자랑하고 있다고 언급하였으나, 학문이라는 근본에서 벗어나 지식을 자랑하지 않아야 한다고 주장하려는 것은 아니다.

## 02  답 ②

| 출전 |
정수빈, 〈하루 카페인 최대 몇 잔? 카페인에 대한 진실〉, 《The Science Times》(2022. 7. 13.)

| 해설 |
마지막 문단에 따르면, 과도한 카페인 섭취는 무기질 배설을 야기하여 부작용을 초래한다. 즉 무기질을 배출하는 것이 몸에 이로운 것은 아니다.

| 오답 풀이 |
① 2문단의, 신장 질환을 앓고 있는 사람에게 카페인은 부작용을 일으킬 수 있다는 내용에서 알 수 있다.
③ 마지막 문단의, 카페인을 과도하게 섭취함으로써 경련을 일으킬 수 있다는 내용에서 알 수 있다.
④ 2문단의, 카페인은 '피로가 경감되는 효과가 있다'라는 내용에서 알 수 있다.

## 03  답 ④

| 출전 |
조희연, 〈가족, 인종, 민족은 못 넘을 벽인가〉

| 해설 |
㉠ '새로운 윤리'는 나와 가족을 넘어서는 사회적 공생의 원리이고 국민 국가를 넘어서는 전 지구적 공생의 원리를 의미한다. 즉 나와 내 가족이 아닌 것에 무신경하거나 나와 내 가족만을 차별적으로 편애하는 것이 아니라 나와 내 가족이 응당 받아야 할 정당한 대우를 타인도 받을 수 있도록 하는 것이다. 또한 우리 민족과 국가만의 이익을 우선시하는 것이 아니라, 우리 민족과 국가가 당연히 누려야 할 권리를 타민족과 타 국가도 누릴 수 있음을 인정하는 것이다. 따라서 외국인 노동자를 차별하지 않고, 보편적인 인권과 노동권에 입각해서 정당한 대우를 하는 것은 ㉠ '새로운 윤리'에 부합하는 사례로 적절하다.

| 오답 풀이 |
① 문화 동화 정책은 결혼 이주민의 고유한 문화와 정체성을 인정하고 존중하기보다는 주류 문화 수용에 중점을 두는 것이다. 따라서 공생의 원리인 ㉠의 사례로 보기에는 적절하지 않다.
② 과거 역사의 긍정적인 다른 면도 보아야 한다는 주장은 제시문에 나와 있지 않다.
③ 제시문은 민족주의에 대해 대체로 비판적 태도를 보이고 있으므로, 이 글과는 어울리지 않는 내용이다.

## 04  답 ④

| 출전 |
2011학년도 대학수학능력시험

| 해설 |
2문단에 따르면, 금리는 현재 가치의 반대 방향으로 영향을 준다. 시중 금리가 내려갈 경우, 액면 이자율이 정해진 채권의 현재 가치가 상승하게 되면서 채권 가격은 올라가게 된다.

| 오답 풀이 |
① 마지막 문단에 따르면, 일반적으로 다른 지급 조건이 동일하다면 만기가 긴 장기 채권일수록 가격은 금리 변화에 더 민감하므로 가격 변동성이 더 크다고 할 수 있다.
② 1문단에 따르면, 이자액은 액면 이자율을 액면 금액에 곱한 것이므로 채권의 이자는 액면 금액을 기준으로 한다.
③ 2문단에 따르면, 수시로 변동되는 시중 금리는 현재 가치의 평가 구조상 채권 가격의 변동에 영향을 주는 요인이 된다. 채권 수익률 역시 현재 채권 가격을 기준으로 하므로 역시 시장 상황의 영향을 받는다고 할 수 있다.

## 05  답 ③

| 해설 |
'다달이(달-달-이), 우짖다(울-짖다)'는 모두 ㉢의 예로 적절하다.

| 오답 풀이 |
① ㉠ 실질 형태소에 형식 형태소가 결합하지 않은 경우에는 구개음화가 일어나지 않는다. '곧이어[고디어]'는 실질 형태소 '곧(부사)'에 실질 형태소 '이어(부사)'가 결합한 말이므로 구개음화가 일어나지 않는다. '해돋이[해도지]'는 ㉠의 예로 적절하다.
② ㉡ '훗(後)날'은 〈한글 맞춤법〉 제30항 순우리말과 한자어로 된 합성어로서 앞말이 모음으로 끝날 때, 뒷말의 첫소리 'ㄴ, ㅁ' 앞에서 'ㄴ' 소리가 덧나는 경우 사이시옷을 받치어 적는다는 규정의 예에 해당한다. '돗자리'는 ㉡의 예로 적절하다.

④ ㉣ '여닫다(열-닫다)'는 ㉢의 예에 해당한다. '이튿날(이틀~)'은 ㉣의 예로 적절하다.

## 06  답 ②

| 해설 |
• **왕십리 Wangsimni**(○): 자음 사이에서 동화 작용이 일어나는 경우 변화의 결과에 따라 적는다.
• **광희문 Gwanghuimun**(○): 'ㅢ'는 'ㅣ'로 소리 나더라도 'ui'로 적는다.
• **묵호 Mukho**(○): 체언에서 'ㄱ, ㄷ, ㅂ' 뒤에 'ㅎ'이 따를 때에는 'ㅎ'을 밝혀 적는다.

## 07  답 ③

| 해설 |
박경리의 〈토지(土地)〉는 경남 하동 평사리의 대지주 최씨 가문의 4대에 걸친 비극적 사건을 다루고 있는 대하소설로, 구한말부터 해방까지를 시대적 배경으로 한다.
제시문은 서희가 홍 씨의 횡포에 분노하여 연못으로 달려가 죽으려 하다가 멈추는 장면이다. 서희의 방 안에서 연못으로 공간이 이동하는 장면 전환이 나타나지만 서희와 홍 씨의 갈등 상황이 해소되는 것은 아니다.

| 오답 풀이 |
① 서희를 핍박하는 홍 씨의 말과 행동을 통해 포악하고 드센 홍 씨의 성격이 드러나고 있다. 또한 홍 씨에게 대항하는 서희의 말과 행동을 통해 자존심이 강하고 기가 센 서희의 성격이 드러나고 있다.
② '와락와락 흔들어 댄다', "나직한 음성이다. 홍 씨 눈을 똑바로 주시한다" 등과 같이 현재형 진술과 의태어(음성 상징어)를 활용해 홍 씨와 서희의 갈등 상황을 현장감 있게 그려 내고 있다.
④ "나오길 기다릴 홍 씨는 아니다", "맨발로 연못을 향해 몸을 날린다. 그는 죽을 생각을 했던 것이다" 등을 보면, 작품 밖 서술자가 인물의 성격과 내면 심리까지 모두 알고 서술하는 전지적 작가 시점으로 쓰였음을 알 수 있다. 특히 "그는 죽을 생각을 했던 것이다"는 홍 씨의 횡포에 분노한 서희의 내면 심리를 전지적 서술자가 직접적으로 서술한 부분이다.

## 08  답 ②

| 해설 |
㉠ '크다'는 동사로도, 형용사로도 쓰인다.
• **키가 컸구나**: '동식물의 몸의 길이가 자라다'의 의미로 쓰인 동사이다.
• **발이 커서**: '사람이나 사물의 외형적 길이, 넓이, 높이, 부피 따위가 보통 정도를 넘다'의 의미로 쓰인 형용사이다.
㉣ '다른'은 형용사로도, 관형사로도 쓰인다.
• **다른 것**: 서술성이 없고 수식 기능만 하므로 관형사이다.
• **성격이 다른**: '성격이 다르다'라는 서술성이 있으므로 형용사이다.

| 오답 풀이 |
㉡ '있다'는 동사로도, 형용사로도 쓰인다.
• **공무원으로 있다**: 사람이 어떤 지위나 역할로 존재하는 상태를 나타내는 형용사이다.
• **신이 있다고**: 사람, 동물, 물체 따위가 실제로 존재하는 상태를

나타내는 형용사이다.
ⓒ '밝다'는 동사로도, 형용사로도 쓰인다.
- **벽지가 밝아서**: '빛깔의 느낌이 환하고 산뜻하다'의 의미로 쓰인 형용사이다.
- **경위가 밝은**: '생각이나 태도가 분명하고 바르다'의 의미로 쓰인 형용사이다.

## 09  답 ③
| 해설 |
㉠ '안다'의 의미와 '규범적 지식을 안다'는 의미를 나열하여 설명하고 있으므로 '그리고'가 들어가야 적절하다.
㉡ 부정행위를 한 학생들이 수치심을 느끼지 못한다고 볼 수 없고 이와 다르게 죄책감을 느끼면서도 욕망 때문에 부정행위를 저질렀다는 문맥이다. 따라서 '도리어, 오히려'가 들어가야 적절하다.
* 오히려: 일반적인 기준이나 예상, 짐작, 기대와는 전혀 반대가 되거나 다르게 / 그럴 바에는 차라리
㉢ 앞의 내용을 바탕으로 '부정행위를 한 학생들이 모두 아는 대로 행동한 것이라고 판단할 수는 없다'는 결론을 이끌어 내고 있으므로 '따라서'가 들어가야 적절하다.

## 10  답 ②
| 출전 |
이인아, 〈HM의 삶과 죽음, 그리고 해마〉,《기억하는 뇌, 망각하는 뇌》, 수정
| 해설 |
포유류 종별 해마 내 구조 비교를 통해 포유류의 뇌 속 해마가 진화적으로 오래된 영역이라는 것을 설명한 글이다.

> (가) 인간을 포함한 포유류의 뇌 속에는 해마가 존재한다. → (다) 포유류 중 영장류인 포유류와 영장류가 아닌 포유류의 해마에는 구조적 차이가 있다. → (라) 그러나 아주 근본적인 차이점은 보이지 않는다. → (나) 이것은 해마가 그만큼 오래된 뇌 영역이라는 이야기이다.

## 11  답 ③
| 해설 |
(가) 작가 미상의 〈천지간 만물지중에 ~〉는 소식이 없는 임을 그리워하는 마음을 그린 사설시조이다. (나) 홍랑의 〈묏버들 갈히 것거 ~〉는 자연물을 상징적으로 사용하여 임에 대한 사랑과 그리움을 표현한 시조이다.
(가)에서는 늙은 호랑이, 염라대왕이 보낸 사자 등 온갖 무서운 것을 다 겪어 보았다는 내용 등에서 과장법을 사용하고 있다. 이를 통해 그들에 대한 두려움보다 임을 못 보는 괴로움과 오랜만에 보는 놀라움이 더 크다며 임에 대한 간절한 그리움을 드러내고 있다. (나)에는 과장법이 나타나지 않는다.
| 오답 풀이 |
① (가)와 (나) 모두 점층법이나 임에 대한 원망은 나타나지 않는다. (가)에서는 열거법을 사용하고 있다.
② (나)에 서술하던 내용을 갑자기 중단하거나 건너뛰어 변화를 주는 비약법은 사용되지 않았다. 자연물인 '묏버들'에 임에 대한 사랑이라는 의미를 부여하여, 그것을 임에게 보내고 싶다고 말하고 있다.
④ (가)와 (나) 모두 재회에 대한 확신을 암시하지 않는다.

## 12  답 ③
| 출전 |
강만길, 〈실학의 특성〉
| 해설 |
실학은 성리학의 악폐를 교정하고자 성리학으로부터 이탈해 나간 학문이다. 또한 타락된 조선 후기 사회를 개혁하고 새로운 사회를 이룩하고자 하는 생명력을 가진 사상이었다. 따라서 ㉠에는 '현실 개혁'이 들어가야 적절하다.
| 오답 풀이 |
② 실학은 성리학으로부터 이탈해 나갔던 학문이므로 실학을 성리학 재건의 사상으로 볼 수는 없다.
④ 이상 사회의 전형을 중국의 고대에서 구하기도 했지만 회고주의적 취향이 아니라는 내용에서 '고대 복원'이 적절하지 않음을 알 수 있다.

## 13  답 ③
| 해설 |
훈민은 A 자동차 회사의 한 차종의 결함으로, 그 자동차 회사의 차 전체에 대해 판단하고 있으므로 성급한 일반화의 오류를 범한 것이다. ③ 역시 한 번의 경험을 바탕으로 부산의 날씨를 일반화하고 있으므로 성급한 일반화의 오류가 나타난다.
| 오답 풀이 |
① '탄수화물을 많이 먹으면(p이면) 살이 찐다(q이다)'라는 가정적 조건문의 전건을 부정하여(탄수화물을 적게 먹으면) 후건 부정(살이 찌지 않는다)의 결론을 도출한 것이므로, 전건 부정의 오류를 범한 것이다.
② 핀란드라는 나라가 행복 지수 순위에서 1위를 차지한 것으로 핀란드 사람들 개개인의 행복 지수도 높을 것이라고 판단한 것이므로, 분할의 오류를 범한 것이다.
④ 하버드 대학교에 다니는 학생들은 똑똑하다는 것을 말만 바꾸어 반복한 것이므로 순환 논증의 오류를 범한 것이다.

## 14  답 ②
| 출전 |
2005학년도 7월 고3 전국연합학력평가
| 해설 |
2문단에 따르면, 수동 주조기는 활자를 복제하는 기술에 사용된다. 그런데 제시문을 통해서 수동 주조기는 모형을 장착해 활자를 주조해 내는 기능을 한다는 사실만 알 수 있고, 수동 주조기가 펀치와 모형을 만들어 낸다는 사실은 추론할 수 없다.
| 오답 풀이 |
① 마지막 문단에 따르면, 구텐베르크가 고안한 금속 활자 인쇄술은 '프레스'라는 압축기가 이용된다. 프레스는 '고대부터 쓰이던 포도주의 압착기를 변형'해 만든 것이므로 구텐베르크는 기존의 기술을 응용해 금속 활자 인쇄술을 고안한 것이다.
③ 2문단에 따르면, 펀치는 강한 금속 조각에 줄이나 끌로 '문자를 볼록하게 돋을새김'한 것이고, 모형은 펀치에 연한 금속 조각을 올려놓고 '두드려 각인'한 것이다. 따라서 펀치에는 볼록한 문자가, 모형에는 오목한 글자가 새겨져 있을 것이라고 추론할 수 있다.
④ 마지막 문단의 '램프 그을음과 ~ 하나의 인쇄 시스템이 탄생하

였다'에서 알 수 있다.

## 15
답 ③

| 해설 |
이규보의 〈괴토실설(壞土室說)〉은 체험을 통해 자연의 섭리에 순응하는 삶의 추구라는 교훈을 전하고 있는 수필이자 설(說)이다. "사람은 뱀이나 ~ 상서롭지 못한 일이다"에서 사람과 짐승을 대비하여 뱀이나 두꺼비는 겨울잠을 자고 사람은 그렇지 않은 것이 하늘의 이치임을 말하고 있다. 그러나 이를 통해 사람의 존귀함을 부각한 것은 아니다.

| 오답 풀이 |
② 이자와 종들의 대화 형식으로 주제를 드러내고 있다.
④ 글쓴이에게 '토실'은 인간이 자신들의 편의를 위해 만든 것으로 자연의 섭리를 거스르는 대상이다.

## 16
답 ①

| 해설 |
국화를 심음으로써 꽃구경을 할 수 있음은 물론, 국화 한 이랑은 가난한 선비의 몇 달 동안의 식량이 될 수도 있다고 하였으므로, 밑줄 친 부분은 한 가지 일을 하여 두 가지 이익을 얻는다는 '일거양득(一擧兩得)'의 의미이다. 따라서 이와 가장 관계가 깊은 속담은 '배 먹고 이 닦기'이다.
* **배 먹고 이 닦기**: 배를 먹으면 이까지 하얗게 닦아진다는 뜻으로, 한 가지 일에 두 가지 이로움이 있음을 비유적으로 이르는 말

| 오답 풀이 |
② **봄꽃도 한때**: 부귀영화란 일시적인 것이어서 그 한때가 지나면 그만임을 비유적으로 이르는 말
③ **칠년대한 단비 온다**: 오랫동안 애타게 기다리던 것이 이루어짐을 비유적으로 이르는 말
  * **칠년대한(七年大旱)**: 칠 년 동안이나 내리 계속되는 큰 가뭄
④ **뚝배기보다 장맛이 좋다**: 겉모양은 보잘것없으나 내용은 훨씬 훌륭함을 이르는 말

## 17
답 ③

| 해설 |
김광균의 〈데생〉은 황혼 무렵의 풍경을 통해 화자의 고독한 내면을 표현한 시이다.
이 시에 나타나는 '노을, 전신주, 고가선, 구름, 목장의 깃발, 능금나무, 들길' 등은 황혼 무렵에 화자가 보고 있는 대상으로, 화자의 고독한 심리를 보여 줄 뿐 서로 대조되지 않는다.

| 오답 풀이 |
① '노을 → 전신주 → 고가선 → 구름' 등으로 시선이 이동하면서 외롭고 고독한 화자의 정서를 표현하고 있다.
② "향료를 뿌린 듯 곱— 다란 노을 위에"에서 시각을 후각화한 공감각적 이미지를 사용하여 노을이 지는 풍경을 구체화하고 있다.
④ '들길'은 화자의 '외로운' 감정이 이입된 객관적 상관물이다.

## 18
답 ④

| 해설 |
ⓒ은 특수 어휘인 '드리다'를 사용하여 객체인 '교수님'을 높이고 있고, ⓔ도 특수 어휘인 '주무시다'를 사용하여 주체인 '아버지'를 높이고 있다.

| 오답 풀이 |
① ㉠에는 '말씀하셨던'에 쓰인 주체 높임 선어말 어미 '-시-'를 통해 주체인 '시장님'을 높이는 주체 높임법이 사용되었다. 또한 '-습니다'는 높임말인 하십시오체의 종결 어미이므로 상대방을 높여 말하는 상대 높임법이 사용되었다. 하지만 객체 높임법은 사용되지 않았다.
② ㉠에는 주체 높임법이 사용되었지만 ⓒ에는 주체인 '저'를 높이는 표현은 나타나지 않는다.
③ ⓒ에는 특수 어휘인 '뵈다'를 통해 객체인 '할머니'를 높이는 객체 높임법이 사용되었다. 하지만 ⓔ에는 객체 높임법이 사용되지 않았다.

## 19
답 ①

| 출전 |
2020년도 PSAT, 지문 발췌

| 해설 |
1문단의 찻잎에 카테킨이 들어 있다는 내용으로 보아, 카테킨은 산화 과정에서 생성되는 것이 아니라 원래 찻잎에 많이 들어 있는 항산화 물질이다. 오히려 홍차를 제조하는 동안 일어나는 산화 과정에서 카테킨의 일부가 또 다른 항산화 물질로 전환된다.

| 오답 풀이 |
② 1문단에 따르면, 에피갈로카테킨 갈레이트는 차가 우러날 때 쓰고 떫은맛을 내는 성분이다. 녹차에는 카테킨이 많이 함유되어 있으므로 녹차의 떫은맛은 카테킨의 항산화 물질 중 에피갈로카테킨 갈레이트 때문이라고 추론할 수 있다.
③ 1문단에 따르면, 항산화 물질 중 하나인 폴리페놀은 커피, 와인 등에 들어 있다.
④ 2문단에 따르면, 홍차는 산화의 진행 정도에 따라 나타나는 테아플라빈과 테아루비딘에 의해 색상과 맛이 달라진다.

## 20
답 ④

| 출전 |
2008학년도 한국외국어대학교 수시논술(인문)

| 해설 |
ⓒ 유의적 과정을 통한 학습은 새롭게 접한 사건이나 대상을 이미 가지고 있는 인지적 개념이나 명제와 연결하는 것을 의미한다. 즉 유의적 과정을 통한 학습은 학습 전에 인간의 인지 구조 내에 어떠한 체계가 존재함을 전제한다. 그런데 '인지 구조가 백지 상태'라는 것은 인간의 인지 구조 안에 아무것도 존재하지 않는다는 것이므로 유의적 과정을 통한 학습이 불가능하다.
ⓒ '정삼각형'이라는 새로운 대상을 학습하기 위해 '지난 시간에 배운 직각 삼각형과 이등변 삼각형을 떠올리는 것'은 인간의 인지 구조 내의 체계와 연결하고자 하는 시도이므로 유의적 학습과 관련된다.

| 오답 풀이 |
㉠ 전화번호나 주소를 반복하여 암기하는 것은 기존 지식 체계를 이용한 학습이 아니므로 유의적 학습과 무관하다. 이러한 학습은 '유의적인 관계 형성 없이, 분리되고 고립된 형태의 지식을 임의적으로 인지 구조에 연결'한 것이므로 기계적 학습의 사례이다.

# 제12회 실전 모의고사

## 정답표

| 01 | ④ | 02 | ② | 03 | ② | 04 | ③ | 05 | ④ |
|----|---|----|---|----|---|----|---|----|---|
| 06 | ③ | 07 | ② | 08 | ① | 09 | ② | 10 | ② |
| 11 | ③ | 12 | ② | 13 | ② | 14 | ③ | 15 | ① |
| 16 | ② | 17 | ① | 18 | ② | 19 | ② | 20 | ③ |

## 정답과 해설

### 01　답 ④

| 출전 |
임승필, 〈인생은 살 만한 가치가 있는가: 카뮈와 윌리엄 제임스의 견해 비교〉, 《철학연구회》, 수정

| 해설 |
A에 따르면, 염세주의적인 사람은 영혼 불멸을 쉽게 받아들이지 않는 사람이다. 그리고 이러한 것은 자연 현상과 종교적 갈망 사이에 모순이 발생했기 때문이다. 즉 영혼 불멸에 대한 기대가 없는 것은 자연 현상과 종교적 갈망 사이에 모순이 발생한 것의 결과이지 원인이 아니다.

| 오답 풀이 |
① A는 영혼 불멸을 받아들이는 데 어려움을 겪는 사람은 종교적 갈망이 있으면서도 자신의 감각과 과학이 제공하는 확실한 지식에 사로잡혀 있으므로 종교적 갈망을 충족하기가 어렵다고 본다.
② A는 인간을 영혼 불멸의 가능성을 받아들이는 사람과 그렇지 않은 사람으로 분류하고, 두 그룹 중 어느 쪽에 속해 있건 간에 사람들은 모두 동일하게 종교적 갈망이 있다고 보고 있다.
③ A가 영혼 불멸에 대한 기대를 받아들이지 않는 이유로 '자신의 감각과 과학이 제공하는 확실한 지식에 사로잡힘'을 들고 있다는 데에서 알 수 있다.

### 02　답 ②

| 해설 |
1문단의 '조선 시대에 제작된 지도들의 ~ 통치와 행정의 수단으로 주로 활용'과, 2문단의 '일제 강점기에는 ~ 여전히 통치와 행정의 도구 역할을 했다'와 일치하는 내용이다.

| 오답 풀이 |
① 조선 시대에 정밀한 지도 제작 기술을 도입해 지도를 만들었는지는 제시문만으로 알 수 없다. 오히려 조선 전기에 만들어진 혼일강리역대국도지도는 실제로 측량해 만든 것이 아니라는 내용이 있다.
③ 1문단에서, 조선 후기에 지도의 크기가 대형화되었음을 알 수 있다. 그러나 이 때문에 지도가 대중들에게 보급될 수 있었다는 내용은 나오지 않는다. 또한 지도가 대중에게 보급된 시기는 조선 시대가 아니라, 광복 이후이다.
④ '혼일강리역대국도지도'에는 조선이 세계 속에서 어떤 위치에 있는지 확인하려는 조선 전기 사람들의 가치관이 담겨 있다. 하지만 이 지도가 목판본인지는 알 수 없다.

### 03　답 ②

| 출전 |
박은미, 〈의지에서 놓여난다는 것〉, 《쇼펜하우어의 의지와 표상으로서의 세계》

| 해설 |
희로애락이 고통이 되지 않는 방법을 제시한 글이다.

> (다) 기쁨과 즐거움은 왜 고통인가? → (마) 기쁨과 즐거움이 고통인 이유는 우리가 기쁨과 즐거움이 '그치지 않았으면' 하고 바라기 때문이다. → (라) 기쁨과 즐거움이 중단될까 봐 두려워지기 때문에 고통이 된다. → (나) 이 말은 거꾸로, 분노와 슬픔에 대해서도 '이것이 중단되어야 한다'는 생각을 하지 않으면 덜 고통스러워진다는 것이다. → (가) '그쳤으면' 혹은 '그치지 않았으면' 하는 바람을 버리고 순수하게 희로애락을 느끼면 희로애락은 고통이 되지 않는다.

### 04　답 ③

| 해설 |
'회덮밥'은 비통사적 합성어 '덮밥'과 어근 '회'가 결합한 합성어이다.

| 오답 풀이 |
① '새해'는 '관형어+체언'으로 이루어진 통사적 합성어이다.
② '한겨울'은 '정확한' 또는 '한창인'의 뜻을 더하는 접두사 '한-'이 붙은 파생어이고, '맨손'은 '다른 것이 없는'의 뜻을 더하는 접두사 '맨-'이 붙은 파생어이다.
④ '삶'은 동사 '살다'의 어간에 명사를 만드는 접미사 '-ㅁ'이 붙어 명사로 품사가 바뀐 파생어이다.

### 05　답 ④

| 출전 |
류재민, 〈태재 유방선의 한시 연구〉

| 해설 |
유방선의 〈설움과 기쁨이 한량없었다[悲懽之至]〉는 유배지에서 가족을 만난 뒤 느낀 심경을 드러낸 한시이다.
8행의 '忻然(흔연: 마음이 풀리네)'은 유배지에서 '어린 자식 둘을 마주'했을 때 화자가 느낀 감정이다. 즉 가족에 대한 그리움이 아니라 유배지에서 가족을 만난 기쁨을 표현한 것이다.

| 오답 풀이 |
① 1~2행에서 화자는 산속(유배지)으로 돌아온 이유로 자신이 '愛山者(애산자: 산을 아끼는 사람)'이기 때문이라고 밝히며 유배 생활을 받아들이려는 태도를 보여 주고 있다.
② 3~4행에서 붉은색과 푸른색의 색채 대비를 통해 시각적 이미지를 중심으로 '나무, 꽃, 못, 버들' 등의 자연 풍경을 묘사하고 있다.
③ 5~6행에서 화자가 '먼 곳(유배지)'에서 기댈 곳 없이 사는 자신을 '가련하다'고 말하는 데에서 알 수 있다.

### 06　답 ③

| 해설 |
압축 비율이 높으면 효율이 좋다. 그런데 혼합된 공기와 연료를 압축하여 동력을 얻는 가솔린 엔진의 경우, 기화된 가솔린에 너무 큰 압력을 가하면 노킹 현상이 일어난다는 한계가 있다. 반면 디젤 엔진은 공기만 압축하기 때문에 가솔린 엔진보다 압축 비율이 높다. 그래서 디젤 엔진이 가솔린 엔진보다 효율이 좋은 것이다.

| 오답 풀이 |

① 가솔린 엔진은 최대 12:1의 압축 비율을, 디젤 엔진은 25:1 정도의 압축 비율을 갖는다. 따라서 가솔린 엔진은 디젤 엔진보다 최대 압축 비율이 낮다.
② 가솔린 엔진에는 실린더와 점화 플러그가 존재한다. 디젤 엔진에는 점화 플러그는 존재하지 않지만, 실린더는 존재한다.
④ 동력을 얻기 전에 압축 과정을 거쳐야 하는 것은 가솔린 엔진, 디젤 엔진 모두이다.

## 07    답 ②

| 해설 |

㉠ • 읽다[익따](○): 겹받침 'ㄺ'은 어말 또는 자음 앞에서 [ㄱ]으로 발음한다.
• 밟고[밥ː꼬](○): '밟-'은 자음 앞에서 [밥ː]으로 발음한다.
㉢ • 구근류[구근뉴](○): '구근류'는 한자어에서 'ㄴ'과 'ㄹ'이 결합하면서도 [ㄹㄹ]로 발음하지 않고 [ㄴㄴ]으로 발음하는 단어이다.
• 넋이[넉씨](○): 겹받침이 모음으로 시작된 조사나 어미, 접미사와 결합되는 경우에는, 뒤엣것만을 뒤 음절 첫소리로 옮겨 발음한다(이 경우, 'ㅅ'은 된소리로 발음함.).

| 오답 풀이 |

㉡ • 밭을[바츨](×) → [바틀](○): 홑받침이나 쌍받침이 모음으로 시작된 조사나 어미, 접미사와 결합되는 경우에는, 제 음가대로 뒤 음절 첫소리로 옮겨 발음한다.
• 흙을[흘글](○): 겹받침이 모음으로 시작된 조사나 어미, 접미사와 결합되는 경우에는, 뒤엣것만을 뒤 음절 첫소리로 옮겨 발음한다.
㉣ • 직행열차[지캥열차](×) → [지캥녈차](○): 합성어 및 파생어에서, 앞 단어나 접두사의 끝이 자음이고 뒤 단어나 접미사의 첫 음절이 '이, 야, 여, 요, 유'인 경우에는, 'ㄴ' 음을 첨가하여 [니, 냐, 녀, 뇨, 뉴]로 발음한다.
• 차례[차레](×) → [차례](○): '예, 례' 이외의 'ㅖ'는 [ㅔ]로도 발음한다. 하지만 '예, 례'는 [ㅖ]로만 발음한다.

## 08    답 ①

| 출전 |

박동균·장철영, 〈우리나라 마약 실태의 위험과 그 대응 방안에 관한 연구〉

| 해설 |

㉠에 대한 대응 방안으로 'Ⅱ-2-다'에서 '마약류 사범의 형사 사법 처벌 강화'를 제시했으므로 ㉠에는 '마약류 사범에 대한 솜방망이 처벌' 등과 같이 마약류 사범의 형사 사법 처벌이 강하지 않다는 내용이 들어가야 한다. '유관 기관의 미흡한 공조 시스템'은 'Ⅱ-2-다'와 대응하지 않는다.

| 오답 풀이 |

② 'Ⅱ-1-가'에서 마약류 사범이 증가하는 이유로 '중독, 호기심, 유혹' 등과 같은 개인적·심리적 요인을 제시했으므로 이에 대한 대응 방안인 ㉡을 '마약의 위험성에 대한 인식 제고 및 마약 중독 치료 실시'로 구체화하는 것은 적절하다.
③ 'Ⅱ-1-나'의 'SNS와 인터넷의 발달로 인한 마약 구매의 용이성'을 해결하는 방안으로 ㉢을 'SNS와 인터넷을 중심으로 한 마약류 거래 단속 강화'로 수정하는 것은 적절하다.
④ 서론과 본론에 '통합 마약류 전담 부서 신설'과 관련된 내용이 없으므로 ㉣은 무관한 내용이다. 서론과 본론에서는 마약류 사범이 증가한 현황과 그 원인을 제시하고, 이에 대한 대응 방안을 제시하고 있으므로 ㉣을 '마약류 사범에 대한 사전 예방 및 사후 대응적 노력 촉구'로 고치는 것이 적절하다.

## 09    답 ②

| 해설 |

〈보기〉는 '지구 온도가 상승하면(p이면) 세계 산호가 사라지고 바다 생태계는 파괴된다(q이다) → 현재 지구 온도는 1.1℃ 상승했으며, 향후 5년 안에 1.5℃ 이상 상승할 확률이 매우 높다(p이다) → 결국 산호는 점차 사라져 바다 생태계가 파괴될 가능성이 높아진 것이다(q이다)'로 정리할 수 있다. 이는 '만일 p이면 q이다 → p이다 → q이다'인 가정적 조건문의 전건 긍정식이 나타난 것이다. ②도 마찬가지로 '고속 도로에 눈이 쌓이면(p이면) 교통사고 발생 확률이 높아진다(q이다) → 어젯밤 눈이 많이 내렸다(p이다) → 고속 도로에서 사고가 일어날 확률이 높아진다(q이다)'와 같이 정리할 수 있으므로 가정적 조건문의 전건 긍정식이 쓰였다.

| 오답 풀이 |

① '개인의 이익은 공익보다 우선시된다(정) → 개인의 이익만을 강조하면 공동체는 와해될 수 있다(반) → 개인은 자신의 이익과 사회의 공익을 더불어 추구해야 한다(합)'의 논증 방식을 보이므로, 변증법의 논리로 결론을 도출해 낸 것이다.
③ '인간은(p는) 슬플 때 눈물을 흘린다(q이다) → 철학자인 그는 (r은) 인간이다(p이다) → 따라서 철학자인 그도(r은) 슬플 때 눈물을 흘릴 것이다(q이다)'의 논증 방식을 보이므로, 정언 삼단 논법에 따라 결론을 도출해 낸 것이다.
④ 붕어와 광어라는 개별의 특징에서 '모든 물고기는 헤엄을 칠 수 있다'라는 일반적인 결론을 도출해 낸 것이므로 귀납법이 쓰였다.

## 10    답 ③

| 해설 |

'牙城(어금니 아, 재 성)'은 '아기(牙旗)를 세운 성이라는 뜻으로, 주장(主將)이 거처하는 성을 이르던 말 / 아주 중요한 근거지를 비유적으로 이르는 말'의 의미이다. '등불 따위가 휘황하게 켜 있어 밤에도 대낮같이 밝은 곳을 이르는 말'은 '不夜城(아닐 불, 밤 야, 재 성)'이다.

| 오답 풀이 |

① 拔擢(뺄 발, 뽑을 탁): 여러 사람 가운데서 쓸 사람을 뽑음.
② 傳授(전할 전, 줄 수): 기술이나 지식 따위를 전하여 받음.
④ 壓卷(누를 압, 책 권): 여러 책이나 작품 가운데 제일 잘된 책이나 작품. 고대 중국의 관리 등용 시험에서 가장 뛰어난 답안지를 다른 답안지 위에 얹어 놓았다는 데서 유래한다. / 하나의 책이나 작품 가운데 가장 잘된 부분 / 여럿 가운데 가장 뛰어난 것

## 11    답 ③

| 해설 |

〈정읍사(井邑詞)〉는 어느 행상인의 아내가 남편을 기다리며 달에게 소원을 비는 백제 가요이다.
"져재 녀러 신고요(시장에 가 계신가요?)"와 "즌 ᄃᆡ를 드ᄃᆡ욜셰라 (진 곳을 디딜까 두렵습니다)"의 '져재'와 '즌 ᄃᆡ'는 화자가 남편이 있

을 곳이라고 추측하는 장소이다. 그러나 '즌 딕'는 남편이 디딜까 두려워하는 곳이므로 위험한 곳을 의미하지만, '져재'는 위험한 곳이라 보기 어렵다.
| 오답 풀이 |
① 임이 무사하기를 바라는 화자가 광명의 상징인 '돌'에게 높이 돋아 임이 있는 곳까지 비춰 달라고 비는 데서 알 수 있다.
② '노피곰', '머리곰'은 강조의 접미사인 '-곰'을 통해 '돌'에게 높이 돋아 멀리 있는 남편을 비춰 달라고 부탁한 것이므로 '노피곰', '머리곰'에는 남편의 안전을 바라는 화자의 간절한 마음이 드러난다.
④ '드듸욜셰라', '졈그룰셰라'에는 '-셰라(~할까 두렵다)'라는 의구형 어미를 사용해 남편을 걱정하는 화자의 마음을 드러낸다.

## 12  ③

| 출전 |
허일태, 〈성범죄자 전자 팔찌 착용 논란〉, 《더중앙》(2007. 10. 23.)
| 해설 |
ⓒ 롬브로소는, 범죄인은 범죄 소질을 선천적으로 타고난다는 '생래적 범죄인설'을 주장한다. 정상인과 범죄자의 동일한 두개골 부위를 측정했을 때, 범죄자만 나타나는 유전적 특징이 있다는 것은 범죄인이 유전적(선천적)으로 타고난다는 것이므로 롬브로소의 견해를 강화한다.
ⓒ '까마귀 노는 곳에 백로야 가지 마라'는 나쁜 짓을 저지르는 무리에 끼어 있으면 나쁜 짓을 하게 된다는 것이므로 범죄의 환경을 중시하는 말이다. 따라서 범죄의 원인을 사회적 환경과 구조에서 찾는 뒤르켐의 견해를 강화한다.
| 오답 풀이 |
㉠ 인간이 범죄 또는 범죄 이외의 방법을 선택한다는 것은 인간이 범죄를 저지르고 안 저지르는 것을 자유 의지로 선택한다는 의미이므로 베카리아의 견해를 약화하지 않고 강화한다.

## 13  ②

| 해설 |
**끊더라**: [끈터라](자음 축약 - 축약). 축약만 일어나 음운의 개수가 줄었다.
| 오답 풀이 |
① **안팎일**: [안팍일](음절의 끝소리 규칙 - 교체) → [안팍닐](ㄴ 첨가 - 첨가) → [안팡닐](비음화 - 교체). 첨가 및 교체가 일어나 음운의 개수가 늘었다.
③ **낯설다**: [낟설다](음절의 끝소리 규칙 - 교체) → [낟썰다](된소리되기 - 교체). 교체만 일어나 음운의 개수에는 변화가 없다.
④ **닳는**: [달는](자음군 단순화 - 탈락) → [달른](유음화 - 교체). 탈락 및 교체가 일어나 음운의 개수가 줄었다.

## 14  ③

| 해설 |
이육사의 〈꽃〉은 일제 강점기라는 극한적 상황을 이겨 내는 '꽃'의 강인한 생명력을 통해 밝은 미래에 대한 소망과 신념을 드러낸 시이다.

이 시에서는 '꽃은 발갛게 피지 않는가' 등 주로 시각적 이미지로 시적 의미를 전달하고 있을 뿐, 공감각적 이미지는 나타나지 않는다.
| 오답 풀이 |
① 각 연마다 1~3행에는 정경을, 4행에는 정서를 제시하는 선경 후정의 시상 전개 방식을 반복하고 있다.
② "오늘 내 여기서 너를 불러 보노라"에서 영탄적 표현을 사용하여 조국의 광복이 이루어진 미래의 날에 느낄 기쁨을 표현하고 있다.
④ 강인한 생명력을 의미하는 '꽃'을 사용한 '꽃맹아리 → 꽃 → 꽃성'을 배열하여 의미를 확대하고 있다. 이를 통해 조국 광복의 기운이 움트기 시작하여 결국 조국이 광복된다는 의미를 전하고 있다.

## 15  ①

| 출전 |
장희선, 〈한국인의 정직과 전통적 가치의 갈등 양상 및 해소 방식에 관한 연구〉, 서울대학교 대학원, 박사 학위 논문(2012. 8.), 수정
| 해설 |
ⓒ '광의의 개념'은 의도와 상관없이 진실이 아닌 말을 하는 것이 거짓말이라고 본다. 그런데 ㉠ '칸트'는 진실이 아닌 것을 의도적으로 행하는 것을 거짓 행위로 보고 있으므로 ㉠과 ⓒ은 유사하게 거짓 행위를 이해하고 있지 않다. 또한 ⓒ '어거스틴'은 정당화될 수 있는 거짓말은 하나도 없다고 주장하지만, ⓗ '에라스무스와 시즈윅'은 일부 거짓말 중에서도 타인에게 도움을 주는 거짓 행위는 반드시 필요하다(정당하다)는 입장이므로 ⓒ은 ⓗ과 유사한 관점에서 거짓말을 이해하고 있지 않다.
| 오답 풀이 |
③ ⓗ의 경우, '청자'는 타인이므로 거짓 행위 혹은 거짓말을 판단하는 기준으로 행위자 혹은 발화자만을 고려하는 것이 아니라, 상대방이 제대로 이해했는지를 따진다는 측면에서 타인의 입장을 고려하고 있다.
④ ⓓ과 ⓗ은 거짓 행위의 개념 규정을 달리하거나 용인될 수 있는 거짓 행위의 요건을 규명함으로써 직·간접적으로 거짓 행위의 필요성을 인정하고 있다.

## 16  ②

| 출전 |
홍춘욱, 〈트라팔가르 해전에서 영국은 어떻게 승리했는가?〉, 《50대 사건으로 보는 돈의 역사》
| 해설 |
영국 명예혁명의 배경과 결과에 대해 설명한 글이다. 그러나 공화제 등 정치 체제의 장단점을 비교하는 내용은 나오지 않는다.
| 오답 풀이 |
① 영국의 국채 금리가 10%를 훌쩍 넘은 이유, 명예혁명이 일어나게 된 원인 등을 밝히는 데서 알 수 있다.
③ 채무 불이행의 사례로 1671년 영국 국왕 찰스 2세가 채권에 대한 이자와 원금 지급을 정지한 일 등을 드는 데서 알 수 있다.
④ 2문단에서, 시간의 흐름에 따라 정치 체제가 변화했음을 알 수 있다.

## 17   답 ①

| 출전 |
김교빈·이현구, 《동양 철학 에세이 1》, 수정

| 해설 |
2문단에 따르면, 순자는 인간의 악한 본성을 극복하기 위해 인간 자신의 의식적인 노력을 강조했다. 또한 순자는 임금들이 예제를 만들어 사람들을 교화하기를 바랐으므로 국가적 차원에서의 해결책 또한 강조하였다. 즉 순자는 문제 해결을 위한 개인적·국가적 노력을 모두 강조했으므로 둘 중 무엇을 더 강조했는지는 알 수 없다.

| 오답 풀이 |
② 순자는 전국 시대 말기의 혼란한 상황과 악한 인간의 본성을 극복하기 위해서 철저하게 인간의 의지를 강조하였다.
③ 순자는 사람의 본성을 악하다고 하였지만, 인간 자신의 의식적인 노력으로 이를 극복할 수 있다고 하였다. 그러한 노력의 구체적인 제도가 예제의 부활이다.
④ 순자는 예치를 주장하였지만 법치를 주장한 한비자를 통해 그의 주장이 열매를 맺게 된다.

## 18   답 ②

| 해설 |
임춘의 〈공방전(孔方傳)〉은 돈을 의인화하여 돈에 대한 비판적 의식과 재물을 탐하는 사람들에 대한 경계를 드러낸 가전체이다. 일상생활의 구체적 경험을 통해 얻은 깨달음을 언급한 부분은 없다. 이 작품에서는 '돈'의 일생을 허구적으로 구성하여 이에 대한 글쓴이의 평가를 '사신'의 입을 빌려 드러내고 있다. 일상생활의 구체적 경험을 먼저 제시한 뒤, 이를 통해 얻은 깨달음을 제시하는 장르는 '설(說)'이다.

| 오답 풀이 |
① 돈(엽전)을 의인화하여 돈의 폐단을 지적하며 돈을 경계해야 한다는 주제를 우의적으로 드러내고 있다.
③ "방은 성질이 ~ 염치가 없었다" 등에서 권력자에 붙어 이익을 얻고 돈에 욕심을 부리는 사람을 비판하고 있다. 또한 마지막 부분에서 돈에 대한 글쓴이의 부정적인 인식을 드러내 돈(이익)을 탐하는 것을 경계해야 한다는 교훈을 드러내고 있다.
④ 마지막 부분에 나타나는 '사신'은 작가 의식을 대변하는 역할을 하고 있다. "남의 신하가 되어 ~ 어그러진 자이다"에서 공방(돈)은 신하가 되어 사사로운 이익을 좇았으므로 충신이 아니라고 평가하고 있다.

## 19   답 ②

| 해설 |
ⓒ과 ⓜ의 '우리'는 말하는 이가 자기와 듣는 이, 또는 자기와 듣는 이를 포함한 여러 사람을 가리키는 1인칭 대명사이다. ⓒ과 ⓜ 모두 '훈민, 정음, 용비'를 가리킨다.

| 오답 풀이 |
① ㉠은 말하는 이가 자기보다 높지 아니한 사람을 상대하여 어떤 대상이 자기와 친밀한 관계임을 나타낼 때 쓰는 말이다. 따라서 화자인 '훈민'만 포함한다. ⓒ은 말하는 이가 자기와 듣는 이, 또는 자기와 듣는 이를 포함한 여러 사람을 가리키는 1인칭 대명사이다. 따라서 화자인 '정음'과 청자인 '훈민, 용비'를 모두 포함한다.
③ ⓔ의 '에서'는 앞말이 행동이 이루어지고 있는 처소의 부사어임을 나타내는 부사격 조사로 ⓔ '본사에서'는 부사어이다. 한편 ⓡ의 '에서'는 단체를 나타내는 명사 뒤에 붙어 앞말이 주어임을 나타내는 주격 조사로 ⓡ '본사에서'는 주어이다. 따라서 ⓔ과 ⓡ의 문장 성분은 서로 다르다.
④ ⓗ은 화자인 정음과 청자 중 회의에 참석한 용비를 포함한다.

## 20   답 ③

| 출전 |
전경란, 〈디지털 컨버전스 시대 다큐멘터리의 진화〉, 《애니메이션 연구》(2016)

| 해설 |
2문단에서는 데이터베이스와 내러티브가 각각 통합체와 계열체라는 두 가지 차원을 구조화하는 정반대의 방법을 설명하고 있다. ③은 2문단을 포괄하는 문장이므로 ㉠에 들어가기에 적절하다.

| 오답 풀이 |
①·②·④ 제시문에 나오지 않는 내용이다.

## 제13회 실전 모의고사

### 정답표

| 01 | ③ | 02 | ③ | 03 | ④ | 04 | ② | 05 | ③ |
| --- | --- | --- | --- | --- | --- | --- | --- | --- | --- |
| 06 | ④ | 07 | ② | 08 | ④ | 09 | ③ | 10 | ① |
| 11 | ④ | 12 | ① | 13 | ② | 14 | ④ | 15 | ② |
| 16 | ③ | 17 | ④ | 18 | ④ | 19 | ③ | 20 | ① |

### 정답과 해설

## 01

답 ③

| 출전 |

김동환 외, 고등학교 《화법과 작문》 교과서, 미래엔, 수정

| 해설 |

수필가가 자신이 한 말을 요약·정리한 부분은 없다. 수필가는 〈그림엽서〉라는 구체적 사례를 들어 '편견의 발견'을 진행자가 이해할 수 있도록 돕고 있다.

| 오답 풀이 |

① "편견을 ~ 나갈 수 있겠지요"에서 수필가는, 편견을 발견해야 깨달음을 얻고 편견을 가지지 않을 수 있다는 인과적 방식을 통해 '편견의 발견과 깨달음'이라는 주제의 의미를 강조하고 있다.
② "편견과 깨달음이라, 멋진 말인 것 같습니다", "저는 특히 ~ 구절이 와 닿았습니다" 등에서 진행자는 수필가가 한 말에 대한 자신의 주관적 느낌을 말하고 있다.
④ '제 경험과 식견이 부족해서 그러니'에서 자신에게 부담이 되는 표현을 최대화하는 관용의 격률을 사용하여 수필가에게 '편견의 발견'에 대한 추가 설명을 요청하고 있다.

## 02

답 ③

| 출전 |

2012년도 5급 공채 제1차 시험 및 견습직원(지역인재) 선발 필기시험

| 해설 |

1문단에 따르면, 약 5천 년 전부터 1만 명 정도의 사람이 모여 사는 도시가 출현하였다. 2~마지막 문단에 따르면, 이는 농촌 인구의 점차적 증가가 아니라 비약적 증가에서 기인하고, 인구의 비약적 증가는 사회적 제도의 발명으로 인해 가능해진 것이다. 즉 도시의 발생은 사회적 제도의 출현에 따른 인구 증가에서 기인한 것이다.

| 오답 풀이 |

① 2~마지막 문단에 따르면, 농촌 마을의 인구가 2천 명이 넘기 시작한 것은 농업 기술의 발전 때문이 아니라 사회적 제도의 발명 때문이다.
② 마지막 문단에 따르면, 2천 명 이상이 모여 살려면 행정 조직이나 정치 제도 같은 사회적 제도가 있어야 한다. 그런데 2문단에 따르면, 약 1만 년 전에서 5천 년 전 사이에는 2천 명이 넘는 인구를 수용한 마을은 거의 발견되지 않았다. 따라서 약 1만 년 전에서 5천 년 전 사이에 농촌 마을에서 정치 제도나 행정 조직이 운영되기 시작했다고 볼 수 없다.
④ 1~2문단에 따르면, 약 5천 년 전에 세계 최초의 도시가 탄생하였다. 또한 농촌 마을의 인구가 비약적으로 증가한 것도 비슷한 시기(약 5천 년 전)였다. 따라서 인구가 비약적으로 증가하고 나서 5천 년이 지난 뒤에 도시가 탄생했다는 설명은 적절하지 않다.

## 03

답 ④

| 해설 |

두보의 〈절구(絶句)〉는 고향에 대한 그리움을 색채 대비 등을 사용하여 선경 후정의 방식으로 구성해 노래한 한시이다.
1~2행에 파란색과 흰색, 초록색과 빨간색의 색채 대비가 나타난다. 그러나 이것은 자연의 영원성을 부각한 것이 아니라 고향에 대한 화자의 상실감을 강조하는 효과를 내고 있다.

| 오답 풀이 |

② * 首丘初心(수구초심): 여우가 죽을 때에 머리를 자기가 살던 굴 쪽으로 둔다는 뜻으로, 고향을 그리워하는 마음을 이르는 말

## 04

답 ②

| 출전 |

성승제, 〈지방 은행 수난 시대〉, 《머니S》(2017. 8. 30.), 수정

| 해설 |

금융권 관계자는 국내 금융 지주사가 CEO 내홍을 겪는 것이 내부 줄타기 문화와 연관이 있다고 분석하고, 지방 은행은 국내 대형 지주사의 사태를 참고하여 CEO 리스크를 해결해야 한다고 조언하고 있다. 따라서 ⊙에 들어갈 한자 성어로 가장 적절한 것은 '사람이나 사물 따위의 부정적인 면에서 얻는 깨달음이나 가르침을 주는 대상을 이르는 말'인 '反面敎師(돌이킬 반, 낯 면, 가르칠 교, 스승 사)'이다.

| 오답 풀이 |

① 犬馬之勞[개 견, 말 마, 갈 지, 수고로울 로(노)]: 개나 말 정도의 하찮은 힘이라는 뜻으로, 윗사람에게 충성을 다하는 자신의 노력을 낮추어 이르는 말
③ 臥薪嘗膽(누울 와, 땔나무 신, 맛볼 상, 쓸개 담): 불편한 섶에 몸을 눕히고 쓸개를 맛본다는 뜻으로, 원수를 갚거나 마음먹은 일을 이루기 위하여 온갖 어려움과 괴로움을 참고 견딤을 비유적으로 이르는 말. 중국 춘추 시대 오나라의 왕 부차가 아버지의 원수를 갚기 위하여 장작더미 위에서 잠을 자며 월나라의 왕 구천에게 복수할 것을 맹세하였고, 그에게 패배한 월나라의 왕 구천이 쓸개를 핥으면서 복수를 다짐한 데서 유래한다.
④ 轉禍爲福(구를 전, 재앙 화, 할 위, 복 복): 재앙과 근심, 걱정이 바뀌어 오히려 복이 됨.

## 05

답 ③

| 출전 |

조이엘, 〈관리자의 탄생〉, 《인문학 쫌 아는 어른이 되고 싶어》

| 해설 |

테일러가 19세기에 도입한 실무 의사 결정자로서의 관리자 개념에 대해 설명한 글이다. 따라서 이 글의 제목으로는 '현대 관리자 개념의 탄생'이 적절하다.

| 오답 풀이 |

① 테일러에 따르면, 관리자는 조직의 업무 처리를 표준화하는 역할을 수행한다. 그러나 이는 중심 소재인 관리자 개념의 부분적인 내용일 뿐이다.

② 제시문은 관리자가 어떤 역할을 한다는 것보다는 관리자 개념이 테일러에 의해 도입되었다는 것에 초점이 맞추어져 있다.
④ 제시문에 나오지 않는 내용이다.

## 06

답 ④

| 해설 |

징크스가 위험으로부터 자신을 보호하려는 의도에서 비롯한다는 진술은 적절하다. 그러나 이 위험은 '무의식 속에 은밀히 존재하여 언제 닥칠지 모르는 위험'이다. 따라서 징크스가 평소 의식하고 있던 위험을 피하기 위한 것은 아니다.

| 오답 풀이 |

① 1문단의, 조작적 조건화가 고전적 조건화와 달리 환경에 능동적으로 반응함으로써 이루어지는 조건화라는 진술에서 알 수 있다.
② 마지막 문단의, 징크스를 만드는 행위들은 실제로는 아무 연관이 없다는 진술을 통해 확인할 수 있다.
③ 1문단의, 고전적 조건화에서는 자극이 먼저 제시되지만, 조작적 조건화에서는 자극이 나중에 제시된다는 내용에서 알 수 있다.

## 07

답 ②

| 출전 |

박종철, 〈언어와 인간〉

| 해설 |

㉠ 인간과 구강 구조가 유사한 구관조나, 언어 구사가 가능한 연령대의 지능을 갖춘 침팬지라도 인간과 같은 언어생활을 하지 못한다는 것이다. 따라서 단순히 지능의 발달과 구강 구조의 변형이 인간이 언어를 구사할 수 있게 된 직접적인 요인이라고 보기는 어렵다는 A의 견해를 강화할 것이다.
㉡ 인간의 언어 능력이 유전자에 의한 것이라 생득적으로 주어진다는 것은 유아가 이미 모국어에 쓰이는 문법 규칙을 찾아내는 능력을 지니고 있다는 B의 견해를 약화하지 않을 것이다.

| 오답 풀이 |

㉢ '-요'를 붙여서 말해야 한다는 것은 4세 유아가 나름대로 지니고 있는 문법 규칙에 해당하므로, ㉢은 B의 견해를 강화할 것이다.

## 08

답 ③

| 해설 |

서정인의 〈후송(後送)〉은 주인공이 이명을 치료하려고 후방 병원으로 후송되기 위해 노력하는 모습을 그린 소설로 개인의 진실을 묵살하는 세계의 비인간성을 보여 주고 있다.
이비인후과장은 성 중위가 말한 청력표를 확인하고 있을 뿐이다. 이비인후과장이 성 중위의 말을 왜곡하거나 성 중위가 이비인후과장에게 반발하는 내용은 나오지 않는다.

| 오답 풀이 |

② 성 중위가 이전에 수도 육군 병원에서 청력 검사를 받은 적이 있다고 말하고, 이비인후과장이 청력표를 확인하는 데서 알 수 있다.
④ 입퇴원과장이 자신은 전공이 달라서 성 중위의 청력표를 보아도 모른다("보았자 눈이 발바닥이야")고 이야기하는 데에서 알 수 있다.

## 09

답 ③

| 출전 |

김형자, 〈자도 자도 졸린 이유 ─ 수면 위상 지연 증후군〉, 《한겨레》 (2009. 3. 2.)

| 해설 |

수면 위상이 지연된 사람들이 수면 장애가 없는 사람에 비해 교차 상핵 신경 세포 개수가 부족하다는 내용은 제시문에 나오지 않는다.

| 오답 풀이 |

① 2문단의, 교차 상핵 내부는 신경 세포로 가득한데 그 세포 하나하나가 대략 24시간 주기로 변화하는 전기 신호를 내보낸다는 내용에서 알 수 있다.
② 1문단에 따르면, 11시부터 7시까지 취침하는 사람에 비해 1시부터 9시까지 취침하는 사람은 외형상 수면 시간이 8시간으로 똑같지만, '중간에 햇빛이 숙면을 방해하기 때문에 잠의 질이 떨어지고 실제 수면 시간도 5~6시간에 불과하다'. 그리고 제대로 숙면하지 못하면 '피로가 풀리지 않고 기억력이 떨어지며 신경이 예민해진다'.
④ 1문단의, 수면 장애가 없는 사람은 11시경에 취침하여 다음 날 아침 7시경에 일어나는데 수면 위상이 빠른 사람들은 저녁부터 졸리고 새벽에 너무 일찍 깨게 된다는 내용에서 알 수 있다.

## 10

답 ①

| 해설 |

황동규의 〈조그만 사랑 노래〉는 사랑을 상실한 슬픔과 심적 방황을 노래한 작품이다. 작품이 발표된 시기로 보아, 민주주의가 억압받은 1970년대의 암울한 현실에 대한 안타까움을 읊은 시로 해석되기도 한다.
"어제를 동여맨 편지를 받았다"에 추상적 관념을 형상화한 표현이 나타난다. 그러나 이를 통해 과거와 현재가 단절되었음을 나타낸 것이지, 미래가 단절되었음을 나타낸 것은 아니다.

| 오답 풀이 |

② "길 문득 사라지고 / 길 아닌 것들도 사라지고", '사랑한다 사랑한다'에서 비슷한 시구를 반복해 실연한 화자의 상실감과 슬픔을 강조하고 있다.
③ '사라지고', '얼굴을 가리고', '깨어진 금', '성긴 눈' 등 상실과 소멸의 이미지를 통해 사랑을 잃은 화자의 상실감과 고통을 형상화하고 있다.
④ "땅 어디에 내려앉지 못하고 ~ 한없이 떠다니는 / 몇 송이의 눈"에서 '눈'은 사랑을 잃고 방황하는 화자의 심리 상태를 간접적으로 보여 주는 객관적 상관물이다.

## 11

답 ④

| 출전 |

김상봉, 《그리스 비극에 대한 편지》

| 해설 |

존재의 완전성이 아름다움 속에 있다는 그리스적 사유를 바탕으로 한다면 자기를 완전히 실현하기 위해서는 아름다워지려고 해야 한다. 그런데 자기를 완전히 실현하려는 것은 존재의 본성이기 때문에 아름다움을 추구하는 것 역시 존재의 본질적인 '운동'이다. 따라서 아름다움은 '존재 그 자체의 가장 본질적인 활동에 속하는 것입니다'가 빈칸에 들어갈 내용으로 가장 적절하다.

| 오답 풀이 |
①·③ 제시문에 나오지 않는 내용이다.
② 2문단의, 아름다움은 특정한 활동으로서의 예술의 일이 아니라는 내용과 배치된다.

## 12  답 ①

| 출전 |
임지룡 외, 《학교 문법과 문법 교육》
| 해설 |
①은 의미의 중복이 없는 자연스러운 문장이다.
| 오답 풀이 |
② '앞으로'와 '전진(前進: 앞으로 나아감.)'의 의미가 중복되었다.
③ '왜 일어났는가'와 '원인(原因: 어떤 사물이나 상태를 변화시키거나 일으키게 하는 근본이 된 일이나 사건)'의 의미가 중복되었다.
④ '남은'과 '여생(餘生: 앞으로 남은 인생)'의 의미가 중복되었다.

## 13  답 ②

| 해설 |
㉠ '오름'의 기본형은 '오르다'이다. '오르다'는 '올라 - 오르니'와 같이 '르' 불규칙 활용을 한다. '르' 불규칙 활용은 어간의 끝음절 '르'가 어미 '-아', '-어' 앞에서 ㄹㄹ로 바뀌므로 ㉠의 예로 적절하다.
㉡ '함'의 기본형은 '하다'이다. '하다'는 '하여 - 하니'와 같이 '여' 불규칙 활용을 한다. '여' 불규칙은 어미의 '-아'가 '-여'로 바뀌므로 ㉡의 예로 적절하다.
| 오답 풀이 |
① ㉠ '저음'의 기본형은 '젓다'이다. '젓다'는 '저어 - 저으니 - 젓는'과 같이 'ㅅ' 불규칙 활용을 한다. 'ㅅ' 불규칙 활용은 어간의 끝소리 'ㅅ'이 모음 앞에서 탈락하므로 ㉠의 예로 적절하다.
㉡ '더움'의 기본형은 '덥다'이다. '덥다'는 '더워 - 더우니'와 같이 'ㅂ' 불규칙 활용을 한다. 'ㅂ' 불규칙 활용은 어간의 끝소리 'ㅂ'이 모음 앞에서 '오/우'로 바뀌므로 ㉠의 예에 해당한다.
③ ㉠ '이름'의 기본형은 '이르다'이다. '이르다'는 '이르러 - 이르니'와 같이 '러' 불규칙 활용을 한다. '러' 불규칙 활용은 어미의 첫소리 '-어'가 '-러'로 바뀌므로 ㉡의 예에 해당한다.
㉡ '바람'의 기본형은 '바라다'이다. '바라다'는 '바라 - 바라니'와 같이 규칙 활용을 한다.
④ ㉠ '흐름'의 기본형은 '흐르다'이다. '흐르다'는 '흘러 - 흐르니'와 같이 '르' 불규칙 활용을 하므로 ㉠의 예로 적절하다.
㉡ '길음'의 기본형은 '긷다'이다. '긷다'는 '길어 - 길으니 - 긷는'과 같이 'ㄷ' 불규칙 활용을 한다. 'ㄷ' 불규칙 활용은 어간의 끝소리 'ㄷ'이 모음 앞에서 'ㄹ'로 바뀌므로 ㉠의 예에 해당한다.

## 14  답 ④

| 출전 |
이종우, 〈善의 비실재성과 필요성〉, 《한국 철학 논집》(2006), 수정
| 해설 |
2문단에 따르면, 선의 당위를 주장하면 이로 인해 희생이 나타난다. 만약 ㉢을 '희생의 자유가 있는'으로 바꾼다면, 당위는 희생의 자유가 있다는 내용이 되어 제시문의 내용과 배치된다. 또한 당위성은 무엇을 꼭 해야 한다는 개념이므로 선택의 자유가 없다. 따라서 ㉢은 고치지 않고 그대로 두어야 한다.
| 오답 풀이 |
① 뒤의 시간과 공간에 따라서 선이 다르게 나타난다는 내용으로 보아 ㉠은 '상대적인'으로 고쳐야 한다.
② '선이 실재하는 것이므로 그것을 실천해야 한다'는 내용으로 보아 ㉡은 '당위성'으로 고쳐야 한다.
③ 선은 실재하지 않지만 그것에 관심을 가져야 인간 사회가 무질서의 혼돈 사회가 되지 않는다는 문맥이다. 따라서 ㉣은 '실재하지 않는다고 해서 관심을 갖지 않을 수 없다'로 고쳐야 한다.

## 15  답 ②

| 출전 |
2020년도 PSAT, 지문 발췌
| 해설 |
갑상선 기능 저하증을 진단하는 방법과 그 한계를 설명한 글이다.

> 갑상선 질환 진단에 사용되는 가장 기본적인 검사는 TSH와 T4의 측정이다. → ㉠ 갑상선에서 호르몬이 분비될 때 갑상선 호르몬의 93%는 T4이고 나머지가 T3이다. → 이후 T4의 일부는 T3으로, 또는 T3의 작용을 방해하는 rT3으로 변환된다. → ㉢ rT3이 많아지면 TSH 수치가 정상이면서도 갑상선 기능 저하증이 나타날 수 있다. → ㉣ 따라서 TSH 수치만으로는 갑상선 기능 저하증을 다 찾아내기 어렵다. → ㉤ (왜냐하면) TSH 수치만으로는 rT3의 양이나 효과를 알 수 없기 때문이다.

## 16  답 ③

| 해설 |
의유당의 〈동명일기(東溟日記)〉는 일출 장면을 생생한 순우리말로 사실적·구체적으로 묘사한 고전 수필로, 조선 후기 여성 수필의 백미로 손꼽히고 있다.
'큰 실오라기'와 '항아리'는 모두 일출 때의 붉은 기운을 비유한 말이다. 그러나 '회오리밤'은 해를 비유한 말이다.
| 오답 풀이 |
① '훌훌', '번듯번듯' 등에서 알 수 있다.
② '그믐밤에 보는 숯불 빛 같더라'에서 검은색과 뻘간색을 대비하여 붉은 기운을 선명하게 표현하는 데서 알 수 있다.
④ 제시문은 해가 수평선 위로 떠오르기 직전부터 '수레바퀴 같아 물속으로 치밀어 받치듯이 올라붙으며'의 수평선 위로 막 떠오른 모습까지의 장면을 묘사하고 있다.

## 17  답 ④

| 해설 |
㉡ 오뚝이(○)/오똑이(×)/오뚜기(×)
㉣ 맨날(○): '만날'과 같은 뜻으로, 추가로 표준어로 인정되었다.
㉤ 수캉아지(○): '수캉아지'는 접두사 다음에서 나는 거센소리를 인정한다.
| 오답 풀이 |
㉠ 강남콩(×) → 강낭콩(○)
㉢ 발자욱(×) → 발자국(○)

## 18  ④

| 해설 |

㉠은 '내가 그들과 행동을 함께하다'라는 문장이 명사절로 안긴 문장이다. 이 안긴문장 속에서 '행동을'은 목적어이다. ㉡은 '이곳의 기후가 벼농사에 적합하지 않다'라는 문장이 명사절로 안긴 문장이다. 이 안긴문장에는 목적어가 없다. '벼농사에'는 부사어이다.

| 오답 풀이 |

① · ② ㉠과 ㉡ 모두 명사절만 안겨 있다.
③ ㉠의 안긴문장 속에는 관형어가 없고, ㉡의 안긴문장 속에는 체언 '기후'를 수식하는 관형어 '이곳의'가 있다.

## 19  ③

| 해설 |

우리 사회에서 의식주를 얻는 수단이 가혹화되고 삶이 살벌해지는 원인에 대한 의견을 제시한 글이다. 우리 사회에서는 우리의 값어치가 권력과 부와 지위에 의하여 정해지기 때문에 부와 권력과 지위를 확보해야 하며 그것을 확보하기 위해 수단의 가혹화가 이루어진다는 것이 제시문의 내용이다. 따라서 삶이 살벌해지는 것은 우리 사회가 권력과 부와 지위를 통해 사회적 인정을 추구하기 때문(ⓐ)이라는 것이 이 글에서 궁극적으로 말하고자 하는 바이다. 아울러 ⓐ에서는 수단의 가혹화에 대한 원인을 분석하여 비판적 인식을 드러내고 있으므로 ⓑ 또한 적절하다.

| 오답 풀이 |

① 수단의 가혹화는 생존 경쟁의 치열함만으로 설명되지 않고 사회적으로 부여되는 일정한 심리적 계기가 있는 것으로 보고 있으므로 ⓐ, ⓑ 모두 적절하지 않다.
② ⓐ는 마지막 문단에만 제시된 의견일 뿐이므로 이 글 전체의 주장으로는 적절하지 않다. 그러나 ⓑ는 이러한 점을 지적하고 있으므로 ⓐ에 대한 평가로 적절하다.
④ 이 글의 목적은 한국인의 특성을 밝히는 것이 아니라 삶이 살벌해지는 사회적 원인을 밝히는 것이므로 ⓐ는 적절하지 않다.

## 20  ①

| 해설 |

㉠ 수단의 가혹화는 빈궁의 극한 상황에서 저절로 생겨났지만 우리 사회에서는 그것을 생존 경쟁의 치열함만으로는 설명할 수 없다는 문맥이다. 따라서 상반된 내용을 이어 주는 '그러나, 하지만'이 들어가야 적절하다.
㉡ 우리 사회에서 권력과 부와 지위는 유일한 가치라는 내용과 이러한 가치를 추구하는 것은 사회 구조 때문에 불가피한 일이라는 내용이 이어지는 자리이다. 따라서 어떤 일의 다른 한 측면을 이야기할 때 쓰는 '한편으로'가 들어가야 적절하다.
㉢ 오만과 모멸의 사회 체계에서는 최소한도의 부와 권력과 지위를 확보할 수밖에 없다는 내용과, 그것의 자손만대까지의 발전은 더욱더 많은 권력과 부와 지위를 필요로 하는 결과를 가져온다는 내용이 이어지는 자리이다. 앞뒤 내용이 병렬적으로 이어지고 있으므로 '그리고, 또한'이 들어가야 적절하다.

---

## 제14회 실전 모의고사

### 정답표

| 01 | ④ | 02 | ② | 03 | ② | 04 | ④ | 05 | ① |
| 06 | ② | 07 | ① | 08 | ④ | 09 | ④ | 10 | ③ |
| 11 | ③ | 12 | ② | 13 | ② | 14 | ① | 15 | ① |
| 16 | ④ | 17 | ④ | 18 | ② | 19 | ③ | 20 | ④ |

### 정답과 해설

## 01  ④

| 출전 |

2016년도 하반기 LG그룹 인적성 검사, 수정

| 해설 |

시장 집중률을 통해 독점 시장, 과점 시장, 경쟁 시장의 시장 구조를 구분할 수 있다. 우리나라에서 시장 집중률은 상위 3대 기업의 시장 점유율을 합한 값이다. 또한 시장 집중률이 60% 이상 80% 미만이면 과점 시장이고 60% 미만이면 경쟁 시장으로 구분한다. 우리나라 자동차 업계의 상위 3대 기업의 시장 점유율이 각각 20%라면, 이를 합한 값인 시장 집중률은 60%이므로 자동차 시장은 경쟁 시장이 아니라 과점 시장이다.

| 오답 풀이 |

① 시장 집중률은 '일정 수의 상위 기업의 시장 점유율을 합한 값'인데, 우리나라는 상위 3대 기업의, 미국에서는 상위 4대 기업의 시장 점유율을 합한 값으로 시장 집중률을 계산하고 있으므로 적절한 설명이다.
② 시장 점유율은 시장 안에서 특정 기업이 차지하고 있는 비중이고, 시장 집중률은 일정 수의 상위 기업의 시장 점유율을 합한 값이다. 따라서 시장 집중률을 계산하려면, 시장 점유율을 먼저 계산해야 한다.
③ 생산량을 기준으로 하면 시장 집중률이 80%인 독점 시장이 되고, 매출액을 기준으로 하면 시장 집중률이 60%인 과점 시장이 될 수 있다는 사례를 통해 알 수 있다.

## 02  ②

| 해설 |

송순의 〈면앙정가(俛仰亭歌)〉는 자연 속에서 물아일체를 느끼고 심성을 고양하는 강호가도의 전형적인 모습을 보여 주는 가사이다. ㉡의 '번로한 ᄆᆞᄋᆞᆷ(번거로운 마음)'은 화자가 자연에서의 삶을 즐기느라 바쁘면서도 흥겨운 마음을 표현한 것으로, 아름다운 자연 풍광을 하나도 놓치지 않기 위해 바쁘게 돌아다니는 생활에서 느끼는 즐거움을 드러낸 표현임을 알 수 있다. 따라서 화자가 떠나온 세속에서의 일상을 돌이켜 보고 있다고 볼 수 없다.

| 오답 풀이 |

① '아침'과 '저녁', '오늘'과 '내일' 등 시간을 표현한 시어를 대응하여 자연을 감상하느라 바쁜 현재 상황이 이후로도 이어질 것임을 드러내고 있다.

③ 당나라 시인 이백과 비교하며 '강산풍월'을 거느리고 '호탕한' 풍류를 즐기는 자신의 삶에 대한 자부심을 표출하고 있다.
④ 자연 속에서 풍류를 즐기며 사는 자신의 생활이 임금의 은혜라고 말하는 데서 화자가 유교적인 충의 사상을 지녔음을 알 수 있다.

## 03  답 ②

| 출전 |
빌 브라이슨, 《거의 모든 것의 역사》

| 해설 |
양과 소는 풀을 뜯어 먹지만 진화한 지역에 따라 필요로 하는 구리의 양이 다르다는 사례를 통해, 생물에게는 진화된 환경의 차이에 따라 필요한 원소의 양이 달라진다는 것을 추론할 수 있다.

| 오답 풀이 |
① 셀레늄과 비소는 조금만 많이 섭취해도 우리 몸에 치명적이다. 그런데 비소의 치사량은 밝혀지지 않았다. 또한 셀레늄의 치사량이 밝혀졌는지의 여부는 제시문의 정보로 알 수 없다.
③ 살코기나 섬유소에 축적되어 있는 소량의 희귀 원소들을 당연하게 받아들이도록 진화했다는 내용은 있지만, 그에 대한 거부 반응과 진화와의 관련 여부에 관한 내용은 없다.
④ 양과 소의 먹이인 풀에 포함된 구리의 양이 소아시아보다 유럽과 아프리카에 풍부하다는 내용이 있다. 그러나 구리 한 종류의 양을 광물질의 양으로 일반화해 말할 수는 없으므로 적절하지 않다.

## 04  답 ④

| 해설 |
집을 수리한 경험을 통해 잘못을 알고 고쳐 나가는 자세의 중요성을 강조하고 있으므로, 제시문에는 유추의 전개 방식이 쓰였다. ④ 역시 요리책에 쓰인 것과 다른 재료로 케이크를 만든 경우에서 개발 도상국이 서양을 모방하는 것만으로 근대화를 했을 때를 설명한 것이므로 유추의 방식이 쓰였다.

| 오답 풀이 |
① 인공 지능을 구분(분류)하고, 인공 지능이 발전하는 과정을 설명하고 있다.
② 북엇국을 끓이는 과정을 단계에 따라 설명하고 있다.
③ 할머니 집의 풍경을 묘사하고 있다.

## 05  답 ①

| 출전 |
2014학년도 6월 고1 전국연합학력평가

| 해설 |
제시문에서는 인류가 사용한 의사소통 매체가 발전해 온 양상을 '간단한 몸짓과 눈짓 → 소리(말) → 이미지 → 문자 → 멀티미디어에 의한 소리, 이미지, 문자의 복합적 사용'으로 설명하고 있다. 따라서 '의사소통 매체의 발전 양상'이 제목으로 가장 적절하다.

| 오답 풀이 |
② '몸짓과 눈짓, 소리'의 매체적 한계로 인해 다른 의사소통 매체가 발전되었다고 설명하고 있다. 하지만 제시문에 '이미지, 문자'의 매체적 한계에 대한 내용은 나오지 않는다.
③ 제시문에 나오지 않는 내용이다. 멀티미디어의 발전에 따라 여러 의사소통 매체를 복합적으로 사용하는 것이 가능하게 되었다는 내용만 나온다.
④ 멀티미디어에 의한 매체의 복합적 사용의 예시로 제시된 부분적 진술이다.

## 06  답 ②

| 해설 |
'안달재신(財神)'은 '몹시 속을 태우며 여기저기로 다니는 사람'을 뜻한다.

| 오답 풀이 |
① 악머구리: 잘 우는 개구리라는 뜻으로, '참개구리'를 이르는 말. '기를 써서 다투며 욕설을 함. 또는 그런 사람이나 행동'을 뜻하는 말은 '악다구니'이다.
③ 짬짜미: 남모르게 자기들끼리만 짜고 하는 약속이나 수작. '짬이 나는 대로 그때그때'를 뜻하는 말은 '짬짬이'이다.
④ 더금더금: 어떤 것에 조금씩 자꾸 더하는 모양. '잇따라 조금씩 축내거나 써 없애는 모양'을 뜻하는 말은 '야금야금'이다.

## 07  답 ①

| 출전 |
2012학년도 3월 고2 전국연합학력평가, 수정

| 해설 |
1문단의 '현대 예술에서는 ~ 수용 미학이 등장한다'에서 수용 미학의 등장 배경을 알 수 있다. 그러나 고전주의 예술관이 등장한 배경은 제시문에 나오지 않는다.

| 오답 풀이 |
② · ④ 2문단의 '독자는 텍스트를 읽는 과정에서 ~ 독자는 작품을 재생산한다. 텍스트는 다양한 독자에 따라 ~ 다른 작품으로 생산될 수 있는 것이다'에서 독자의 능동적 역할에 따른 작품의 재생산 방법을 설명하고 있다.
③ 고전주의 예술관에서 독자는 작품의 의미를 수동적으로 받아들이는 존재이고, 수용 미학에서 독자는 텍스트와 상호 작용하여 작품의 의미를 생산하는 능동적 존재라는 데에서 해결할 수 있는 질문이다.

## 08  답 ④

| 해설 |
(가) 작자 미상의 〈어인 벌리 완듸 ~〉는 비유적 소재를 통해 인재를 음해하는 세력을 제거해 줄 수 있는 자가 없는 상황을 안타까워하는 시조이다. (나) 〈가마귀 눈비 마즈 ~〉는 단종의 복위를 꾀하던 박팽년이 김질의 회유에 대한 답으로 지은 시조로, 변함없는 절의와 지조를 주제로 한다.
(나)의 화자는 임을 향한 일편단심을 고치지 않겠다는 의지적 태도를 드러내고 있으므로 '일편단심'은 화자가 추구하는 삶의 태도를 의미한다. 반면 (가)의 '낙목성'은 화자가 긍정하는 대상인 '낙락장송'이 쓰러지는 소리이므로 화자가 안타까워하는 부정적 상황이지, 화자가 추구하는 삶의 태도가 아니다.

| 오답 풀이 |
① · ② (가)의 화자는 나라의 훌륭한 인재(충신)인 '낙락장송'을 '벌리(벌레)'가 다 먹는 상황을 비판하고 있으므로 '벌리'는 화자가 비판하는 부정적 대상이다. (나)의 화자 또한 밤에도 언제나 빛

나는 '야광명월(변치 않는 심성을 지닌 충신)'과 달리 겉으로는 하얀 듯하면서 원래는 검은 '가마귀'를 비판하고 있다.
③ (가)의 화자는 '부리 긴 겨고리'가 없는 상황을 안타까워하고 있다. '부리 긴 겨고리'는 부정적 존재인 벌레를 없애 주므로 화자가 긍정적으로 평가하는 대상이다. 또한 (나)에서 '님'은 일편단심의 대상이므로 화자가 긍정적으로 평가하는 대상이다.

## 09  답 ④

| 해설 |
- 살∨만한(○)(원칙)/살만한(○)(허용): '만하다'는 보조 용언이다. 본용언과 보조 용언이 '관형사형 + 보조 용언(의존 명사 + -하다/-싶다)'의 구성일 경우, 보조 용언은 띄어 쓰는 것을 원칙으로 하되 경우에 따라 붙여 씀도 허용한다.
- 한번(○): 문맥상 '한번'은 '어떤 일을 시험 삼아 시도함을 나타내는 말'로 한 단어이다. '번'이 차례나 일의 횟수를 나타내는 경우에는 '한 번', '두 번', '세 번'과 같이 띄어 쓴다. '한번'을 '두 번', '세 번'으로 바꾸어 뜻이 통하면 '한 번'으로 띄어 쓰고 그렇지 않으면 '한번'으로 붙여 쓴다.

| 오답 풀이 |
① • 만∨원은∨커녕(×) → 만∨원은커녕(○): '은커녕'은 앞말을 지정하여 어떤 사실을 부정하는 뜻을 강조하는 보조사로 앞말에 붙여 쓴다.
 • 천∨원조차도(○): '단위를 나타내는 의존 명사인 '원'은 앞말과 띄어 쓴다. 조사가 둘 이상 겹쳐지는 경우에는 붙여 쓴다.
② • 법∨대로(×) → 법대로(○): '대로'는 체언 뒤에 붙어 앞에 오는 말에 근거하거나 달라짐이 없음을 나타내는 보조사로 쓰였으므로 앞말에 붙여 쓴다.
 • 어겼을∨시에는(○): '시'는 어떤 일이나 현상이 일어날 때나 경우를 나타내는 의존 명사이므로 앞말과 띄어 쓴다.
③ • 사흘만에(×) → 사흘∨만에(○): '만'은 '앞말이 가리키는 동안이나 거리'를 나타내는 의존 명사이므로 앞말과 띄어 쓴다.
 • 아는∨척하다가는(○)(원칙)/아는척하다가는(○)(허용): '척하다'는 보조 용언이다. 본용언과 보조 용언이 '관형사형 + 보조 용언(의존 명사 + -하다/-싶다)'의 구성일 경우, 보조 용언은 띄어 씀을 원칙으로 하되 경우에 따라 붙여 씀도 허용한다.

## 10  답 ③

| 출전 |
2020학년도 3월 고2 전국연합학력평가

| 해설 |
제시문은 설파제와 항바이러스제가 생체 내에서 생물학적 효과를 내는 원리에 대해 설명하고 있다. ㉠ 앞에 박테리아가 엽산을 만드는 것을 방해하는 설파제의 원리를 설명하고 있으므로, ㉠에는 '박테리아는 엽산을 만들지 못하고 결국 죽게 된다' 정도가 들어가야 적절하다. ㉡ 앞에는 뉴클레오사이드 유도체가 감염된 세포의 DNA 복제 과정에 개입하여 바이러스의 확산을 억제하는 원리를 설명하고 있으므로, ㉡에는 '뉴클레오사이드 유도체는 바이러스에 감염된 세포들이 더 이상 증식하지 못하게 할 수 있다'가 들어가야 적절하다.

| 오답 풀이 |
①·② 박테리아는 자신에게 필요한 엽산을 스스로 만들어야 하는데, 엽산을 만들기 위한 수용체와 PABA가 결합하여 최종적으로 엽산이 된다. 그런데 '설파제는 체내에서 화학적 변화를 거쳐 PABA와 분자 구조가 매우 유사한 설파닐아미드가 되어 PABA가 결합할 수용체와 먼저 결합한다'. 즉 설파제는 엽산을 제거하는 것이 아니라 박테리아가 엽산을 만드는 것을 방해하는 방법으로 약효를 내는 것이다. 또한 설파제는 PABA와 분자 구조가 매우 유사한 설파닐아미드가 되는 것이지, PABA 그 자체가 되는 것은 아니다.
④ 뉴클레오사이드 유도체는 세포의 DNA나 RNA의 수용체와 결합하여 DNA 복제를 방해한다. 그러나 '뉴클레오사이드 유도체는 바이러스에 감염된 세포와는 쉽게 결합하지만 감염되지 않은 세포와는 잘 결합하지 않는 특성이 있다'로 보아, 뉴클레오사이드 유도체는 바이러스에 감염된 세포에 개입하는 것이지 정상 세포에 개입하는 것은 아니다.

## 11  답 ③

| 해설 |
㉠ ⓐ '아름답기'는 '꽃이 아름답다'와 같이 서술성이 있으므로 명사형 어미 '-기'가 결합한 용언의 명사형이다.
 ⓓ '웃음'은 '크게 웃다'와 같이 부사어의 수식을 받고 서술성이 있으므로 명사형 어미 '-ㅁ'이 결합한 용언의 명사형이다.
 ⓔ '먹기'는 '빨리 먹다'와 같이 부사어의 수식을 받고 서술성이 있으므로 명사형 어미 '-기'가 결합한 용언의 명사형이다.
㉡ ⓑ '삶'은 관형어 '새'의 수식을 받고 서술성이 없으므로 접미사 '-ㅁ'이 결합한 파생 명사이다.
 ⓒ '바람'은 관형어 '간절한'의 수식을 받고 서술성이 없으므로 접미사 '-ㅁ'이 결합한 파생 명사이다. 참고로 '바램(×)'은 잘못된 표기이다.

## 12  답 ②

| 해설 |
붙박인(○): '붙박다'의 피동사인 '붙박이다'는 '움직이거나 다른 곳으로 옮겨 가지 못하도록 꼭 붙게 되거나 박히다'의 뜻으로, '붙박이어(붙박여) - 붙박이니'로 활용한다. '붙박히다(×)'는 비표준어이다.

| 오답 풀이 |
① 목메인(×) → 목멘(○): '기쁨이나 설움 따위의 감정이 북받쳐 솟아올라 그 기운이 목에 엉기어 막히다'를 뜻하는 말은 '목메다'이다. '목메이다(×)'는 비표준어이다.
③ 되뇌였다(×) → 되뇌었다(○): '같은 말을 되풀이하여 말하다'를 뜻하는 말은 '되뇌다'이다. '되뇌이다(×)'는 비표준어이다.
④ 배인(×) → 밴(○): '버릇이 되어 익숙해지다'를 뜻하는 말은 '배다'이다. '배이다(×)'는 비표준어이다.

## 13  답 ②

| 출전 |
2020학년도 4월 고3 전국연합학력평가, 수정

| 해설 |
②는 의문형으로 첫 문장을 시작하고 있다. 또한 '비현금 결제 방식은 화폐 제조 비용을 줄이는 데 일조하지만'에서 일부 내용을 인정하면서도, 비현금 결제 방식 시스템 구축 비용을 근거로 현금 없는 사회를 긍정적으로 본 글의 논지를 반박하고 있다.

| 오답 풀이 |
① 첫 문장이 의문형이며, '비현금 결제 방식은 오히려 거래를 제약할 것'에서 글의 논지를 반박하고 있다. 그러나 논지의 일부를 인정한 부분은 없다.
③ 첫 문장을 의문형으로 시작했으나, 현금 없는 사회로 이행해야 한다는 주장을 하고 있으므로 글의 논지를 반박하고 있지 않다.
④ '비현금 결제 방식처럼 자금의 흐름을 정확하게 파악'에서 글의 일부 내용을 인정하고 있으며, "현금 없는 사회는 ~ 큰 불편을 초래합니다"에서 글의 논지를 반박하고 있다. 그러나 첫 문장이 의문형이 아니다.

## 14  답 ①

| 해설 |
신동엽의 〈산에 언덕에〉는 4·19 혁명으로 죽은 민중의 넋에 대한 그리움을 노래한 시이다.
시적 대상인 '그'를 통해 화자 자신의 삶을 비판적으로 성찰하는 내용은 나오지 않는다.

| 오답 풀이 |
② 화자가, '그'의 얼굴, 노래, 모습이, 꽃으로 숨결로 영혼으로 산에 들에 언덕에 피어날 것이라고 반복하여 말하는 데에서 알 수 있다. 즉 '그'가 생전에 추구하던 신념이 '그'가 죽은 뒤에 실현되기를 염원하고 있는 것이다.
③ 현재는 볼 수 없는 '그'를 그리워하며 쓸쓸해하는 화자의 모습에서 알 수 있다.
④ '그'가 추구하던 신념(민주주의 실현에 대한 확신과 의지)이 이루어질 것이라고 화자가 반복하여 강조한다는 점에서 미래에 대한 긍정적 전망과 확신을 내비치고 있음을 알 수 있다.

## 15  답 ①

| 해설 |
'점심'에 포함된 자음인 'ㅈ, ㅅ, ㅁ' 중 잇몸소리이면서 파찰음인 것은 없다. 'ㅅ'은 잇몸소리이면서 마찰음이다. 'ㅈ'은 센입천장소리이면서 파찰음이고, 'ㅁ'은 입술소리이면서 비음이다.

| 오답 풀이 |
② '콩나물'에 포함된 모음인 'ㅗ, ㅏ, ㅜ' 중 원순 모음이면서 고모음인 것은 'ㅜ'이다. 'ㅗ'는 원순 모음이면서 중모음이고, 'ㅏ'는 평순 모음이면서 저모음이다.
③ '국밥'에 포함된 자음인 'ㄱ, ㅂ'은 모두 파열음이다. 'ㄱ'은 여린입천장소리이면서 파열음이고, 'ㅂ'은 입술소리이면서 파열음이다.
④ 최소 대립쌍은 하나의 소리로 인해 뜻이 구별되는 단어의 짝이다. '바람'과 최소 대립쌍인 '보람'은 'ㅏ/ㅗ'에 의해서 뜻이 구별된다. 이를 국어의 단모음 체계에 따라 분류할 때 'ㅏ'와 'ㅗ'는 모두 후설 모음이다.

## 16  답 ④

| 출전 |
정희훈, 〈북극곰의 사투를 응원하며〉, 《르몽드 디플로마티크》(2023. 2. 15.)

| 해설 |
탁월한 생존 능력과 환경 적응적 진화에도 불구하고 북극곰이 멸종 위기에 처한 원인을 살펴본 글이다.

(다) 북극곰은 북극 환경에서 생존하기 유리하게 진화하여 뛰어난 생존력을 가졌다. → (라) (그러나) 북극의 환경 변화로 멸종 위기에 처했다. → (나) 멸종 위기의 직접적 원인은 해빙의 감소이다. → (가) 해빙 감소로 북극곰의 사냥 성공률이 낮아지면 멸종으로 이어진다.

## 17  답 ④

| 해설 |
김시습의 《금오신화(金鰲新話)》 중 〈남염부주지(南炎浮洲志)〉는 주인공 박생이 지옥에 가서 염부주의 왕과 대화를 나눈 이야기로 작가의 가치관을 살펴볼 수 있는 환몽 구조의 고전 소설이다.
장마('큰물')와 가뭄이 닥치는 것은 하늘이 임금에게 근신하라고 경고하는 것이라는 말에서 자연재해는 하늘이 내렸음을 알 수 있다. 그러나 상서로운 일은 백성이 내린다는 내용은 없다. 상서로운 일을 선정의 결과라고 오해하는 왕들의 태도를 비판하고 경계하는 내용만 나온다.

| 오답 풀이 |
① 나라를 다스리는 이가 폭력으로 백성을 위협하면 백성들이 마음 속으로 반역할 뜻을 품고 있다는 내용에서 알 수 있다.
② '그가 올바르게 일하는 모습을 백성에게 보여 줌으로써 백성의 뜻에 의하여 임금이 되게 하니'에서 추론할 수 있다.
③ 나라는 백성의 나라이고, 명령은 하늘의 명령이므로 천명과 민심이 떠나가게 해서는 안 된다는 내용에서 알 수 있다.

## 18  답 ②

| 출전 |
고등학교 《한국사》 교과서

| 해설 |
마지막 문단에 따르면, 일반 백성들의 소박하면서도 해학적인 문화는 전통적인 신앙과 사상을 바탕으로 발전한 것이다. 즉 백성들의 해학적인 문화가 외래 사상을 바탕으로 한 것은 아니다.

| 오답 풀이 |
① 1문단의, 고대인들은 자연을 숭배하는 샤머니즘을 발달시켰고, 지배자들이 이런 자연물(하늘, 땅)의 후손을 자처하며 정치권력을 정당화했다는 내용에서 알 수 있다.
③ 1문단의, 고대인들은 농사를 짓기 시작하면서 샤머니즘을 발달시켰다는 내용에서 알 수 있다.
④ 마지막 문단의, 삼국 통일 이후 불교가 점차 백성들에게 퍼졌고, 유교 윤리도 민간에 보급되기 시작했다는 내용에서 알 수 있다.

## 19  답 ③

| 출전 |
김범준, 〈'옥석' 구분 잘하기〉, 《경향신문》(2021. 12. 9.)

| 해설 |
㉠ '우리가 흑연과 다이아몬드, 둘 모두를 볼 수 있는 이유'는 '액체 주머니 손난로와 같다'라고 했으므로 액체 주머니 손난로의 액체 상태와 고체 상태를 모두 볼 수 있는 이유를 파악해야 한다. 액체 주머니 손난로는 금속 절편을 누르거나 뜨거운 물에 넣는 것과 같이 외부에서 에너지가 유입되면, 상태가 바뀐다. 즉 액체 주머니 손난로는 외부에서 에너지가 유입되지 않으면 액체 상태와 고체 상태가 유지된다. 따라서 ㉠ '우리가 흑연과 다이아몬드, 둘 모두를 볼 수

있는 이유'는 외부에서 에너지가 유입되지 않으면 둘 다 안정된 상태를 유지하기 때문이라고 볼 수 있다.

| 오답 풀이 |
① 흑연과 다이아몬드는 우리가 살아가는 대기압과 온도에서 모두 구성 원소가 '탄소'로 동일하다.
② "우리가 살아가는 대기압과 온도에서는 둘 모두 안정적으로 상태를 유지한다"와 배치되는 설명이다.
④ 모두 안정 상태인 흑연과 다이아몬드는 둘 중 어느 것이 에너지가 더 높은지 제시문에 나오지 않는다.

## 20  답 ④

| 출전 |
김준혁, 〈조선 시대 선비들의 탁주(濁酒) 이해와 음주 문화〉, 《역사민속학》

| 해설 |
2문단에서, 조선 시대 선비들이 탁주를 마시며 지인들과 술자리를 가졌음을 알 수 있다. 그러나 청주가 이러한 술자리에서 쓰이지 않았는지는 알 수 없다. 오히려 '모든 술이 다 그러하지만'으로 보아 청주도 사적인 술자리에서 쓰였을 것임을 추론할 수 있다.

| 오답 풀이 |
① 2문단의, 백성들이 문자를 통해 탁주에 대한 다양한 생각들을 남겨 놓지 못하는 현실이었다는 내용에서 추론할 수 있다.
② 마지막 문단에서, 조선 시대에 금주령이 있었다는 것을 추론할 수 있다.
③ 1문단의, 청주는 곡식을 발효하고 증류해서 얻은 술이지만 탁주는 발효 후 거르지도, 짜지도 않았다는 내용에서 추론할 수 있다.

---

# 제15회 실전 모의고사

### 정답표

| 01 | ② | 02 | ④ | 03 | ④ | 04 | ③ | 05 | ② |
| --- | --- | --- | --- | --- | --- | --- | --- | --- | --- |
| 06 | ③ | 07 | ② | 08 | ① | 09 | ④ | 10 | ① |
| 11 | ④ | 12 | ④ | 13 | ① | 14 | ③ | 15 | ③ |
| 16 | ② | 17 | ③ | 18 | ② | 19 | ③ | 20 | ② |

### 정답과 해설

## 01  답 ②

| 출전 |
이민정·이민선, 〈재활용 방법에 따른 소비자 동기와 장애 요인이 재활용 태도에 미치는 영향 — 패션 제품의 재활용 활성화 방안을 위한 연구〉, 《한국 패션 디자인 학회지》(2016)

| 해설 |
의류의 대량 생산과 대량 소비가 이루어짐에 따라 의류의 처분량은 증가하지만, 소비자들의 적극적인 재활용 노력으로 의류 폐기량은 오히려 감소하고 있는 상황을 설명한 글이다.
㉠ 1문단의 내용에 따라, 증가하는 것인 '(의류) 처분량'이 들어가야 한다.
㉡ 감소하는 것인 '(의류) 폐기량'이 들어가야 한다.
㉢ 마지막 문단에서 의류를 처분하는 다양한 방법을 소개하고 있으므로 '처분'이 들어가야 한다.
㉣ 재활용이나 수선 등 폐기가 아닌 방법으로 처분하지 못하였을 경우에 사용하는 방법으로, '폐기'가 들어가야 한다.

## 02  답 ④

| 출전 |
2002학년도 대학수학능력시험, 수정

| 해설 |
꿈에서는 외부 세계로 향하던 정신적 에너지가 자기 자신으로 되돌려지기 때문에 깨어 있는 상태보다 자기 자신에 대한 감각이 크게 과장된다. 따라서 꿈속에서는 깨어 있는 상태보다 자기 자신에 대한 감각이 예민해진다(커진다).

| 오답 풀이 |
① 2문단에 따르면, 꿈속에서는 외부 세계로 향하던 정신적 에너지가 자아로 되돌려지기 때문에 깨어 있는 상태에서는 감지하기 어려웠던 미세한 정신적, 신체적 변화를 감지할 수 있게 된다.
② 1문단의, '꿈의 세계에서 주도적인 역할을 하는 인물은 항상 꿈꾸는 자기 자신'에서 알 수 있다.
③ 2문단의, 꿈은 인간이 평소에 억누르고 있던 내적 욕구나 콤플렉스를 민감하게 느끼게 하고, 투사를 통해 억눌린 욕구(욕망)를 외적인 형태로 구체화한다는 데서 알 수 있다.

제15회 　　국　어　㉮책형　54쪽

## 03   답 ④
| 해설 |
2문단에서, 선비의 의미를 성리학이라는 학문적 가치를 체득하고 실천한 사대부 계층으로 칭해야 한다고 주장하고 있다. 선비와 성리학이 조선 시대라는 특정 기간 동안 한국 사회를 지배했다는 내용이 있지만, 선비와 성리학이 조선 시대에 끼친 영향이나 그것들의 한계는 나오지 않는다.
| 오답 풀이 |
① 1문단에서, '선비'의 사전적 의미를 밝힌 뒤 이런 선비 개념이라면 현대 사회의 이상적 인간상으로 설정할 수도 있다고 평가하는 데서 알 수 있다.
② 2문단에서, '선비'의 의미를 역사 용어로 좁혀야 의미가 있다고 말하는 데서 알 수 있다.
③ 2문단의, 선비가 성리학적 명분의 소산이자 그 가치를 실현한 구현체이므로, 성리학의 가치 체계와 별도로 선비를 분리해서 논할 수는 없다고 말하는 데서 알 수 있다.

## 04   답 ③
| 해설 |
박인로의 〈소유정가(小有亭歌)〉는 아름다운 자연을 만끽하는 즐거움과 태평성대를 희구하는 마음을 노래한 가사이다.
화자는 가을 달빛이 강 위로 비치는 밤에 술에 취해 뱃놀이를 즐기고 있다. '달 위에 배를 타고 달 아래 앉았으니'에서 화자는 하늘 위의 달과 물빛에 비친 달 사이에 자신이 떠 있음을 깨닫고 '월궁에 올랐는 듯'한 신비로운 느낌을 받는다. 월궁(月宮)은 전설에서, 달 속에 있다는 궁전을 가리킨다.
| 오답 풀이 |
① '바람에 떨어진 갈대꽃 갠 하늘에 눈이 되어 석양에 높이 날아 어지러이 뿌리는데', '추월이 만강하여 밤빛을 잃었거늘' 등에 물가의 아름다운 풍경이 감각적으로 묘사되어 있지만 공감각적 표현은 사용되지 않았다.
② '술병 메고 벗을 불러 ~ 놀이 가자꾸노'로 보아 화자는 벗과 함께 뱃놀이를 가서 낚시를 한 후 잡은 물고기와 술을 실컷 먹으며 즐기고 있다. 즉 홀로 강호의 한적한 정취를 즐기는 것이 아니라 벗과 함께 자연 속에서 흥겹게 놀고 있는 것이다.
④ '희황천지를 오늘 다시 보는구나', '물외의 기이한 경관 넘치도록 보이도다'에 자연이 주는 즐거움과 흥취로 인한 만족감이 나타나지만 감정 이입의 수법은 쓰이지 않았다.

## 05   답 ②
| 해설 |
'보다'는 보조 용언으로는 보조 동사와 보조 형용사로 모두 쓰일 수 있다. 일반적으로 '추측, 의도, 원인' 등을 나타내면 보조 형용사, 나머지는 보조 동사로 볼 수 있다. ㉠의 '보다'는 앞말이 뜻하는 행동을 하고 난 후에 뒷말이 뜻하는 사실을 새로 깨닫게 되거나, 뒷말이 뜻하는 상태로 됨을 나타내는 보조 동사이다. ②의 '보다'는 앞말이 뜻하는 행동이나 상태를 추측하거나 어렴풋이 인식하고 있음을 나타내는 보조 형용사이다. 나머지 ①·③·④는 모두 보조 동사이다.
| 오답 풀이 |
① 어떤 행동을 시험 삼아 함을 나타내는 보조 동사이다.
③ 앞말이 뜻하는 행동을 먼저 하고서 그 뒷일은 나중에 생각함을 나타내는 보조 동사이다.
④ 어떤 일을 경험함을 나타내는 보조 동사이다.

## 06   답 ③
| 해설 |
'넓다/좁다'는 정도의 차이를 표현하는 정도 반의어이다. 정도 반의어는 중간 상태가 있기 때문에 반의 관계에 있는 두 단어를 동시에 부정해도 모순되지 않는다. 따라서 '넓지도 않고 좁지도 않다'처럼 동시 부정이 가능하다.
| 오답 풀이 |
① 마주 선 방향에 따라 관계나 이동의 측면에서 대립을 이루는 방향(대칭) 반의어에 대한 설명이다.
② 각각의 의미 영역이 상호 배타적이며 한쪽을 부정하는 것이 다른 쪽을 긍정하는 관계를 이루는 상보 반의어에 대한 설명이다.
④ 두 단어를 동시에 긍정하거나 부정하면 모순이 발생하는 것은 상보 반의어와 관련이 있다.

## 07   답 ②
| 해설 |
'그의 지론은'과 '실패하지 않는다'는 주술 호응이 맞지 않으므로 '실패하지 않는다는 것이다'와 같이 고치는 것이 적절하다. 이는 ㉠의 사례에 해당한다.
| 오답 풀이 |
① 주어와 서술어가 호응하지 않으므로 '내가 하고 싶은 말은 ~ 극복하길 바란다는 것이다'로 고쳐야 한다.
③ '복종하다'는 '…에/에게 복종하다'의 형태로 쓰인다. 필수 부사어가 생략된 문장이므로 '자연에 복종하기도 한다'와 같이 적절한 부사어를 넣어 주어야 한다.
④ '관계 당국'과 같은 무정 명사는 조사 '에'를 사용하므로 '관계 당국에'로 고쳐야 한다.

## 08   답 ①
| 해설 |
황순원의 〈학〉은 남북 간 이념 갈등으로 파괴되고 상실된 인간성을 사랑의 힘으로 회복하자는 의식을 담은 소설이다.
(가) 성삼이 농민 동맹 부위원장을 지낸 죄목으로 붙잡혀 온 덕재를 만나는 장면이다.
(나) 성삼과 덕재가 어렸을 적 혹부리 할아버지네 밤을 훔치는 장면이다.
(다) 성삼이 덕재에게 농민 동맹 부위원장로서의 임무를 묻는 장면이다.
(라) 지난 유월 달에 성삼이에게 일어났던 사건이다.
(마) 성삼이 덕재의 포승줄을 풀어 주는 장면이다.
(가), (다), (마)는 현재의 사건이고, (나)와 (라)는 과거의 사건인데, (나)가 (라)보다 먼저 일어난 사건이다. 이를 고려할 때, '(나) - (라) - (가) - (다) - (마)'가 사건을 시간 순서대로 배열한 것이다.

## 09   답 ④
| 해설 |
동일한 상황에서 일관되게 반복되는 행동을 관찰한 경우에 그것을 의사 표현으로 간주하며, 그 의미는 상황을 다양하게 변화시켜 반복

관찰하고 그 결과를 분석하여 알아낼 수 있다고 했다. 따라서 한 번 관찰한 바를 의사 표현으로 단정할 수 없으며, 그것이 반복적인 행동인지를 알아봐야 한다는 반응이 가장 적절하다.

| 오답 풀이 |
② 점박이 색깔 변화의 의미를 좀 더 연구해야 한다는 진술은 맞지만, 같은 상황에서 반복되는 행동인지는 아직 알 수 없으므로 의사 표현으로 보는 것은 적절하지 않다.

## 10  답 ①

| 해설 |
'螳螂拒轍[사마귀 당, 사마귀 랑(낭), 막을 거, 바큇자국 철]'은 '제 역량을 생각하지 않고, 강한 상대나 되지 않을 일에 덤벼드는 무모한 행동거지를 비유적으로 이르는 말'이므로 역경을 딛고 성공한 것과 비교하는 것은 쓰임이 적절하지 않다.

| 오답 풀이 |
② 捲土重來[말 권, 흙 토, 무거울 중, 올 래(내)]: 땅을 말아 일으킬 것 같은 기세로 다시 온다는 뜻으로, 한 번 실패하였으나 힘을 회복하여 다시 쳐들어옴을 이르는 말 / 어떤 일에 실패한 뒤에 힘을 가다듬어 다시 그 일에 착수함을 비유하여 이르는 말
③ 吳越同舟(나라 이름 오, 넘을 월, 같을 동, 배 주): 서로 적의를 품은 사람들이 한자리에 있게 된 경우나 서로 협력하여야 하는 상황을 비유적으로 이르는 말. 중국 춘추 전국 시대에, 서로 적대시하는 오나라 사람과 월나라 사람이 같은 배를 탔으나 풍랑을 만나서 서로 단합하여야 했다는 데에서 유래한다.
④ 寡不適衆(적을 과, 아닌가 부, 원수 적, 무리 중): 적은 수효로 많은 수효를 대적하지 못함. =중과부적(衆寡不敵)

## 11  답 ④

| 출전 |
2017년도 LEET, 지문 발췌

| 해설 |
세포의 신호 전달 중 하나인 'Wnt 신호 전달'의 특징과 기능, 그리고 그 과정을 설명한 글이다.
㉮ 앞의 'GSK3β가 β-카테닌에 인산기를 붙여 주는 인산화 과정이 그 주변 세포 내에서 수행된다'라는 말을 통해 GSK3β가 활성화되어 β-카테닌의 인산화가 이루어진다는 것을 알 수 있다. 이와 달리 GSK3β의 활성이 억제된다고 했으므로 ㉮에는 ㉡ 'β-카테닌의 인산화가 더 이상 일어나지 않는다'가 들어가야 적절하다.
㉯ 앞에서 인산화된 β-카테닌은 분해되어 β-카테닌의 농도를 낮게 유지한다고 하였다. 이와 달리 β-카테닌이 분해되지 않는다고 했으므로 ㉯에는 ㉠ '세포 내 β-카테닌의 농도가 높게 유지된다'가 들어가야 적절하다.

## 12  답 ④

| 출전 |
조정진, 〈마음이 불편하면 몸이 아프다〉, 《한국경제》(2023. 8. 13.)

| 해설 |
인간이 정신적으로 스트레스를 느낄 때 신체가 반응하는 이유를 원시 인류의 생존 방식과 관련하여 설명하고 있다. 따라서 '스트레스로 인한 인간의 신체 반응과 원시 인류와의 관련성'이 중심 내용으로 적절하다.

| 오답 풀이 |
② 현대병은 보다 포괄적인 개념이므로, 2문단에 제시된 증상을 현대병으로 일반화해서 말할 수 없다. 또한 2문단에 제시된 스트레스로 인한 신체 반응을 공포 반응으로 축소하여 말할 수도 없다.
* **현대병(現代病)**: 현대 사회가 지나치게 복잡화, 다양화, 기능화함에 따라 나타나는 각종 정신병·공해병·직업병·성인병 따위를 통틀어 이르는 말

## 13  답 ①

| 해설 |
권근의 〈삼우설(三友說)〉은 농기구인 삽, 칼, 낫의 기능을 통해 유익한 벗에 관한 교훈적 의미를 파악한 설(說)이다.
잡초와 가시를 잘라낼 수 있는 삽, 칼, 낫의 기능을 바탕으로 하여, 마음을 가꾸는 데 불필요한 나의 악을 제거해 줄 수 있는 벗이 진정한 벗이라고 주장하고 있다. 즉 진정한 벗이라면, 내가 마음을 가꾸는 데 도움을 줄 수 있어야 함을 강조한 것이다.

| 오답 풀이 |
② 나의 악한 뜻을 제거할 수 있는 삽, 칼, 낫은 모두 글쓴이가 예찬하고 있는 사물들이다. 사물을 대조하거나 특정 사물 하나를 예찬하고 있지는 않다.
③ 마지막 문단의 "대저 아름다운 곡식을 가꾸는 자는 ~ 가시를 잘라 내야 한다. ~ 그 간사한 무리를 제거하는 것과 같다"에서 유추의 방식을 사용하고 있지만 이를 통해 벗 사귐의 어려움을 강조한 것은 아니다. 곡식, 난초, 혜초를 기를 때 잡초와 가시를 제거해야 하는 것처럼 마음과 나라를 다스리는 데에는 부정적인 것들을 제거하는 것이 필요함을 유추를 통해 설명한 것이다.
④ 1문단에 삽, 칼, 낫을 삼우로 삼은 김 씨의 일화가 나타난다. 그러나 절의를 지키지 못하는 세태에 대한 비판은 나타나지 않는다.

## 14  답 ③

| 출전 |
정혜신, 《당신이 옳다》

| 해설 |
글쓴이는 상대방의 모든 것에 공감한다는 말에서 그 모든 것이란, '상대방의 존재 자체와 그 존재의 마음'이라고 말하고 있다. 또한 담배를 피우고 싶어 하는 아들의 담배 심부름까지 해 주는 것은 공감이 아니며, 그렇게 아들의 현실적인 요구에 휘둘리면 엄마 자신의 경계를 침범당하게 된다고 말하고 있다. 따라서 상대방의 마음에 공감하면서도 상대와의 경계는 분명히 그어야 한다는 것이 글쓴이의 견해이다.

| 오답 풀이 |
①·④ 담배를 피우고 싶어 하는 마음을 비난하지 않고 알아주는 것이 공감이라는 내용과 배치된다.
② 존재와 마음은 공감의 대상이지만, 바람직하지 못한 행동을 했다면 그 행동은 공감의 대상이 아니다.

## 15  답 ③

| 출전 |
정아현 외, 〈대체육 생산 기술〉, 《한국축산식품학회》(2021)

| 해설 |
2문단에 따르면, 대체육이라는 명칭을 변경해야 한다고 주장한 것은 축산 관련 단체 협의회이다. 대체육의 문제점 홍보와 관련해 동물 복지 단체와 채식주의자 등의 강한 반발이 예상된다는 내용만 있을 뿐이다.

| 오답 풀이 |
① 1문단의, 배양육은 높은 생산 비용으로 인해 대다수 실험실 수준의 연구에 그치고 있는 실정이라는 내용에서 알 수 있다.
② 2문단의, 유럽 농업 위원회가 비건 식품에 '소시지', '버거' 등의 사용을 금지하는 법안을 발의했다는 내용에서 알 수 있다.
④ 1문단에서 알 수 있다.

## 16  답 ②

| 출전 |
2019년도 LEET, 지문 발췌

| 해설 |
입법자의 의사나 법률 자체의 객관적 목적을 참조하여 법문을 해석하는 방식에 대해 세 가지 비판을 제기한 글이다. 연결어의 쓰임을 잘 살펴야 한다.

> 법문을 해석할 때 입법자의 의사나 법률 자체의 객관적 목적을 참조한다. → ⓒ 그러나 이러한 해석 방법에 대해 많은 비판이 제기되고 있다. → ⓔ 우선 입법자의 의사나 법률 그 자체의 객관적 목적이 과연 무엇인지를 확정하기 어렵다(비판 1). → ⓛ 더욱 심각한 문제는 그것까지 고려해서 법이 요구하는 바가 무엇인지 파악할 것을 국민에게 기대할 수 없다(비판 2). → ⓔ (왜냐하면) 법문의 의미를 구체화하는 작업은 국민의 이해 수준의 한계 내에서 이루어져야 하기 때문이다. → ⓞ 나아가 이러한 해석은 종종 남용의 위험에 놓이기도 한다(비판 3).

## 17  답 ③

| 해설 |
• **생각다 못해**(○): 어간의 끝음절 '하' 앞에 안울림소리가 있어 '하'가 아주 줄 적에는 준 대로 적는다.
• **씌어**(○): '씌다'는 '쓰다'의 피동사인 '쓰이다'의 준말이다. '씌다'는 '씌어 - 씌니'로 활용하므로 '씌어'는 옳은 표기이다. 본말인 '쓰이다'는 '쓰이어(쓰여) - 쓰이니'로 활용하므로 '씌어/쓰여' 모두 옳은 표기이다.

| 오답 풀이 |
① **적잖은**(×) → **적잖은**(○) · **변변찮다**(○): 어미 '-지' 뒤에 '않-'이 어울려 '-잖-'이 될 적과 '-하지' 뒤에 '않-'이 어울려 '-찮-'이 될 적에는 준 대로 적는다. '-지 않-, -치 않-'이 줄어들면 '-쟎-, -챦-'으로 표기해야 하지만 우리말에서 '쟈, 져, 챠, 쳐'로 적히는 음절은 현실 발음에서 [자, 저, 차, 처]로 소리 나는 경향이 강하므로 '-잖-, -찮-'으로 적게 된 것이다.
② • **잘되서**(×) → **잘돼서**(○): '잘되다'가 '일, 현상, 물건 따위가 썩 좋게 이루어지다 / 사람이 훌륭하게 되다 / 일정한 수준이나 정도에 이르다 / 결과가 좋지 아니하게 되다' 등의 의미로 쓰일 때에는 한 단어이므로 붙여 쓴다. 어간 '잘되-'에 어미 '-어서'가 붙은 '잘되어서'를 줄여 '잘돼서'로 표기한다.
• **쇘다**(○): 'ㅚ' 뒤에 '-어, -었-'이 어울려 'ㅙ, ㅙㅆ'으로 될 적에는 준 대로 적는다. '명절, 생일, 기념일 같은 날을 맞이하여 지내다.'의 뜻인 '쇠다'는 '쇠 + 었 + 다 → 쇘다'로 줄 수 있다.
④ • **익숙치**(×) → **익숙지**(○): 어간의 끝음절 '하' 앞에 안울림소리가 있어 '하'가 아주 줄 적에는 준 대로 적는다.
• **달성코자**(○): 어간의 끝음절 '하' 앞에 울림소리가 있으면 '하'의 'ㅏ'가 줄고, 'ㅎ'이 다음 음절의 첫소리와 어울려 거센소리로 된다. 따라서 '달성하고자'는 '달성코자'로 줄 수 있다.

## 18  답 ②

| 출전 |
김영식, 〈현대 사회와 과학〉

| 해설 |
과학 지식을 소유한 사람이 가치를 판단하고 결정하는 것이 적절하다는 내용은 제시문에 나오지 않는다. 가치 판단이나 결정의 주체는 인간 또는 사회라는 점을 이야기하고 있을 뿐이다.

| 오답 풀이 |
① · ④ 과학 지식이 그 자체로서 가치에 관한 판단이나 결정을 내리지 못한다는 의미에서 과학은 가치 중립적인데, 이에 대해 반론을 제기하는 사람이 있다고 했다. 따라서 어떤 사람들은 과학 지식이 가치 판단에 지대한 영향을 끼친다고 생각하는 것이다. 또한 유전성 질병이 있는 사람이 아기를 낳아야 하는가에 대한 가치 판단은 유전학적 지식, 즉 과학 지식을 가진 자가 내리는 것이 아니라 그런 질병을 가진 사람 또는 사회가 내리는 것이라고 했다. 이를 통해 글쓴이는 과학이 가치 중립적이라는 사실을 강조하고 있음을 알 수 있다.
③ 1문단의, 가치 중립적이라는 말의 의미 중 하나가 '과학의 법칙이나 이론으로부터 개인적 취향이나 가치관에 따라 결론을 취사 선택할 수 없다는 점'이라고 한 데서 알 수 있다.

## 19  답 ③

| 해설 |
한용운의 〈사랑의 측량〉은 멀리 있어도 사랑은 더욱 커진다는 역설적 인식을 통해 참된 사랑의 의미를 노래한 시이다.
'당신과 나의 거리가 멀면 사랑의 양이 많고', '많은 사랑은 나를 울립니다'에서 화자는 당신과 멀리 있는 상황에서 사랑은 커지지만 슬픔은 깊어진다고 말하고 있다. 따라서 화자가 당신에 대한 사랑의 양을 늘려서(당신과의 거리를 늘려서) 이별의 고통을 극복하려 한다는 것은 적절하지 않다.

| 오답 풀이 |
① "사랑의 양을 알려면, 당신과 나의 거리를 측량할 수밖에 없습니다"에서 화자는 추상적 개념인 사랑을 수치화하여 측량할 수 있는 것처럼 표현하고 있다.
② '당신과 나의 거리가 멀면 사랑의 양이 많고'라는 역설적 표현을 통해 멀리 떨어져 있어도 사랑은 더욱 깊어진다는 사랑에 대한 화자의 인식이 드러나고 있다.
④ "뉘라서 사람이 멀어지면, 사랑도 멀어진다고 하여요. / 당신이 가신 뒤로 사랑이 멀어졌으면, 날마다 날마다 나를 울리는 것은 사랑이 아니고 무엇이어요"에 사용된 설의적 표현을 통해 헤어져 있어도 변함없이 굳건한 당신에 대한 화자의 사랑이 부각되고 있다.

## 20  답 ②

| 출전 |
2019학년도 고2 전국연합학력평가, 수정

| 해설 |
갑: 2문단에 따르면, 소비자 물가 지수와 생산자 물가 지수는 같은 품목이라도 여기에 부여하는 가중치가 서로 다르다. 농산물은 소비자의 생활에 자주 쓰이는 품목이므로 소비자 물가 지수를 산출할 때 부여하는 가중치가 생산자 물가 지수에서보다 훨씬 크다. 따라서 농산물 가격이 크게 오르면, 생산자 물가 지수보다는 소비자 물가 지수에 반영되는 변동 수준이 더 크다고 반응할 수 있다.

병: 1문단에 따르면, 소비자 물가 지수는 '소비자가 일상생활에서 구입하는 상품이나 서비스'를, 생산자 물가 지수는 '생산자가 생산을 위해 거래하는 상품'을 조사하여 작성된다. 이는 소비자와 생산자에게 필요한 품목군이다.

| 오답 풀이 |
을: 마지막 문단에 따르면, 원재료를 포괄하는 생산자 물가 지수에는 시장 변화의 영향이 곧바로 파급되고 이후에 소비자 물가 지수에 변동이 나타난다. 따라서 원자재 가격이 오르면, 생산자 물가 지수에서 소비자 물가 지수 순으로 영향을 미친다.

## 제16회 실전 모의고사

### 정답표

| 01 | ③ | 02 | ② | 03 | ④ | 04 | ① | 05 | ② |
|---|---|---|---|---|---|---|---|---|---|
| 06 | ② | 07 | ③ | 08 | ③ | 09 | ① | 10 | ③ |
| 11 | ③ | 12 | ① | 13 | ① | 14 | ④ | 15 | ④ |
| 16 | ① | 17 | ③ | 18 | ② | 19 | ③ | 20 | ④ |

### 정답과 해설

## 01  답 ③

| 출전 |
2012학년도 연세대학교 수시논술(인문), 수정

| 해설 |
2문단의 "마치 사진사의 ~ 현상해 내듯이 말이다"는 ㉢ 앞의 "과거의 경험들이 ~ 재생되는 일도 가끔 있다"를 유추의 방식을 통해 설명한 것이다. 즉 ㉢ '사진사의 약물'이 ㉣ '콜로디온 필름 속에서 잠자고 있는 그림'을 현상해 내듯이, 어떤 대뇌 질환이나 사고가 망각된 기억을 떠올리게 할 수 있다는 것이다. 따라서 ㉢은 예상하지 못한 질병이나 사고와 같이 망각된 것을 기억하게 하는 계기를 의미하고, ㉣은 망각된 기억(과거의 경험들)을 의미한다. '우리 정신에 있는 선택 작용'은 기억하기 위해 망각을 선택하는 것 등을 의미하므로 망각된 기억을 떠오르게 하는 ㉢의 의미와는 거리가 멀다.

| 오답 풀이 |
① ㉠은 앞의 내용을 요약한 것이다. 모든 것을 기억한다면 특정 사건을 떠올리기 위해 오랜 시간이 걸리기 때문에 기억이 불가능하므로 기억에 망각이 혼합된 것은 기억을 위해 필요한 선택이라는 내용이 나온다. 이를 요약하면, 기억하기 위해 망각이 필요하다는 것이다.

② ㉡ 뒤에 나온 "어느 날 ~ 가끔 있다"라는 예시는 망각이 인간의 뜻대로 이루어지지 않음을 보여 주는 것이다. 따라서 ㉡의 의미는 '망각은 인간의 의도대로 이루어지지 않는다'로 이해할 수 있다.

## 02  답 ②

| 출전 |
2007학년도 11월 고2 전국연합학력평가, 수정

| 해설 |
1문단에 따르면, ㉡ '공시법'에서는 거리에 상관없이 대상은 동일한 크기로 나타나게 된다. 2문단에 따르면, ㉠ '원근법'에서는 중요한 것을 중심에 놓고 나머지는 좌나 우 또는 뒤로 물러나게 그리므로 대상의 크기에 차이가 있을 수 있다. 그러나 초점 대상이 다른 대상에 비해 크게 표현되는 것은 아니므로 원근법에서 초점이 되는 대상을 배경이 되는 대상보다 크게 그린다는 내용은 적절하지 않다.

| 오답 풀이 |
①·④ 원근법은 3차원의 대상을 2차원으로 그리기 위해 고안된 방법이므로 입체성을 중시한다. 또한 경험적 학습에 따른 것이기 때문에 후천적 인식에 따른 방식이다. 반면 공시법은 시간과 공간의 제약을 초월하여 동시적 시간에 일어난 것을 그림에 담는

기법이다.
③ 마지막 문단의, 공시법에 의한 미술 텍스트는 시각 처리에 따른 묘사가 아니라 작가의 다른 감각, 즉 감정이나 정서 처리를 바탕으로 하는 해석의 결과라는 내용에서 알 수 있다.

## 03  답 ④

| 해설 |

ⓐ 원근법이 대상을 물리적 거리에 따라 구분해서 식별할 수 있도록 하는 것이라는 문맥이므로 '도구, 방법, 장치'가 들어가야 적절하다.
* **장치(裝置)**: 어떤 목적에 따라 기능하도록 기계, 도구 따위를 그 장소에 장착함. 또는 그 기계, 도구, 설비
ⓑ 원근법과 상반되는 특성을 지닌 공시법에 대한 내용이 이어지는 자리이므로, '반면, 한편'이 들어가야 적절하다.
ⓒ 중요한 대상을 잘 파악할 수 있게 한다는 문맥이므로 '포착'이 들어가야 적절하다.
* **포착(捕捉)**: 꼭 붙잡음. / 요점이나 요령을 얻음. / 어떤 기회나 정세를 알아차림.

## 04  답 ①

| 출전 |

2011학년도 대학수학능력시험 6월 모의평가, 수정

| 해설 |

〈보기〉에서 훈민은 '검은콩을 많이 먹으면 흰머리가 안 생긴다'를 전제로 삼아 '우리 할머니는 흰머리가 없다'. 따라서 '우리 할머니는 틀림없이 검은콩을 많이 드셨을 것이다'라는 결론을 이끌어 내고 있다. 그런데 이 추론에 대해 정음은 '검은콩을 먹지 않고도 흰머리가 없는 사람이 훨씬 더 많다'라면서 훈민이 한 추론의 결론이 거짓일 수 있다는 사실을 지적하고 있다. '건전한 추론'은 전제가 참일 때 결론이 참인 타당한 추론이면서 전제도 실제로 참인 추론이다. 따라서 훈민의 추론은 결론이 거짓일 수 있기 때문에 '타당한 추론'이 아니며 '건전한 추론'도 아니다.

| 오답 풀이 |

② '개연성이 높은 추론'은 추론이 비록 타당하지 않지만 결론이 참일 가능성이 꽤 높은 것이다. '검은콩을 많이 ~ 훨씬 더 많아'라는 정음의 말이 사실이라면, 훈민의 추론은 결론이 거짓일 가능성이 높기 때문에 추론의 개연성이 낮다.
③ 정음은 훈민에게 '너의 추론은 타당하지 않다'라고 비판하고 있지만, '검은콩을 많이 먹어서 흰머리가 안 생긴 사람이 있을 수 있다'라는 사실까지 부정하지는 않았다. 즉 결론이 참일 가능성도 일부 인정하고 있는 것이다.
④ '검은콩을 안 먹고도 흰머리가 없는 사람을 상상할 수 있다'라는 것은 훈민이 한 추론의 결론이 거짓일 수 있다는 사실을 나타낸다. 결론이 거짓인 추론은 '타당하지 않은 추론'이다.

## 05  답 ②

| 출전 |

김상돈, 〈사이코패스의 사례를 통해 본 흄의 도덕 감정론의 한계〉, 《윤리교육연구》, 수정

| 해설 |

제시문에는, '감정과 공감이 없는 인간에게는 도덕이 존재하지 않는다'라는 흄의 주장을 이용해 '사이코패스에게 도덕은 존재하지 않는다'라는 결론을 내리는 정언 삼단 논법이 나타난다. 즉 '감정이 없는 인간에게는(p는) 도덕이 존재하지 않는다(q이다) - 사이코패스는(r은) 정서적 능력이 없는 인간이다(p이다) - 그러므로 사이코패스에게(r은) 도덕은 존재하지 않는다(q이다)'와 같이 전개되는 것이다. 이러한 논증 방식은 ②에도 나타난다.

| 오답 풀이 |

① 선박과 인체의 유사성에 근거하여 선박 설계의 예술성을 주장하고 있으므로 유비 추론이 나타난다.
③ 'p이면 q이다'인 가정적 조건문에서 전건을 긍정해 후건 긍정을 도출하였다.
④ 로마 침략, 러시아의 침략 등의 구체적 사례에서 '인류 문화유산의 최대 파괴자는 인간이다'라는 일반적 결론을 도출하고 있으므로 귀납 추론이 나타난다.

## 06  답 ②

| 출전 |

2016학년도 홍익대학교 논술고사

| 해설 |

2문단에 따르면, '독서의 사회적 확산'은 문자 시대의 문화에 대한 설명이다. 그런데 1문단에 따르면, 정보를 확대·재생산할 수 있게 된 것은 문자 시대의 문화에 대한 설명이 아니라 전자 시대의 문화에 대한 설명이다.

| 오답 풀이 |

① 2문단의, 온라인에 존재하는 것과 실존적 깊이에 대해 주관적 체험을 갖는 것은 서로 양립할 수 없다는 내용에서 알 수 있다.
③ 2문단의, 문자 문화 속에 들어 있는 깊이와 주관성의 서사적 구조화는 지금 이 순간의 것이 아니고, 독서를 해 나감에 따라 독자의 기존 의식 구조는 내면적인 수정 과정을 겪게 된다는 내용에서 알 수 있다.
④ 2문단에 따르면, 독서를 해 나감에 따라 세계관을 공유하는 상상의 공동체가 형성된다. 이러한 과정은 프랑스의 철학자 베르그송이 말한 '지속'의 시간 속에서 가능하다. 지속의 시간은 자유롭게 과거를 기억하고 현재와 통합시킬 수 있는 인간의 시간이다.

## 07  답 ③

| 출전 |

2010학년도 6월 고2 전국연합학력평가

| 해설 |

구체적 사례를 통해 통념을 반박하는 내용은 나오지 않는다.

| 오답 풀이 |

① 1문단에서 무지개는 태양광이 공기 중의 물방울에 의해 반사·굴절되어 나타나는 빛의 분산 현상이라고 정의하고 있다.
② 2문단에서 무지개의 바깥쪽은 빨간색이고 안쪽이 보라색인 이유를 설명하고 있다.

## 08  답 ③

| 해설 |

'氣陷(기운 긔, 빠질 함)'은 '기력이 없어서 가라앉음 / 갑작스레 몹시 놀라거나 아프거나 하여 소리를 지르면서 넋을 잃음'의 의미이다. 이 문장에서는 '불꽃처럼 대단한 기세'를 뜻하는 '氣焰(기운 긔, 불꽃

염'이 들어가는 것이 적절하다.

| 오답 풀이 |
① 捷徑(이길 첩, 지름길 경): 멀리 돌지 않고 가깝게 질러 통하는 길. =지름길 / 가장 쉽고 빠른 방법을 비유적으로 이르는 말. =지름길 / 어떤 일을 할 때 흔히 그렇게 되기가 쉬움을 이르는 말
② 且置(또 차, 둘 치): 내버려두고 문제 삼지 아니함.
④ 謳歌(노래할 구, 노래 가): 여러 사람이 입을 모아 칭송하여 노래함. / 행복한 처지나 기쁜 마음 따위를 거리낌 없이 나타냄. 또는 그런 소리

## 09 	답 ①

| 해설 |
㉠에는 의인법이, ㉡에는 촉각적 이미지를 시각적 이미지화한 공감각적 표현이, ㉢에는 영탄법이 쓰였다. ①에서는 역설법이 쓰였을 뿐 ㉠~㉢에 나타난 표현법은 쓰이지 않았다.

| 오답 풀이 |
② 영탄법
③ 후각적 이미지를 시각적 이미지화한 공감각적 표현
④ 의인법

## 10 	답 ③

| 출전 |
2012학년도 아주대학교 수시논술(인문), 수정

| 해설 |
2문단에 따르면, 최적 경험이란 '사람들이 활동 그 자체의 즐거움 외에는 통상적인 의미의 보상이 주어지지 않는 활동에 종사할 때 갖게 되는 심리 상태'이다. 과제 그 자체의 흥미 때문에 과제에 참여하려는 동기는 내재적 동기이고, 보상 때문에 과제에 참여하려는 동기는 외재적 동기이므로 외재적 동기는 없고 내재적 동기는 있는 상황에서 최적 경험은 발생할 수 있다.

| 오답 풀이 |
① 내재적 동기의 크기와 외재적 동기의 크기가 반비례하는지는 제시문을 통해 알 수 없다.
② 1문단의 실험에 따르면, 사회적 통제가 높고 학생의 자기 결정감을 떨어뜨리는 교사와 사회적 통제가 낮고 학생의 자기 결정감을 높이는 교사 중 전자가 후자보다 학생의 내재적 동기가 떨어졌다. 즉 사회적 통제는 커질수록 내재적 동기가 낮아지지만, 자기 결정감이 커지면 내재적 동기는 높아진다고 볼 수 있다.
④ 2문단에 따르면, 활동 그 자체의 즐거움을 위해 활동에 종사하는 사람들은 종종 몰입의 경험을 보고한다. 이는 내재적 동기로 활동에 종사했을 때 몰입의 경험을 할 수 있다는 의미이므로 ④는 인과 관계가 뒤바뀐 것이다.

## 11 	답 ③

| 출전 |
허규형, 〈혹시 제가 ADHD 아닐까요?〉, 《나는 왜 자꾸 내 탓을 할까》, 수정

| 해설 |
집중력과 주의력의 개념을 설명하고 ADHD와 불안·우울 장애의 차이를 서술한 글이다.

(다) 집중력과 주의력은 비슷해 보이지만 서로 다른 개념이다. → (가) 물론 좋아하는 일만큼은 주의력 없이도 집중이 잘 되는데, 때로는 이 과몰입이 집중력 조절에 어려움을 겪는 ADHD의 증거로 참고될 수 있다. → (나) 그러나 집중력 저하 문제로 내원해도 ADHD가 아닌 불안 또는 우울 장애를 진단받는 경우가 많다. → (라) 실제로 집중력 저하 증상은 우울증과 범불안 장애를 진단하는 기준 중 하나다.

## 12 	답 ①

| 해설 |
(가) 작가 미상의 〈정석가(鄭石歌)〉는 태평성대를 기리고 남녀 간의 변함없는 사랑을 노래한 고려 가요이다. (나) 작가 미상의 〈동동(動動)〉은 임과 이별한 여인의 심정을 월별에 따른 자연 변화와 세시풍속에 맞춰 노래한 고려 가요로 월령체 노래의 효시이다.
(가)에서 화자는 천 년을 외롭게 살아간다고 해도 임에 대한 사랑과 믿음은 끊어지지 않는다고 말하고 있다. 즉 임에 대한 영원한 사랑을 다짐하는 태도가 드러난다. 하지만 (나)의 화자는 임과 함께하지 못하는 자신의 신세를 한탄하고 있을 뿐이므로 (나)에는 영원한 사랑을 다짐하는 화자의 태도는 드러나지 않는다.

| 오답 풀이 |
②·④ 비유법과 설의법이 모두 쓰인 것은 (가)이다. (가)는 "구스리 바회예 디신돌 ~ 긴힛돈 그츠리잇가"에서 설의법을 사용하고, 화자의 변함없는 사랑의 마음을 '긴(끈)'에 비유하고 있다. (나)에서는 화자의 처지를, 임 앞에 놓았으나 손님이 가져가 버린 소반 위의 젓가락(반잇 져)에 비유하고 있다. 하지만 설의법은 사용되지 않았다.
③ (가), (나) 모두 대체로 4음보가 아닌 3음보의 율격이 나타난다.

## 13 	답 ①

| 해설 |
㉠ 순댓국(○): 순우리말로 된 합성어로서 앞말이 모음으로 끝난 경우, 뒷말의 첫소리가 된소리로 나는 것은 사이시옷을 받쳐 적는다.
㉡ 도맷(都賣)값(○): 순우리말과 한자어로 된 합성어로서 앞말이 모음으로 끝난 경우, 뒷말의 첫소리가 된소리로 나는 것은 사이시옷을 받쳐 적는다.
㉢ 횟수(回數)(○): 두 음절로 된 한자어 중 '곳간(庫間), 셋방(貰房), 숫자(數字), 찻간(車間), 툇간(退間), 횟수(回數)'는 사이시옷을 받쳐 적는다.

| 오답 풀이 |
㉢ 마굿간(×) → 마구간(馬廏間)(○): '마구간'은 사이시옷을 표기하지 않는다.
㉣ 뒷처리(×) → 뒤처리(○): 뒷말이 된소리나 거센소리로 시작될 때는 사이시옷을 표기하지 않는다.

## 14 	답 ④

| 출전 |
고등학교 《통합과학》 교과서, 미래엔

| 해설 |
지구 시스템에서 에너지의 흐름과 물질의 순환 관계를 설명하고 있는 글이다. 물과 탄소의 순환 과정에서 나타나는 태양 에너지의 흐름을 통해 지구 시스템에서 물질이 순환할 때는 에너지도 함께 흐른다는 것을 알 수 있다.

| 오답 풀이 |
① 1문단에서 물이 순환하는 과정에서 날씨의 변화가 일어난다는 것을 알 수 있지만, ㉠에는 글 전체 내용을 요약하는 말이 들어가야 하므로 적절하지 않다.
② 태양 에너지가 지구 시스템에 영향을 준다는 것은 알 수 있지만, 가장 많은 양을 차지하고 있다는 사실은 제시문에서 알 수 없다.
③ 지구 시스템의 각 권이 서로 영향을 준다는 사실은 알 수 있지만 방해 요소가 된다는 내용은 제시문에 나오지 않는다.

## 15  답 ④
| 출전 |
김종철, 《간디의 물레》
| 해설 |
제시문의 '손'은 '어떤 사람의 영향력이나 권한이 미치는 범위'를 의미한다. 이와 같은 의미로 사용된 것은 ④이다.
| 오답 풀이 |
① 손이 많이 가다: 어떤 일을 하는 데 드는 사람의 힘이나 노력, 기술
② 손자의 손에: 사람의 팔목 끝에 달린 부분
③ 손이 모자라다: 일손

## 16  답 ①
| 해설 |
(가) 정구의 〈청산아 웃지 마라 ~〉는 세속에서 살고 있는 화자가 자연과 더불어 사는 삶에 대한 소망을 드러낸 시조이다. (나) 김삼현의 〈공명을 즐겨 마라 ~〉는 부귀공명에서 벗어나 한가롭게 사는 삶을 노래한 시조이다.
(가)는 '청산', '백운' 등의 자연물을 통해 화자가 지향하는 자연에서의 삶을 표현하고 있다. 그러나 (나)에는 '공명, 영욕, 부귀, 위기' 등과 같은 부정적 시어를 제시하여 화자가 지향하는 한가로운 삶을 표현하고 있을 뿐 자연물을 제시하고 있지 않다.
| 오답 풀이 |
② (나)뿐만 아니라 (가)에서도 대조가 나타난다. (가)에서는 '홍진(세속, 벼슬)'과 '청산', '백운' 등을 대조하여 임금의 은혜를 갚은 뒤에 자연으로 돌아가겠다는 마음을 드러내고 있다. (나) 또한 공명과 부귀를 탐하는 상황과 한가롭게 살고 있어 아무것도 두려운 일이 없는 상황을 대조하여 자연 속에서 한가롭게 사는 삶에 대한 자부심을 드러내고 있다.
③ (가)의 '청산아 웃지 마라 백운아 조롱 마라'에 의인법과 대구법이 모두 나타난다. 그러나 (나)에는 '공명을 즐겨 마라 ~ 븗느니라'에 대구법이 나타나지만, 의인법은 사용되지 않았다.
④ (가)는 '성은이 ~ ᄒ노라'에서 화자가 세속에 있으면서 자연에서 사는 삶을 소망하고 있는 상황임을 알 수 있다. (나)의 '우리는 일신이 한가커니 ~'에서 화자가 부귀공명에서 벗어나 한가롭게 살고 있음을 알 수 있다. 그러나 (나)의 화자가 자연 속에서 살고 있는지는 알 수 없다.

## 17  답 ③
| 해설 |
'flash[flæʃ]'는, 어말의 [ʃ]는 '시'로 적는다는 규정에 따라 '플래시'로 표기한 것이다. 그러나 'leadership[liːdərʃip]'은, [ʃ]가 [i] 모음 앞에 올 때에는 '시'로 적는다는 규정에 따라 '리더십'으로 표기한 것이다.

## 18  답 ②
| 해설 |
문장에서 주성분은 주어, 서술어, 목적어, 보어로 쓰인 경우이다. '밥만'과 '반찬도'는 목적어 자리에 보조사가 붙은 형태이므로 문장 성분은 목적어이다. '본용언 + 보조 용언'은 하나의 서술어이므로 '먹지 말고'는 서술어이고, '먹어라'도 서술어이다. 따라서 주성분만으로 이루어졌다.
| 오답 풀이 |
① '시골'은 관형어이다. 부사어, 관형어는 부속 성분, 독립어는 독립 성분에 속한다. '소녀는(주어) 풍경을(목적어) 좋아했다(서술어)'는 주성분이다.
③ '그의'는 관형어이므로 부속 성분이다. '나는(주어) 보호자가(보어) 아니오(서술어)'는 주성분이다.
④ '매년'과 '산에'는 부사어이므로 부속 성분이다. '시에서(주어) 나무를(목적어) 심었다(서술어)'는 주성분이다.

## 19  답 ③
| 해설 |
작가 미상의 〈채봉감별곡(彩鳳感別曲)〉은 애정 소설로 채봉과 필성의 사랑을 제재로 하여 권세에 굴복하지 않는 진실한 사랑의 쟁취를 보여 준다.
송이가 '달'에게 말을 하는 모습은 나오지만 '달'과 문답하는 모습은 나오지 않는다. '작년 이때 ~ 우리 님을 만났더니'에서 송이의 내적 갈등이 임과의 이별로 인한 것임은 알 수 있다.
| 오답 풀이 |
① '추구월 보름', 달이 뜬 밤, 방 안의 책상머리에서 졸고 있는 송이의 상황에서 구체적인 시공간적 배경을 알 수 있다.
② '외기러기', '두견', '낙엽성' 등은 송이의 외로움을 심화하는 객관적 상관물로 기능하고 있다.
④ '무심한 ~ 독수공방에 눈물로 세월을 보내는 송이야 오죽할까'에서 서술자가 개입하여 독수공방에 처한 송이의 상황을 설명하고 있다. 또한 눈물을 흘리면서 "달아 ~ 그리리라"라고 하는 송이의 말과 행동이라는 보여주기 방식(극적 제시)을 통해 임과 이별한 송이의 상황이 드러나고 있다.

## 20  답 ④
| 출전 |
피터 싱어, 〈채식주의자가 된다는 것…〉, 《동물 해방》
| 해설 |
글쓴이는 동물을 배려하면서 먹거리로 삼을 수는 없다고 말하면서, 동물을 식용으로 사용하는 것을 반대하고 있다. 즉 죽일 때 동물이 느끼는 고통을 고려하는 것과는 상관없이, 식용을 위해 동물을 죽이는 것 자체를 부정하는 것이다.
| 오답 풀이 |
① "식습관은 우리에게 소중하며 쉽게 바뀌지 않는다"에서 알 수 있다.
② "인간 아닌 동물들을 배려하면서 동시에 그들을 계속 먹을거리로 삼을 수는 없다"에서 알 수 있다.
③ "공장식 축산은 동물이 우리의 목적을 위한 수단이라는 생각을 응용한 기술에 지나지 않는다"에서 알 수 있다.

## 제17회 실전 모의고사

### 정답표

| 01 | ③ | 02 | ③ | 03 | ③ | 04 | ② | 05 | ③ |
|----|---|----|---|----|---|----|---|----|---|
| 06 | ④ | 07 | ② | 08 | ② | 09 | ② | 10 | ④ |
| 11 | ④ | 12 | ④ | 13 | ① | 14 | ④ | 15 | ③ |
| 16 | ① | 17 | ④ | 18 | ① | 19 | ③ | 20 | ③ |

### 정답과 해설

## 01
답 ③

| 출전 |
박선균·오재원, 〈역학〉, 《잠수 의학과 감염병 소개》(55권 7호)

| 해설 |
감압병 발생 요건을 설명한 글이다.

> ⓒ 감압병 발생에 영향을 미치는 요인 세 가지 → ㉠ ⓒ의 부연 → ⓒ 특히 수심 25m를 초과한 잠수에는 감압병 발생률이 커진다. → ㉣ 또한 비감압 한계 이상의 잠수를 했을 때 등도 감압병이 발생 가능하다. → ㉤ 국내의 채취업에 종사하는 다이버들은 비감압 한계 이상의 반복 잠수를 하는 경향 때문에 빈번히 감압병 증상을 경험한다.

## 02
답 ③

| 출전 |
정하웅, 《네트워크는 힘이 세다》, 수정

| 해설 |
상대적 최적화는 '이기적인 행동으로 개인의 만족도가 가장 높은 값을 추구하는 것'이다. 직장에 가는 사람이 10명인 A 동네에서 5명은 지름길을, 나머지 5명은 고속 도로를 이용하는 것이 가장 좋은 출근 방법이지만, 고속 도로를 이용하는 운전자들은 불공평함을 느끼기 때문에 지름길을 이용한다. 즉 상대적 최적화에 따르면 사람들은 고속 도로보다 지름길을 더 많이 이용할 것이다.

| 오답 풀이 |
① 절대적 최적화에 따르면 5명은 지름길을, 나머지 5명은 고속 도로를 이용하게 된다. 그런데 지름길을 이용한 5명은 5분, 고속 도로를 이용한 5명은 10분의 출근 시간이 소요되기 때문에 고속 도로를 이용한 5명은 출근 시간에서 손해를 보게 된다.
② 절대적 최적화는 출근 시간에서 수학적으로 가장 작은 값을 찾는다. 이에 따르면, 5명은 지름길을, 나머지 5명은 고속 도로를 이용하여 출근 시간 때 한 사람당 7.5분씩 걸리는 것이 가장 효율적이다.
④ 고속 도로를 이용하면 차가 몇 대가 가든 언제나 10분이 걸린다. 반면 지름길을 이용하면 $x$대가 가면 $x$분이 걸린다. 따라서 10대 모두 고속 도로를 이용할 때와 지름길을 이용할 때 걸리는 시간은 각각 10분으로 동일하다.

## 03
답 ③

| 해설 |
정극인의 〈상춘곡(賞春曲)〉은 봄을 완상하는 화자의 만족감을 노래한 가사로, 우리나라 최초의 가사 작품으로 전한다.
화자는 '시냇ᄀ'에서 혼자 술을 마시다가 '봉두'에 올라 아름다운 자연의 모습을 즐기고 있다. 그런데 '무릉'은 화자가 '시냇ᄀ(자연)'를 무릉도원처럼 느꼈다는 것이지, 화자가 '무릉'을 공간적 배경으로 하여 풍류를 즐기는 것은 아니다.

| 오답 풀이 |
① '녹수, 청류, 연하일휘'는 모두 자연을 의미한다. 화자는 봄이 된 자연을 예찬하고 있으므로 자연은 화자가 추구하는 대상으로 이해할 수 있다.
② '~은 ~에/애 진다'에서 대구법이 나타난다. 이를 통해 자연에 몰입하여 자연을 즐기는 화자의 모습을 표현하고 있다.
④ '검은 들'은 겨울의 거뭇거뭇했던 들을, '봄빗'은 '검은 들'에 비치는 봄빛을 의미한다. 이를 통해 화자는 겨울에서 봄으로의 자연 변화를 인식하고 있다.

## 04
답 ②

| 해설 |
제시문의 '늙다'는 동사로만 쓰인다. '사람이나 동물, 식물 따위가 나이를 많이 먹다'의 의미이다. ② '되다'는 동사로도, 형용사로도 쓰인다. 이 문장에서 '되다'는 '다른 것으로 바뀌거나 변하다'의 의미로 쓰인 동사이다.

| 오답 풀이 |
① '없다'는 형용사로만 쓰인다. 이 문장에서 '없다'는 '어떤 일이 가능하지 않다'의 의미이다.
③ '알맞다'는 형용사로만 쓰인다. '일정한 기준, 조건, 정도 따위에 넘치거나 모자라지 아니한 데가 있다'의 의미이다.
④ '쓰다'는 동사로도, 형용사로도 쓰인다. 이 문장에서 '쓰다'는 '달갑지 않고 싫거나 괴롭다'의 의미로 쓰인 형용사이다.

## 05
답 ③

| 해설 |
오규원의 〈프란츠 카프카〉는 파격적이고 실험적인 형식과 내용을 통해 정신적 가치는 경시되고 물질적 가치만이 중시되는 현실을 비판한 시이다.
이 시에서 화자는 정신적 가치마저 상품으로 전락시킨 자본주의 사회를 비판하고 있을 뿐 물질적 가치에 경도된 자아를 성찰하고 있지는 않다.

| 오답 풀이 |
①·② '시를 공부하겠다는 / 미친 제자', "제일 값싼 / 프란츠 카프카"에서 시를 가르치는 사람으로서 정신적 가치가 인정받지 못하는 현실을 자조하는 화자의 태도가 나타난다. 또한 화자는 정신적 가치가 폄하되고, 정신적 가치를 추구하는 것을 미친 행위로 생각하게 하는 물질만능주의의 현실을 반어적 표현으로 풍자, 비판하고 있다.
④ 현대 사회의 정신적 거장들을 메뉴 형식으로 나열하여 문학과 예술, 철학 등 정신적인 영역까지도 상품화하는 자본주의 사회의 현실을 나타내고 있다.

## 06 답 ④

| 출전 |
2020학년도 대학수학능력시험 9월 모의평가, 수정

| 해설 |
주로 허구를 다루고 있음에도 불구하고 영화는 사료의 원천이 될 수 있으며, 공식 역사에 가려 묻혀 있던 목소리를 발굴하고 표현함으로써 역사 서술의 한 주체가 될 수 있음을 설명한 글이다. 따라서 이 글의 주제로는 '역사 서술의 사료와 주체로서 영화가 지닌 가능성'이 가장 적절하다.

| 오답 풀이 |
② 사료로서 영화의 특성과 한계를 일부 유추해 볼 수 있을 뿐, 구체적으로 다루고 있는 내용이 아니다.
③ 영화의 허구성이 역사적 진실을 구현했다는 내용은 나오지 않는다.

## 07 답 ②

| 해설 |
'자당(慈堂)'은 '남의 어머니를 높여 이르는 말'로 바르게 쓰였다.

| 오답 풀이 |
① 부인입니다(×) → 아내{집사람, 안사람, 처}입니다(○): '부인'은 남의 아내를 높여 이르는 말이므로 자신의 아내를 가리키는 말로 적절하지 않다.
③ 커피 나오셨습니다(×) → 커피 나왔습니다(○): '포장, 사이즈, 품절' 등은 청자의 소유물이거나 청자와 밀접한 관계를 맺고 있는 대상이 아니므로 간접 높임의 대상이 되지 않는다.
④ 어미 '-ㄹ게'는 화자의 약속이나 의지 등을 나타내므로 청자에 대한 높임 표현으로 사용해서는 안 된다. '주사 맞으실 차례입니다' 정도로 고치는 것이 좋다.

## 08 답 ②

| 출전 |
최준호, 〈바움가르텐의 '미학'과 '미'〉, 《바움가르텐 미학과 행복한 미학적 인간》, 수정

| 해설 |
전제는 결론(주장, 주지)을 이끌어 내기 위한 바탕이 되는 것이다. 제시문의 결론은 '감성적 인식은 철학에서 다뤄져야 하며, 미학의 역할이 바로 그것이다'라는 바움가르텐의 주장이다. 여기에서 바움가르텐은 감성적 인식을 가치 있게 여긴다는 사실을 알 수 있다. 그러나 바움가르텐이 감성을 이성보다 더 가치 있게 여기는지는 알 수 없으므로 ②는 생략된 전제로 적절하지 않다.

| 오답 풀이 |
① 바움가르텐이 미학을, 상위의 인식 능력이 아니라 하위의 인식 능력을 다루는 학문으로 정의한 데에서 ①이 생략된 전제임을 알 수 있다.
③ 철학자들은 감성의 역할을 자신들이 다루어야 하는 주제로 간주하지 않았다는 점과 감성적 인식을 철학에서 다루는 데 미학의 역할을 강조한 바움가르텐의 주장에서 파악할 수 있는 전제이다.
④ 감성이 인간의 인식 활동의 상당 부분을 차지하기 때문에 감성적 인식을 철학에서 다뤄야 한다고 주장한 데서 파악할 수 있는 전제이다.

## 09 답 ②

| 해설 |
피천득의 〈황포탄(黃浦灘)의 추석(秋夕)〉은 이국(異國)에서 추석을 맞는 감회와 고향에 대한 그리움을 담담하게 표현한 수필이다. "누런 황포 강물도 달빛을 받아 서울 한강 같다", '저 배가 고국에서 오는 배가 아닌가'를 통해 고향을 그리워하는 화자의 마음을 알 수 있다. ②의 화자는 난(亂)으로 인해 고향을 떠나 떠도는 나그네 신세로, 고향을 그리워해도 갈 수 없는 자신의 처지와 대비되는 기러기를 통해 고향에 대한 그리움을 애절하게 노래하고 있다. 따라서 ②가 글쓴이의 정서와 상황 면에서 제시문과 가장 유사하다.

| 오답 풀이 |
① 눈 내리는 강가의 쓸쓸한 풍경을 통해 화자의 고독한 내면을 그리고 있다.
③ 이별의 정한을 노래하고 있다.
④ 역사에 대한 회고와 국운 회복의 소망을 노래하고 있다.

## 10 답 ④

| 출전 |
김종성, 〈장영실의 자격루에 있어서 방목의 구조와 작동 원리에 대한 새로운 가설〉, 《한국 정보 기술 학회 논문지》(2023), 수정

| 해설 |
〈보루각기〉에는 자격루가 물을 공급하는 4개의 파수호를 가지고 있다고 기록되어 있다. 자격루가 3개의 물을 공급하는 파수호와 폐수를 처리하는 1개의 파수호를 가지고 있다는 것은 현재 학계의 추정으로 근거를 가지고 있는 것은 아니다.

| 오답 풀이 |
① 2문단의, 자격루가 시간의 변화를 수위 변화로 나타내는 물시계라는 진술에서 알 수 있다.
② 〈보루각기〉에 자격루에 대한 설명이 담겨 있는데, 이는 《세종실록》에 포함되어 있다. 따라서 해당 설명이 《세종실록》에 담겨 있다는 선택지는 적절하다.

## 11 답 ④

| 출전 |
징은징, 〈급식 덕분에 그 아이가 '고졸' 됩니다〉, 《시사IN》(2015. 6. 3.)

| 해설 |
글쓴이는 고등학교의 계층적 분화가 일어나면서 학업 성취도가 낮아진 일반고 학생들의 탈학교 현상을 막고 그들의 고교 졸업을 위해 '공짜로 제공되는' 급식이 중요함을 역설하고 있다. 따라서 이 글은 모두에게 무상으로 제공되는 급식을 유상 급식으로 전환하는 것에 반대하는 근거로 제시될 수 있다.

| 오답 풀이 |
② 탈학교 학생을 비행 청소년으로 한정 지어 말하고 있지 않으므로 적절하지 않다. 이 글의 논의 대상인 탈학교 학생은 학교의 계층적 분화로 소외된, 학업 성취도가 낮은 학생을 주로 의미한다.

## 12 답 ④

| 출전 |
김미경, 〈세계화 시대 역사 교육의 대안적 패러다임 탐색 — 유럽 중심주의와 자민족 중심주의의 극복을 위한 이론적 성찰〉, 박사 학위

논문, 영남대학교 대학원, 수정
| 해설 |
④는 일상사에 대한 비판에 이어서, 이러한 비판에도 불구하고 일상사가 기존의 사회사 연구와 구별되는 장점을 지니고 있다는 내용이다. 따라서 사회사와 일상사를 대비하여 일상사의 의의를 설명하는 이후의 내용과 자연스럽게 연결된다.
| 오답 풀이 |
① 일상사 연구는 구조보다는 경험에 관심을 기울였다는 뒤의 내용과 배치된다.
② ㉠ 앞에 일상사와 사회사의 대립과 그 극복 과정은 언급되지 않았으므로 적절하지 않다.

## 13   답 ①
| 해설 |
• 치렀다(○): '무슨 일을 겪어 내다'의 의미로는 '치르다'가 바른 표기이다. '치르다'는 '치러 - 치르니'로 활용한다.
• 그러고 나서(○): '-고 나서' 앞에는 동사만 온다. 접속 부사 '그리고' 뒤에 '나서'를 결합하여 '그리고 나서(×)'로 쓰는 것은 잘못된 표기이다.
| 오답 풀이 |
② • 할려고(×) → 하려고(○): '-려고'는 어떤 행동을 할 의도나 욕망을 가지고 있음을 나타내는 연결 어미이다. '하- + -려고 → 하려고'가 바른 표기이다.
• 계시는지(○)/계실런지(×): '-ㄹ는지'는 어떤 일의 실현 가능성에 대한 의문을 나타낸다.
③ • 몇 일(×) → 며칠(○): '며칠'은 '몇 일(×)'이라고 쓰는 경우가 많지만 이렇게 표기할 경우 '몇 월'이 [며둴]로 소리 나는 것처럼 [며딜]로 소리가 나야 한다. 그러나 실제 발음은 [며칠]이므로, '몇'과 '일'의 결합으로 보지 않고 소리 나는 대로 '며칠'로 적는다.
• 싫던 좋던(×) → 싫든 좋든(○): 실제로 일어날 수 있는 여러 가지 중에서 어느 것이 일어나도 뒤 절의 내용이 성립하는 데 아무런 상관이 없음을 나타내는 연결 어미인 '-든지'의 준말인 '-든'을 쓰는 것이 적절하다. '-든'은 선택의 의미를 지니고, '-던'은 과거에 경험하여 알게 된 사실을 현재로 옮겨 그대로 전달할 때 등에 쓰인다.
④ • 안절부절했다(×) → 안절부절못했다(○): '안절부절못하다'는 부정 형태로만 써야 하며, '안절부절하다(×)'는 비표준어이다.
• 희한한(○)/희안한(×): '희한(稀罕)하다'는 '매우 드물거나 신기하다'의 의미로 바른 표기이다.

## 14   답 ④
| 해설 |
④의 '뽑다'는 '원료나 재료로 길게 생긴 물건을 만들다'의 의미이므로 '속에 들어 있는 기체나 액체를 밖으로 나오게 하다'의 의미에 맞게 쓴 문장으로 적절하지 않다. ㉣에 들어갈 문장으로는 '혈관에서 피를 뽑다' 정도를 들 수 있다.

## 15   답 ③
| 출전 |
2015년도 국가 공무원 5급 공채 등 필기시험, 발췌

| 해설 |
1~2문단에 따르면, '묘'는 매장 시설이 지하에 설치되고 성토하지 않은 무덤을 가리키며, 목관묘와 같이 매장 시설, 즉 시신을 넣어 두는 용기를 가리킬 때도 사용된다.
| 오답 풀이 |
① 2문단에 따르면, '묘 - 분 - 총'의 구분은 피장자의 신분이 아니라 '성토의 정도를 기준으로 삼는다.
② '묘 - 분 - 총'으로 발전한 각각의 시기에 대한 정보는 제시문에 없으므로 알 수 없다.
④ 마지막 문단의 "당사자 사이에만 거래되어 일반인이 입수하기 어려운 물건으로, 피장자가 착장하여 위세를 드러내던 것을 착장형 위세품이라고 한다"에 따르면, 피장자가 최고위 신분임을 드러내는 머리 장식품은 일상품적 위세품이 아니라 착장형 위세품에 해당한다. 일상품적 위세품은 피장자의 물자 장악이나 군사력을 상징하는 생산 도구, 무기, 마구 등이다.

## 16   답 ①
| 해설 |
'거울로 삼아 본받을 만한 모범'을 뜻하는 '귀감'은 龜鑑(거북 귀, 거울 감)'으로 쓴다.
| 오답 풀이 |
② '직접 관계가 없는 남의 일에 부당하게 참견함'을 뜻하는 '간섭'은 '干涉(방패 간, 건널 섭)'으로 쓴다.   * 間: 사이 간
③ '매우 날쌔고 빠름'을 뜻하는 '신속'은 '迅速(빠를 신, 빠를 속)'으로 쓴다.   * 新: 새로울 신
④ '어떤 대상의 내용이나 본질을 확실하게 이해하여 앎'의 의미인 '파악'은 '把握(잡을 파, 쥘 악)'으로 쓴다.   * 破: 깨뜨릴 파

## 17   답 ④
| 해설 |
〈하회 별신굿 탈놀이〉는 양반 계층의 허위의식과 무지를 풍자한 탈놀이(가면극)의 대본이다.
초랭이는 비유적 표현이 아니라 '경' 자를 활용한 언어유희로 육경을 엉터리로 나열함으로써 양반과 선비의 어리석음을 조롱하고 있다.
| 오답 풀이 |
① 엉터리 말장난으로 학식 자랑을 하는 양반과 선비의 모습을 희화화하고 있다. 또한 이를 통해 그들의 무식함과 허위의식이 폭로되면서 당대의 지배층에 대한 서민들의 현실 비판적 인식이 드러나고 있다.
② 양반은 "나는 사서삼경을 다 읽었다네"라며 자신이 학식이 높음을 선비에게 과시하고 있다.
③ 양반이 선비와의 다툼에서 이기기 위해 '사서삼경' 등을 언급하며 자신을 과시하자, 선비는 자신은 '팔서육경'을 읽었다며 응수하고 있다. '팔서육경'은 '사서삼경'에서 사서와 삼경을 두 배로 말한 언어유희적 표현으로 말장난이다.

## 18   답 ①
| 출전 |
이경훈 · 강석진, 〈사람과 범죄〉, 《실무자를 위한 범죄 예방 디자인》
| 해설 |
사람과 범죄 발생의 관계에 대한 두 가지 관점을 제시한 뒤, 이를

통합하여 사람과 범죄 발생의 관계를 이해하려면 복합적인 요소들을 함께 분석해야 한다는 결론을 이끌어 내고 있다.

| 오답 풀이 |
② 실제 사례는 제시문에 나오지 않는다.
③ 둘 중 하나를 옹호한 것이 아니라 둘을 종합한 결론을 내리고 있다.
④ 결론을 유보한 것은 아니다.

## 19  답 ③
| 출전 |
전윤령, 〈다문화 이데올로기가 이주 외국인에 대한 태도에 미치는 영향: 국가 정체성의 조절 효과〉, 《문화 교류와 다문화 교육》(2023)
| 해설 |
이주민의 문화적 특성을 원주민의 문화와 다른 것이 아니라, 그 자체로 틀린 것으로 규정하게 함으로써 원주민의 문화적 정체성을 고수하려는 태도를 비판하는 문맥이다. 따라서 ⓒ은 '다름'이 아닌 '틀림'으로 수정하는 것이 적절하다.
| 오답 풀이 |
① 이주 외국인에게 주류 사회의 가치관 등을 일방적으로 수용하도록 한다는 의미이므로 '동화'를 그대로 두어야 한다.
② 동화 이데올로기가 이주 외국인과 원주민을 소수 집단과 다수 집단으로 위계화한다는 것이므로 '가정한다'를 그대로 두어야 한다.
④ 이주민의 고유 문화를 수용하고 인정하는 것이므로 '다문화'를 그대로 두어야 한다.

## 20  답 ③
| 출전 |
후지무라 야스유키, 《플러그를 뽑으면 지구가 아름답다》
| 해설 |
밝은 것을 좋아하는 인간의 습성은 갈수록 더해지고 있다는 내용으로 보아 인간은 시각 면에서 더 많은 자극을 요구하게 됨을 알 수 있다. 그러나 청각이 물리적 강도의 대수에 비례하며 이런 것은 시각이나 후각도 마찬가지라는 내용만 있을 뿐, 인간의 감각이 쉽게 적응되기 때문에 인간이 더 많은 자극을 요구하게 된다는 내용은 제시문에 나오지 않는다.
| 오답 풀이 |
① 2문단의, 생물은 천적의 접근을 재빨리 인지할 필요가 있고 큰 소리가 들렸을 때 고막이 찢어지면 안 되기 때문에 대수에 비례한다는 자연계의 법칙이 생겨났다는 내용에서 알 수 있다.
② 2문단에 따르면, 청각이 물리적 강도의 대수에 비례하는 것처럼 인간의 감각은 물리적인 양에 단순히 비례하는 정도가 아니다. 즉 물리적인 양이 엄청나게 많아져야 인간의 감각 정도가 달라지는 것이다.
  * 기하급수적(幾何級數的): 증가하는 수나 양이 아주 많은 것
④ 1문단의 "'밝기'는 광원으로부터의 거리에 ~ 인간의 습성은 갈수록 더해지고 있다"에서 알 수 있다.

# 제18회 실전 모의고사

### 정답표

| 01 | ② | 02 | ② | 03 | ④ | 04 | ② | 05 | ③ |
| 06 | ③ | 07 | ④ | 08 | ④ | 09 | ③ | 10 | ④ |
| 11 | ④ | 12 | ③ | 13 | ④ | 14 | ③ | 15 | ② |
| 16 | ② | 17 | ② | 18 | ③ | 19 | ④ | 20 | ③ |

### 정답과 해설

## 01  답 ②
| 출전 |
2018학년도 4월 고3 전국연합학력평가, 수정
| 해설 |
A는 '너는 '사이'라는 말에 ~ 생각했구나'에서 앞선 B의 말을 자신의 표현으로 바꾸어 정리하고 있다. 그런데 B 역시 A의 말을 듣고 "그럼 우리 둘 다 ~ 동의하는 거네"라며 A의 말을 자신의 표현으로 바꾸어 정리하고 있다.
| 오답 풀이 |
① A는 '섬'을 '화자가 선택한 고독의 공간'이라 이해한 뒤, B의 설명을 듣고 "사람이 소통 없이 ~ 네 말이 맞는 것 같아"라며 자신의 견해를 수정하고 있다. 그러나 B가 자신의 견해를 수정한 부분은 없다.
③ A는 섬에 대한 주관적인 생각을 근거로 정현종 시의 '섬'의 의미를 이해하고 있다. 반면 B는 '섬이 사람들 사이에 있다'라는 시의 내용을 근거로 하여 '섬'의 의미를 이해하고 있다.
④ B는 섬을 화자가 선택한 고독의 공간으로 이해했다는 A의 말을 듣고 '아닌데'라고 바로 반박하고 있다. 이는 자신의 의견과 다른 사람의 의견 사이의 다른 점을 최소화하고 일치점을 극대화하는 동의의 격률을 위배한 것이다. 반면 A는 섬의 의미에 대한 B의 설명을 듣고 "아, 그렇게 볼 수도 있겠네"라고 했으므로 동의의 격률을 지키고 있다.

## 02  답 ②
| 해설 |
'크다'의 중심적 의미는 '사람이나 사물의 외형적 길이, 넓이, 높이, 부피 따위가 보통 정도를 넘다'이다. '음악 소리가 크다'의 '크다'는 '소리가 귀에 거슬릴 정도로 강하다'의 의미이므로 주변적 의미에 해당한다.
| 오답 풀이 |
① 발이 크다: 사람이나 사물의 외형적 길이, 넓이, 높이, 부피 따위가 보통 정도를 넘다.
③ 씀씀이가 크다: 일의 규모, 범위, 정도, 힘 따위가 대단하거나 강하다.
④ 돈의 액수가 크다: 돈의 액수나 단위가 높다.

## 03  답 ④

| 출전 |
김방한, 〈언어의 본질〉

| 해설 |
㉠ 동물이 내는 소리와 인간의 말소리는 분절 유무로 구분된다는 것을 ㉠의 뒤에서 구체적으로 설명하고 있다. 따라서 '다시 말해, 즉'이 들어가야 적절하다.
㉡ 인간의 언어가 분절된다는 앞의 진술과 상반되는 내용이 이어지는 자리이므로 '그러나, 하지만'이 들어가야 적절하다.
㉢ 인간이 내는 소리가 모두 분절되는 것은 아니라는 예에 대한 첫 번째 원인 다음에 또 다른 원인이 이어지는 자리이다. 따라서 '또는, 혹은'이 들어가야 적절하다.
㉣ 앞과 상반된 진술이 시작되는 자리이므로 '그렇지만, 하지만'이 들어가야 적절하다.

## 04  답 ②

| 출전 |
김동인, 〈세월호, 세 모녀 사건이 반복되지 않기를〉, 《시사IN》 제380호(2014. 12. 23.)

| 해설 |
2문단에 따르면, 고위 공직자의 재취업 제한 기간은 3년으로 늘어났으며 세무사나 변호사 자격증을 가진 경우에도 취업 심사를 받아야만 재취업할 수 있다. 전직 장관인 이 씨는 취업 심사는 받았지만, 퇴직한 지 2년밖에 되지 않았으므로 재취업할 수 없다.

| 오답 풀이 |
① 1문단에 따르면, 김 씨는 법 개정 이전에는 아들 가족이 최저 생계비의 130% 이상을 벌었기 때문에 기초 생활비를 받을 수 없었다. 그러나 법 개정으로 기초 생활비를 받을 수 없는 기준 월급이 아들의 월급보다 높아졌으므로, 김 씨는 기초 생활비를 받을 수 있게 된다.
③ 3문단의, 사업자의 환경 책임 보험 가입을 의무화했다는 내용에서 적절함을 알 수 있다.
④ 마지막 문단의, 차명 계좌 명의자와 이를 알선한 금융사 직원까지 처벌을 받는다는 내용에서 적절함을 알 수 있다.

## 05  답 ③

| 출전 |
제레미 리프킨, 《공감의 시대》

| 해설 |
이전의 과학이 자연으로부터의 자율성을 강조했다는 내용이 있을 뿐, 자연을 자율성을 추구하는 존재로 보았다는 내용은 없다. 또한 자연을 합리적으로 활용할 수 있는 존재로 보았다는 것은 ㉠의 네트워크식 사고와 어울리지 않는다.

| 오답 풀이 |
② 자연과의 제휴, 자연에 대한 합세, 자연에 대한 존중의 의무에서 추론 가능한 내용이다.
④ 이전의 과학이 분리·착취·절단·환원으로 설명하고자 했다면 새로운 과학은 참여·보충·통합·전체론을 특징으로 한다.

## 06  답 ③

| 출전 |
김보일, 〈살을 거부하다〉

| 해설 |
여성이 거식증에 '빠지기' 쉬운 것은 '내 몸 바깥에서 주인이 되지 못한다면 내 몸 안에서나마 주인이 되어 보겠다는 무의식'이 작동하기 때문이다. 즉 잘못된 사회적 현실을 개선하려는 노력에서 거식증이 발생하는 것은 아니다.

| 오답 풀이 |
② 광고에 등장하는 성공한 여성의 비쩍 마른 몸매가 거식증에 의한 것은 아니다. 그러나 사회적 성공과 마른 몸이라는 공통항을 거식증의 사례와 공유한다. 이것은 동일한 사회적 전제, 즉 전통적인 여성상에 대한 거부가 성공과 연결된다는 무의식이 사회적으로 공유된다는 것을 보여 주고, 바로 이러한 심리적 기제가 거식증에 깔려 있음을 주장하는 것이다.

## 07  답 ④

| 출전 |
2014학년도 대학수학능력시험

| 해설 |
제시문은 선비들에게 바람직한 독서법을 제시하고 있는 이덕무의 글이다.
마지막 문단의, '용촌 이광지'의 이름을 거론하며 앞 문단에서 제시한 그의 독서법은 배우는 사람이 본받을 만하다고 한 데서 알 수 있다.

| 오답 풀이 |
① 책을 읽는 바람직한 방법을 오곡을 가꾸는 농부에 비유하며 제시하고 있다.
② 올바른 독서 방법을 나열하고 있을 뿐 독서 과정에 따라 순차적으로 제시하고 있지 않다.
③ 사서 육경 등 읽어야 할 책에 대해서는 언급하고 있지만, 읽지 말아야 할 책을 언급하지는 않았다.

## 08  답 ④

| 해설 |
한림 제유의 〈한림별곡(翰林別曲)〉은 최초의 경기체가로, 향락적이고 호화로운 상류 계층의 생활상과 학문적 자부심이 잘 드러나는 작품이다.
"원슌문 ~ 량경시부"에서 화자 자신을 비롯한 고려 사대부들의 명문을 나열하여 고려 사대부의 학문적 자부심을 드러내고 있다.

| 오답 풀이 |
① 한자를 주로 사용했지만 4음보가 아닌 3음보를 취하고 있다.
② 선인들의 명문은 언급되어 있지 않다.
③ ㉠ '경 긔 엇더ᄒ니잇고'를 통해 자연 친화적 성향을 강조한 것이 아니라, 사대부들의 과시적 성향을 강조한 것이다.

## 09  답 ③

| 출전 |
최훈, 《논리는 나의 힘》

| 해설 |

ⓒ 앞에는 식량에 비해 빠른 인구 증가로 인해 식량 부족 현상이 나타날 수 있다는 내용이, 뒤에는 식량 부족 때문에 인구 제한이 나타난다는 내용이 나타난다. 앞의 내용을 바탕으로 뒤에서 결론을 내리고 있으므로 ⓒ '결과적으로'는 고치지 말고 그대로 두어야 한다.

| 오답 풀이 |

① 인구가 증가하는 속도와 식량이 증가하는 속도가 다르기 때문에 인구 제한이 일어난다는 맥락이다. 또한 '기하급수적'은 '증가하는 수나 양이 아주 많은 것'의 의미이므로 ⑤ '감소'와 어울리지 않는다. 따라서 ⑤은 '증가'로 고치는 것이 적절하다.
② '-게 하다'는 통사적 사동문으로, 사동 표현에는 목적어가 필요하다. ⓒ이 포함된 문장에는 '인구의 증가율'과 같게 해야 하는 대상, 즉 목적어가 빠져 있으므로 '식량의 증산율을'을 넣는 것이 적절하다.
④ 제시문은 식량 부족으로 인해 발생하는 인구 제한의 위험성을 논한 글이다. ⓔ은 인구 제한이 노동 시장의 구조에 미치는 영향을 설명한 것으로 제시문의 주제와 관련이 없으므로 삭제하는 것이 적절하다.

## 10  답 ④

| 해설 |

- '무람없이'는 '예의를 지키지 않으며 삼가고 조심하는 것이 없게'의 의미이므로 감사의 뜻을 나타내는 문장에 쓰기에 어색하다.
- '입이 질다'는 '속된 말씨로 거리낌 없이 말을 함부로 하다 / 말을 수다스럽게 많이 하는 버릇이 있다'의 의미이므로 뒷부분에 '늘 고급 음식점만 가신다'라는 내용과 자연스럽게 이어지지 않는다.

| 오답 풀이 |

① • 쾌: 북어를 묶어 세는 단위. 한 쾌는 북어 20마리를 이른다.
   • 축: 오징어를 묶어 세는 단위. 한 축은 오징어 20마리를 이른다.
② • 회갑(回甲): 육십갑자의 '갑(甲)'으로 되돌아온다는 뜻으로, 예순한 살을 이르는 말. 앞선 정음의 말에서 정음의 어머니가 예순한 살을 이르는 말인 '환갑(還甲)'을 맞는다는 것을 알 수 있으므로 적절하게 사용되었다.
   • 이순(耳順): 예순 살을 달리 이르는 말. 공자가 예순 살부터 생각하는 것이 원만하여 어떤 일을 들으면 곧 이해가 된다고 한 데서 나온 말. 정음의 어머니가 올해 예순한 살이므로 작년에 예순 살이었음을 뜻하는 표현을 사용한 것은 적절하다.
③ • 마수걸이하다: 맨 처음으로 물건을 팔다. / 맨 처음으로 부딪다.
   • 톳: 김을 묶어 세는 단위. 한 톳은 김 100장을 이른다.

## 11  답 ④

| 해설 |

이청준의 〈병신과 머저리〉는 한국 전쟁 체험 세대인 형과 미체험 세대인 동생 모두가 지니고 있는 각각의 아픔과 그 극복 과정을 형상화한 액자 소설이다.
이 작품에는 액자식 구성이 나타난다. 즉 '나'가 관모를 죽이는 장면은 형의 소설 내용으로, 내부 이야기에 해당하고, 형의 소설을 읽은 '나'가 형과 대화를 나누는 장면은 외부 이야기에 해당한다. 그러나 서술자인 '나'의 회상을 통해 외부 이야기에서 내부 이야기로 이동하고 있지는 않다.

| 오답 풀이 |

① '형과 관모', '형과 나' 사이의 외적 갈등이 드러나고 있다.
② 내부 이야기인 (가) '형의 소설' 속 서술자 '나'와 외부 이야기인 (나)·(다)의 서술자 '나'는 서로 다른 인물이다. 이러한 서술자인 '나'의 인물 전환을 통해 사건을 다각도로 바라볼 수 있게 하여 사건에 입체성을 부여하고 있다.
③ (다)의 "비로소 몸 전체가 ~ 나의 환부는 어디인가"에서 작품 내부의 서술자인 '나'의 생각과 심경이 나타난다.

## 12  답 ③

| 해설 |

제시문은 내부에서 외부로 이야기가 시간의 흐름에 따라 전개되고 있다. '너도 읽었겠지만 ~ 오늘 밤 나 관모를 만났단 말야', "놈이 살아 있는데 ~ 무슨 소용이냔 말야" 등에서 형이 자신의 소설에 관모가 죽는 장면(ⓒ)을 쓴 뒤, 관모를 만나고(ⓑ) 자신의 소설을 태우고 있음(ⓐ)을 알 수 있다. 또한 그 후 방에 들어온 '나'가 혜인의 말을 되새기고 있음(ⓓ)을 알 수 있다.

## 13  답 ③

| 해설 |

'국민[궁민](비음화)'과 '권리[궐리](유음화)'는 공통적으로 음운의 동화 현상이 나타난다. 비음화는 조음 방법으로는 파열음인 'ㄱ, ㄷ, ㅂ'이 비음 앞에서 동화되어 비음으로 발음되는 것이고, 유음화도 조음 방법으로는 비음인 'ㄴ'이 유음인 'ㄹ'에 동화되어 유음으로 발음되는 것이다. 따라서 '국민[궁민]'과 '권리[궐리]' 모두 뒤에 오는 자음의 조음 방법에 동화되는 음운 현상이 나타난다.

| 오답 풀이 |

④ '한여름[한녀름]'은 'ㄴ' 첨가만 일어나고 동화 현상은 나타나지 않는다.

## 14  답 ③

| 해설 |

'三旬九食(석 삼, 열흘 순, 아홉 구, 먹을 식)'은 '삼십 일 동안 아홉 끼니밖에 먹지 못한다는 뜻으로, 몹시 가난함을 이르는 말'이다. '입술이 없으면 이가 시리다'는 '서로 밀접한 관계에 있어서 하나가 망하면 다른 하나도 망하게 되는 경우를 비유적으로 이르는 말'이므로 유사한 의미로 볼 수 없다.

| 오답 풀이 |

① • 苦盡甘來(괴로울 고, 다할 진, 달 감, 올 래(내)): 쓴 것이 다하면 단 것이 온다는 뜻으로, 고생 끝에 즐거움이 옴을 이르는 말
   • 고생 끝에 낙이 온다(있다): 어려운 일이나 고된 일을 겪은 뒤에는 반드시 즐겁고 좋은 일이 생긴다는 말
② • 走馬看山(달릴 주, 말 마, 볼 간, 뫼 산): 말을 타고 달리며 산천을 구경한다는 뜻으로, 자세히 살피지 아니하고 대충대충 보고 지나감을 이르는 말
   • 수박 겉 핥기: 맛있는 수박을 먹는다는 것이 딱딱한 겉만 핥고 있다는 뜻으로, 사물의 속 내용은 모르고 겉만 건드리는 일을 비유적으로 이르는 말
④ • 緣木求魚(인연 연, 나무 목, 구할 구, 물고기 어): 나무에 올라가서 물고기를 구한다는 뜻으로, 도저히 불가능한 일을 굳이 하려 함을 비유적으로 이르는 말

• **솔밭에 가서 고기 낚기**: 물에서 사는 물고기를 산에서 구한다는 뜻으로 도저히 불가능한 일을 하려고 애쓰는 어리석음을 비유적으로 이르는 말

## 15

**답** ②

| 해설 |

'비가 오는'은 관형절 내에 생략된 성분이 없고 '비가 오다 = 소리'의 구성을 보이는 동격 관형절이다. 나머지 ①·③·④는 모두 관형절 내에 생략된 성분이 있는 관계 관형절이다.

| 오답 풀이 |

① **이마에 흐르는**: (땀이) 이마에 흐르다.
③ **내가 수박을 산**: 내가 (시장에서) 수박을 사다.
④ **그가 그토록 바라던**: 그가 그토록 (합격을) 바라다.

## 16

**답** ②

| 해설 |

정희성의 〈한 그리움이 다른 그리움에게〉는 현실의 시련을 극복하고 사랑하는 당신과 재회할 날에 대한 기다림과 희망을 노래한 시이다.
이 시에 모순 어법, 즉 역설법은 나타나지 않는다.

| 오답 풀이 |

① '어느 날 당신과 내가 만나 / 하나의 꿈을 엮을 수만 있다면'을 시 처음과 끝에 변주하여 배치함으로써 구조적으로 안정감을 주고, 화자의 바람을 강조하는 효과를 내고 있다.
③ '꿈'을 '엮어' '비단'이 된다는 데서 추상적 관념의 구체화가 나타난다.
④ "어느 겨울인들 / 우리들의 사랑을 춤게 하리"에서 설의법을 사용하여 당신과 내가 함께한다면 어떠한 시련도 극복할 수 있다는 화자의 의지를 강조하고 있다.

## 17

**답** ②

| 출전 |

〈'강수 확률'은 어떻게 정해질까〉, 《NEWTON》(12월호)

| 해설 |

1문단에 따르면, 강수 확률은 1% 단위를 반올림해 10% 단위로만 발표하므로 강수 확률이 0%라는 것은 강수 확률이 5% 미만임을 의미한다. 따라서 강수 확률이 0%라고 해도 강수량 1mm 이상의 비 또는 눈이 내릴 가능성이 100회 중 0~4회이므로 비가 내릴 가능성이 없다고 볼 수는 없다.

| 오답 풀이 |

① 1문단에 따르면, 강수 확률은 그 예보 구역에서 그 시간대에 강수량 1mm 이상의 비 또는 눈이 내릴 가능성이 100회 중 몇 회인지를 알려 주며, 강수 확률이 높을수록 내릴 비의 양이 많다는 의미도 아니다. 따라서 강수 확률과 비의 세기는 무관함을 알 수 있다.
③ 2문단의 '기상청의 강수 확률 산출 방식' 과정에서, 예보 구역의 현재 온도와 습도, 기압, 풍력 등의 정보를 관측한 뒤에 이 데이터와 과거의 관측 데이터를 비교한다는 사실을 알 수 있다.
④ 강수 확률 10%란 예보 구역에 강수량 1mm 이상의 비 또는 눈이 내릴 가능성이 100회 가운데 10회라는 뜻이다. 따라서 100회 중 17회라면, 강수 확률은 17%이다. 그런데 강수 확률은 1% 단위를 반올림해 10% 단위로만 발표한다. 따라서 강수 확률 17%는 20%로 발표한다.

## 18

**답** ③

| 출전 |

박시룡 외, 〈빅 데이터를 활용한 과학적·효율적 행정 구현 방안〉, 서울경제신문 백상경제연구원, 수정

| 해설 |

미국 국세청과 호주 이민성의 사례를 통해서 볼 때, 정책 수단의 정확성과 신속성은 개선되지만 개인 정보를 바탕으로 개인에 대한 감시와 행정 조치가 이루어진다는 측면에서 부작용이 생길 수 있다는 점을 추론할 수 있다.

| 오답 풀이 |

① 빅 데이터를 활용해서 축적된 정보를 분석할 경우 과거 범죄의 패턴을 파악할 수는 있지만, 종래에 없었던 새로운 유형의 범죄까지 완전히 예측하고 차단할 수 있는지는 알 수 없다.
② 선진국들은 빅 데이터 활용을 위해서 전문 기구를 새로 설립하고 있으므로 빅 데이터의 활용으로 정부 기구가 현재보다 줄어드는지는 알 수 없다.
④ 호주의 연방 과학 산업 연구 기구가 시행한 소셜 미디어 데이터 모니터링 도구는 국민의 요구에 즉각적으로 반응할 수 있는 가능성을 열어 주고 있다.

## 19

**답** ④

| 해설 |

문학에 나타난 인간의 개성이 문학의 본질임을 설명한 글이다.

> 문학은 인간 체험의 표현이다. → ⓒ 그러나 문학에 나타난 체험은 누구나 다 경험할 수 있는 것이 아니다(ⓒ의 전제). → ⓒ 문학은 가치 있는 인간 체험의 표현이다. → ⓔ 가치는 희귀성으로 평가된다. → ⓓ 희귀성을 문학에서는 개성이라고 한다. → ⓙ 따라서 개성은 문학의 본질이며 생명이다.

## 20

**답** ③

| 출전 |

(가) 곽소예, 〈자전거를 이은 전동 킥보드의 인기… 안전사고엔 속수무책〉, 《소비라이프》(2019. 10. 18.) / (나)·(다) 한국 소비자원 보도자료, 〈전동 킥보드 공유 서비스, 이용자 안전 관리 및 서비스 운영 미흡해〉

| 해설 |

(가) 전동 킥보드 공유 서비스의 증가로 안전사고 발생이 증가하고 있지만 관련 법안이 미비함을 설명한 신문 기사이다.
(나) 전동 킥보드 공유 서비스 모바일 앱에서 '보호 장비 착용, 운전면허 소지' 등의 정보 제공은 대체로 양호하지만, '주행 가능 도로 및 횡단보도 이용 방법, 휴대 전화 사용 금지' 등의 안전 준수 사항 관련 정보 제공은 다소 미흡하다.
(다) 개인 킥보드 이용자보다 공유 킥보드 이용자가 보호 장비를 미착용한 경우가 많다.
대다수의 전동 킥보드 공유 서비스 모바일 앱에서 '보호 장비 착용'과 관련된 정보를 소비자에게 제공하고 있으므로 (다)에서 대다수의 공유 킥보드 이용자가 보호 장비를 미착용한 것은 안전 불감증 등과 같은 공유 킥보드 이용자의 인식 문제에서 비롯됨을 알 수 있다. 따라서 공유 킥보드 이용자의 보호 장비 미착용 문제의 원인을

'공유 서비스 모바일 앱의 부족한 정보 제공'에서 찾는 것은 적절하지 않다.

| 오답 풀이 |
① (나)의 '주행 가능 도로, 횡단보도 이용 방법' 등과 관련된 정보를 소비자에게 제공하는 전동 킥보드 공유 서비스 사업자가 적다는 사실과 (가)의 '전동 킥보드 안전사고의 발생 비율' 증가를 연관 지을 수 있다.
② (가)에서는 전동 킥보드의 장점으로 전동 킥보드 공유 서비스를 이용하는 사람이 많다는 사실을, (다)에서는 보호 장비를 착용하지 않고 공유 킥보드를 사용하는 사람이 많다는 사실을 언급하고 있으므로 적절하다.
④ (나)에서는 전동 킥보드 공유 서비스 사업자의 문제를, (다)에서는 공유 킥보드 이용자의 문제를 지적하고 있다. 따라서 공유 킥보드 사업자와 이용자 모두에게 적용하여 (가)에서 지적한 전동 킥보드 관련 법안 마련을 촉구하는 것은 적절하다.

---

## 제19회 실전 모의고사

### 정답표

| 01 | ② | 02 | ② | 03 | ② | 04 | ② | 05 | ② |
| --- | --- | --- | --- | --- | --- | --- | --- | --- | --- |
| 06 | ③ | 07 | ② | 08 | ③ | 09 | ② | 10 | ③ |
| 11 | ④ | 12 | ④ | 13 | ④ | 14 | ③ | 15 | ② |
| 16 | ③ | 17 | ① | 18 | ③ | 19 | ③ | 20 | ② |

### 정답과 해설

## 01  답 ②

| 출전 |
2012학년도 3월 고3 전국연합학력평가, 수정

| 해설 |
'지방 자치 단체가 재정을 확보하여 지원함'은 'Ⅱ-1-나. 고택의 유지 및 보수에 많은 관리 비용이 소요됨'의 해결 방안이므로, 이것을 Ⅱ-2로 옮기는 방안은 적절하다.

| 오답 풀이 |
① 전통 문화재의 분포 현황은 고택을 전통 숙소로 활용할 필요성과는 관련이 없다.
③ 전통 문화 체험 프로그램을 개발하는 것이 해결책이 되는 문제점은 Ⅱ-1에 나오지 않으므로 적절하지 않다.
④ '고택을 전통 숙소로 활용하기 위한 지방 자치 단체의 관심 및 지원 촉구'는 이 글의 결론으로 적절하므로 고치지 않는다. 또한 '지방 자치 단체의 무분별한 개발로 인한 문화재 훼손 금지 촉구'는 글의 흐름과도 맞지 않는 결론이다.

## 02  답 ②

| 출전 |
2014년도 민간경력자 PSAT 언어논리, 수정

| 해설 |
ⓒ 2문단에 따르면, 고대 사회는 연간 필요 소비량에 맞먹는 잉여 식량을 생산할 정도로 풍족했다. 따라서 고대 사회에서 잉여 식량을 축제로 해소할 정도로 식량이 풍족했다는 것은 이 글의 견해를 강화한다.

| 오답 풀이 |
㉠ 2문단에 따르면, 고대 사회가 생계 경제 사회였다는 사실은 오해이다. 또한 생계 경제 체제는 구성원들이 겨우 먹고살 수 있는 정도의 식량만을 확보한, 가난한 사회이므로 이를 통해 '잉여 식량을 생산할 수 있었을 것'이라고 추론하는 것은 적절하지 않다.
㉡ 2문단의, 생계 경제라는 개념이 산업 국가들의 저발전 세계에 대한 전략의 방향을 잡는 데 기여했다는 사실은 두렵기까지 했다는 내용으로 보아, 유럽의 산업 국가들에 의해 아프리카의 생활 여건이 개선되었다는 것은 이 글의 견해를 약화할 것이다.

## 03  답 ②

| 출전 |
에밀 졸라, 《나는 고발한다》

| 해설 |
㉠에는 드레퓌스 사건 이후 달라진 지식인의 개념이 들어가야 한다. 드레퓌스 사건 이후 지식인의 행동과 책임이 화두로 올랐으며, 지식인의 사회 참여가 의무로 승화되었다. 또한 현대적 의미의 지식인의 표본인 졸라는 방대한 지식과 위대한 참여를 통해 조국을 명예롭게 했다. 따라서 ㉠에는 '지적 활동과 사회 참여를 결합하는 사람'이 들어가야 적절하다.

| 오답 풀이 |
① 사전적 의미의 지식인일 뿐이다.
③ 제시문에서는 지식인의 '참여·실천' 등을 강조하고 있다.
④ 에밀 졸라에 대한 평가의 일부일 뿐, '조국을 명예롭게 하는 사람'을 지식인의 현대적 의미로 볼 수 없다.

## 04  답 ②

| 해설 |
'달리기'는 '무섭게 달리다'와 같이 서술성이 있고 부사어의 수식을 받으므로 동사 '달리다'에 명사형 전성 어미 '-기'가 붙은 명사형으로 볼 수 있다. 따라서 품사는 그대로 동사이고, '-기'는 어근의 품사를 바꾸는 접미사(㉠)의 예에 해당하지 않는다.

| 오답 풀이 |
① '높이다'는 형용사 '높다'에 '사동'의 뜻을 더하고 동사를 만드는 접미사 '-이-'가 붙어 품사가 동사로 바뀌었으므로 ㉠의 예로 적절하다.
③ '믿음'은 동사 '믿다'에 명사를 만드는 접미사 '-음'이 붙어 품사가 명사로 바뀌었으므로 ㉠의 예로 적절하다.
④ '자랑스럽다'는 명사 '자랑'에 '그러한 성질이 있음'의 뜻을 더하고 형용사를 만드는 접미사 '-스럽다'가 붙어 품사가 형용사로 바뀌었으므로 ㉠의 예로 적절하다.

## 05  답 ②

| 출전 |
2016학년도 한양대학교(에리카 캠퍼스) 수시논술

| 해설 |
1문단에서는 예술의 갈래에 대한 인식이 고대, 중세에서 근대에 이르러 변화한 과정을 다양한 사례를 통해 설명하고 있다. 2문단에서는 앞선 내용을 바탕으로 예술의 갈래가 새롭게 생성되는 과정을 길이 형성되는 과정에서 유추하여 일반화하고 있다. 따라서 대상의 변화 과정에 대한 서술(통시적 서술)과 유추를 통해 대상(예술의 갈래)의 특성을 밝힌다는 설명이 가장 적절하다.

| 오답 풀이 |
①·④ 1문단에 고대, 중세와 근대에서의 예술의 갈래에 대한 상반된 견해와 사례가 나타난다. 하지만 두 견해를 절충하거나 두 입장의 공통점을 이끌어 낸 것은 아니다.
③ 예술의 갈래에 대한 통념이나 그 문제점을 지적하는 부분은 나타나지 않는다. 예술의 갈래에 대한 고대, 중세의 고정 관념이 근대에 이르러 무너졌다는 내용이 나타날 뿐이다.

## 06  답 ③

| 해설 |
이규보의 〈뇌설(雷說)〉은 직접적인 경험을 통해 얻은 삶의 태도를 전하고 있는 교훈적·반성적 성격의 수필이자 설(說)이다.
'나'는 우레 소리, 아름다운 여인과 눈을 마주치는 것 등을 두려워하고 있지만, 이러한 두려움을 용기로 극복해야 한다고 주장한 것은 아니다. 우레 소리에 두려워하지 않으려면, 매사에 근신하여 잘못을 저지르지 말아야 한다는 것을 강조하고 있다.

| 오답 풀이 |
① '나'는 아름다운 여인을 만났을 때 머리를 숙여 외면했던 것은 자신이 무심하지 못했기 때문이라고 깨닫고 반성하고 있다. 이를 통해 '나'는 외적인 유혹에 흔들리지 말 것을 주장하고 있다.
② '나'는 우레 소리를 듣고 자신이 잘못한 일이 없는지 되돌아보고 있다. 이는 하늘을 두려워하지 않으려면 잘못한 일이 없어야 한다는 것이므로, 매사에 스스로 삼가고 조심해야 함을 주장한 것이다.
④ '남이 나를 ~ 나무라면 낯빛을 변하였으니 ~ 경계하지 않을 수 없는 것이다'에서 '나'는 남의 질책을 겸허히 수용해야 함을 주장하고 있다.

## 07  답 ②

| 해설 |
㉠ '白骨難忘(흰 백, 뼈 골, 어려울 난, 잊을 망)'은 '죽어서 백골이 되어도 잊을 수 없다는 뜻으로, 남에게 큰 은덕을 입었을 때 고마움의 뜻으로 이르는 말'이다. 이와 상반되는 뜻을 가진 한자 성어는 '남에게 입은 은덕을 저버리고 배신하는 태도가 있음'이라는 뜻의 '背恩忘德(등 배, 은혜 은, 잊을 망, 덕 덕)'이다.

| 오답 풀이 |
① 結草報恩(맺을 결, 풀 초, 갚을 보, 은혜 은): 죽은 뒤에라도 은혜를 잊지 않고 갚음을 이르는 말
③ 他山之石(다를 타, 뫼 산, 갈 지, 돌 석): 다른 산의 나쁜 돌이라도 자신의 산의 옥돌을 가는 데에 쓸 수 있다는 뜻으로, 본이 되지 않은 남의 말이나 행동도 자신의 지식과 인격을 수양하는 데에 도움이 될 수 있음을 비유적으로 이르는 말
④ 脣亡齒寒(입술 순, 망할 망, 이 치, 찰 한): 입술이 없으면 이가 시리다는 뜻으로, 서로 이해관계가 밀접한 사이에 어느 한쪽이 망하면 다른 한쪽도 그 영향을 받아 온전하기 어려움을 이르는 말

## 08  답 ③

| 출전 |
2019년도 LEET, 지문 발췌

| 해설 |
제시문은 '온톨로지'의 개념을 상세하게 정의하고 있다. 널리 받아들여지는 일반적인 정의를 제시한 뒤, 정의를 내리는 데 쓰인 '관심 영역', '공유된' 등과 같은 단어와 어구의 구체적 의미를 차례대로 밝히며, 설명하고 있다.

> 온톨로지는 인공 지능 연구에서 각광을 받고 있다. → ㉢ 온톨로지의 정의는 '관심 영역 내 공유된 개념화에 대한 형식적이고 명시적인 명제'이다. → ㉠ 여기서 '관심 영역'은 특정 영역 중심적, '공유된'은 합의에 의한 것, '개념화'는 현실 세계에 대한 모형이라는 것을 뜻한다. → ㉡ 즉 특정 영역의 지식을 모델링하여 구성원들이 공유할 수 있게 하는 것이 온톨로지이다. →

ⓒ 또 '형식적'은 기계가 읽고 처리할 수 있는 형태여야 한다는 뜻이다. →
ⓒ 그 결과로 얻어지는 '명시적 명제'는 일종의 공학적 구조물이다.

| 오답 풀이 |
①·② ⓒ은 '관심 영역', '공유된', '개념화'에 대한 의미를 바탕으로 '온톨로지'의 역할을 부연 설명한 문장이다. 따라서 '관심 영역'과 '공유된', '개념화'에 대한 의미를 밝힌 ㉠ 다음에 와야 한다.

## 09 답 ②

| 해설 |
서정주의 〈추천사(鞦韆詞) ― 춘향의 말 1〉은 그네를 타고 하늘로 날아오르는 춘향의 독백을 통해 초월적 세계에 대한 인간의 지향과 운명적 한계에 대한 인식을 노래한 시이다.
이 시에 자연물에 감정을 이입하는 표현은 나타나지 않는다.

| 오답 풀이 |
① 청자인 향단에게 화자인 춘향이 말을 거는 듯한 어조를 취하고 있다.
③ '배를 내어 밀듯이', '서으로 가는 달같이는' 등에서 직유법을 활용하고 있다.
④ '그네'는 그넷줄에 매어 있기 때문에 먼먼 바다나 하늘로 갔다가 지상으로 돌아올 수밖에 없다. 이런 점에서, 현실에서 벗어나려 하지만 현실에서 벗어날 수 없는 춘향의 모순된 심리가 드러난다.

## 10 답 ③

| 출전 |
2021학년도 대학수학능력시험

| 해설 |
1문단에서는 18세기 후반 중국이 활발한 국내 교역과 대외 무역의 발전으로 경제적 번영을 이루었다는 것을, 2~마지막 문단에서는 급격한 인구 증가로 인해 반란의 기반이 된 결사 조직의 출현, 관료 사회의 부정부패 심화 등 여러 문제가 나타나게 되었다는 것을 설명하고 있다. 따라서 '18세기 후반 중국의 경제적 번영과 사회적 불안 요인'이 제시문의 중심 내용으로 적절하다.

| 오답 풀이 |
① 중국의 사상적 변화는 제시되어 있지 않다.
② 마지막 문단에만 제시된 내용으로 글 전체의 내용을 포괄하지 못한다.

## 11 답 ④

| 출전 |
홍종호, 〈기후 재난, 경제 정책으로 풀어야〉, 《중앙일보》(2023. 8. 1.)

| 해설 |
1문단에 따르면, 기후 변화로 인한 재난을 막기 위한 근본 대책은 탄소 감축이지만 적응 정책도 중요하다. 즉 적응 정책이 탄소 감축보다 더 중요하다는 것은 아니다.

| 오답 풀이 |
① 2문단의, 성공적인 기후 변화 적응을 위해서는 재정 정책의 역할이 필수적이라는 내용에서 알 수 있다.
② 2문단의, 사전 예방 조치와 사후 복구 조치의 경제적 효과를 분석했을 때 후자보다 전자로 인한 GDP 성장률이 더 높았다는 내용에서 알 수 있다.

③ 1문단의, 적응 정책이 기후 변화로 인한 위험과 피해를 최소화하고, 그 과정에서 새로운 경제적 기회를 찾는 것이라는 내용에서 알 수 있다.

## 12 답 ④

| 해설 |
'설령'은 (뒤에 오는 '-다 하더라도' 따위와 함께 쓰여) '가정해서 말하여'의 뜻으로, 주로 부정적인 뜻을 가진 문장에 쓴다. 따라서 '설령 ~ 훔쳤다 하더라도'는 자연스러운 표현이다.

| 오답 풀이 |
① 주술 호응이 맞지 않으므로 '내 생각은 ~ 해결된다는 것이다' 또는 '나는 네가 잘못을 인정하면 문제가 해결될 것이라고 생각한다' 정도로 고치는 것이 자연스럽다.
② '가능한'은 형용사의 관형사형이므로 뒤에 수식할 수 있는 체언이 와야 한다. 따라서 명사 '한'을 넣어 '가능한 한'의 형태로 고쳐 써야 한다.
③ '지연되고 있다'와 호응하는 주어가 생략되었으므로 '(협상이) 지연되고 있다'와 같이 적절한 주어를 넣어 주어야 한다.

## 13 답 ④

| 해설 |
차범석의 〈불모지(不毛地)〉는 전후 현실을 배경으로 하여 근대화 과정에서 겪는 가족의 해체와 가치관의 변화를 그린 희곡이다.
최 노인의 말을 여전히 못마땅해하는 경재의 반응으로 보아 ㉡에 '미안해하며'가 들어가는 것은 적절하지 않다. ㉡에는 '못마땅한 낯으로'가 들어간다.

| 오답 풀이 |
① 낡은 집을 못마땅해하는 경재와 그 집에 만족해하는 최 노인의 갈등이 점차 격화하고 있다.
② "아버지나 좋아하시지 우리 식구 중에서 이 집을 좋아하는 사람이 누가 있어요?"라는 경재의 말에서 알 수 있다.
③ 최 노인이 "절간이 미우면 중이 나가는 법이야"라고 하자 경재가 "중도 없는 절을 뭣에 쓰게요? 도깨비나 날걸……" 등으로 대꾸하는 데서 알 수 있다.

## 14 답 ③

| 출전 |
고등학교 《독서와 문법》 교과서

| 해설 |
'겨레'는 '종친'에서 '민족'으로 의미가 확대되었다.

## 15 답 ②

| 해설 |
ⓒ '우리 둘'은 화자인 엄마와 청자인 민준을 가리키고, ⓑ '우리 아들'은 청자인 민준을 가리킨다.

| 오답 풀이 |
① ㉠ '저기'는 화자나 청자로부터 멀리 있는 곳을 가리키는 지시 대명사이다. ㉣ '거기'는 앞에서 이미 이야기한 곳을 가리키는 지시 대명사로, 앞에서 엄마와 민준이 이야기한 작은 서점을 가리킨다.

③ ⓒ '저'는 말하는 이가 윗사람이나 그다지 가깝지 아니한 사람을 상대하여 자기를 낮추어 가리키는 1인칭 대명사이고, ⓜ '당신'은 앞에서 이미 말하였거나 나온 바 있는 사람을 도로 가리키는 3인칭 대명사인 '자기'를 높여 이르는 말이다.

④ ⓐ은 평서문을 사용해 청자인 엄마에게 '배가 너무 고프니 먹을 것을 달라'는 요구의 의미를 표현한 간접 발화 표현이다. 간접 발화는 문장의 유형과 발화 의도가 일치하지 않는 표현으로, 상황에 맞춰 화자의 의도를 표현한다. 흔히 공손한 표현을 하고자 할 때 사용된다.

## 16  답 ③

| 출전 |
한국어문교육연구소, 《독서 교육 사전》

| 해설 |
문학 작품에 대한 독자의 관심이 어느 부분에 집중되는가에 따라 독자의 위치를 원심적 위치와 심미적 위치로 구분한 이론을 소개한 글이다. '원심적' 읽기는 정보나 논증에 주의를 기울이며 텍스트를 분석하는 데 초점을 두는 읽기이고, '심미적' 읽기는 독자와 텍스트의 상호 작용을 통한 느낌, 생각, 이미지와 같은 독자의 경험과 반응을 목적으로 하는 읽기이다.

㉠ 독자의 초점이 '읽기 행위의 생동적인 경험', '개인적인 국면'에 맞추어진다는 진술로 보아, '심미적'이 들어가는 것이 적절하다.

㉡ '정확하게 책이 나타내는 것'에 초점이 맞추어진다는 진술로 보아, '원심적'이 들어가는 것이 적절하다.

㉢ 독자의 '연상, 느낌, 자세, 생각'에 초점이 맞추어진다는 진술로 보아, '심미적'이 들어가는 것이 적절하다.

## 17  답 ①

| 해설 |
이색의 〈유감(有感)〉은 성찰적인 태도로 중도를 구하기 위한 공부의 필요성을 주장한 한시이다.
"궁한 이의 시가 좋은 법이다"라는 말에서 가난한 이가 좋은 시를 쓴다는 의미를 전하고 있지만 여기에 반어법은 쓰이지 않았다.

| 오답 풀이 |
② "옛사람의 말을 이제야 믿겠네 / 좋은 시구는 떠돌이 궁인에게 있다던 그 말"에서 도치법을 사용하여 자신의 체험을 통해 옛사람의 말을 믿고 있다고 말하고 있다.

③ "화평할 때면 밝은 태양 곱게 보이고 / 참혹할 때는 슬픈 바람 생기지"에서 대구법과 비유법을 사용하여 마음이 좋을 때는 모든 것이 좋게 보이고 마음이 부정적일 때는 모든 것이 부정적으로 보인다는 의미를 전하고 있다.

④ "중도는 짧은 시간에 만들 수 없으니 / 군자는 당연히 공부를 해야 하네"에서 알 수 있다.

## 18  답 ③

| 출전 |
최순우, 〈고누〉, 《무량수전 배흘림기둥에 기대서서》

| 해설 |
단원의 '고누' 그림에 대한 감상을 통해 단원의 풍속화에 나타난 서민들의 모습에 대해 설명한 글이다. 단원의 풍속화에는 세상을 어렵게 살아간 서민들의 어질고 너그러운 모습(낙천적 기질)과 순박하고 단순한(소박한) 생활상이 그려져 있다. 따라서 제목으로는 '단원의 풍속화에 나타난 서민들의 소박한 생활상과 낙천적 기질'이 가장 적절하다.

| 오답 풀이 |
① 제시문의 범위를 벗어난 제목이다.
② 서민들의 어질고 너그러운 모습을 그린 단원의 풍속화를 통해 단원의 인생관을 알 수 있다는 내용이 있지만, 이는 부차적인 내용이며 단원의 인간적인 면모와도 관계가 없다.

## 19  답 ③

| 출전 |
박찬수, 〈튤립 파동, 공매도와 풋옵션〉, 《국제신문》(2023. 11. 14.) / 김현민, 〈투기의 역사 ① 자본주의 최초 '튤립 파동'〉, 《아틀라스》(2020. 11. 19.)

| 해설 |
3문단에 따르면, 1638년 네덜란드 정부는 선도 거래에 대해 매수자가 공매도자에게 거래 대금의 3.5% 위약금을 내면 선도 거래를 무효화하도록 하여 튤립 버블 사태를 해결했다. 즉 공매도자는 거래 대금의 일부를 위약금 형태로 받았으므로 공매도자들이 한 푼도 받지 못했다고 보기는 어렵다.

| 오답 풀이 |
① 3문단의, 튤립 뿌리는 연속적인 형태로 거래되어 가격이 상승하다가 1637년 2월 최고가 기록 후 가격이 급락했다는 사실에서 알 수 있다.

② 2문단에 따르면, 튤립 뿌리는 6월에 수확하고 10월에 파종한다. 또한 무게 단위로 거래되는데, 10월의 중량이 6월보다 무겁다. 따라서 튤립 뿌리를 사려는 사람, 즉 매수자는 파종기인 10월보다 수확기인 6월에 튤립 뿌리를 구매하는 것이 더 이익이다.

④ 1~2문단에 따르면, 공매도는 실물이 없어도 주권을 신용 거래로 환매하는 거래 방식이다. 따라서 10월 이후 물품 확인 없이 겨울에 공매도하여 거래를 체결한 매수인은 오는(다음 해) 6월에 튤립 뿌리를 인도받아 확인할 수 있다.

## 20  답 ②

| 해설 |
㉠ ㉠은 겨울에 체결된 거래 이후 6월 전에 다시 공매도하여 이익을 취할 수 있는 대상이다. 따라서 ㉠에는 튤립 뿌리를 매도자로부터 구매하여 다시 되팔 수 있는 '매수자들'이 들어가야 적절하다.

㉡ 하나의 튤립 뿌리를 '선도 거래로 매수해 조기에 매도하고, 이를 산 매수자는 다시 공매도하는 형태'의 거래를 의미하므로 ㉡에는 '계속적인, 연쇄적인, 지속적인'이 들어가야 적절하다.

㉢ ㉢에는 튤립 파동의 원인으로 '튤립이 갖는 재화적 가치보다는 뿌리를 사면 무조건 돈이 된다'는 당시 사람들의 특성을 설명하는 단어가 들어가야 한다. 따라서 ㉢에는 '맹목성, 무모성'이 들어가야 적절하다.

* **맹목성(盲目性)**: 원칙과 주관, 신념이 없이 일을 하는 성질이나 특성
* **무모성(無謀性)**: 앞뒤를 잘 헤아려 깊이 생각하지 않는 성질이나 성품

| 오답 풀이 |

ⓒ * **양면성(兩面性)**: 한 가지 사물에 속하여 있는 서로 맞서는 두 가지의 성질

* **의존성(依存性)**: 다른 것에 의지하여 생활하거나 존재하는 성질 / 금단 증상 때문에 계속하여 약물을 섭취하지 않으면 안 되는 상태

## 제20회 실전 모의고사

### 정답표

| 01 | ① | 02 | ③ | 03 | ② | 04 | ② | 05 | ③ |
| --- | --- | --- | --- | --- | --- | --- | --- | --- | --- |
| 06 | ② | 07 | ① | 08 | ② | 09 | ③ | 10 | ① |
| 11 | ① | 12 | ④ | 13 | ① | 14 | ③ | 15 | ④ |
| 16 | ② | 17 | ③ | 18 | ② | 19 | ③ | 20 | ④ |

### 정답과 해설

## 01  답 ①

| 출전 |

이창무, 〈산업 보안 개념의 비판적 고찰〉, 《시큐리티연구》, 수정

| 해설 |

2문단에 따르면, 영고불변한 절대적인 개념은 존재할 수 없으며, 개념 수정이 불가피하다. 따라서 영원히 변하지 않는 개념은 소수에 불과한 것이 아니라 아예 존재하지 않는다.

| 오답 풀이 |

② 1문단에 제시된 사례인 행정부 개념에서, 국회나 법원이 포함되면 안 된다는 것은 배타성에 대한 설명이고, 국방부, 외교부 등이 포함되어야 한다는 것은 포괄성에 대한 설명이다. 따라서 행정부라는 개념 안에 국방부나 외교부가 포함되지 않는 것은 포괄성이 없다는 것을 의미한다.

③ 1문단에서 개념화를 위한 필요조건으로 배타성과 포괄성을 들고 있으므로, 필요조건 중 어느 하나라도 충족하지 못하면 독립된 개념으로 인정받을 수 없다.

④ 2문단의, 개념들이 연구자의 논리적 사유에서 생성되므로 편향성을 가질 수밖에 없다는 내용에서 알 수 있다.

## 02  답 ③

| 출전 |

2018년도 하반기 GSAT, 《GSAT 삼성3급 실전편》, 수정

| 해설 |

19세기에 음악 연주가 연주자의 '해석'으로 이해되었고, 20세기에 들어 연주자는 작품을 보다 더 다양하면서도 주관적으로 해석했다는 맥락이다. 이는 19세기의 경향이 20세기에 들어 더 '구체화된' 것이므로 ⓒ은 고치지 말고 그대로 두어야 한다.

* **관념화(觀念化)**: 어떤 대상에 대한 인식이나 생각이 일반화되고 추상화됨. 또는 그렇게 함.

| 오답 풀이 |

① 1문단에 따르면, 18세기에 작곡가는 악곡 속에 객관적인 감정을 담아내었고, 연주자는 자신의 생각이나 주관을 드러내기보다는 작품이 갖고 있는 감정, 즉 작곡가가 담은 감정을 청중에게 전달했다. 따라서 청중은 '연주자'가 제시한 감정이 아니라 '작곡가'가 곡에 담아낸 감정을 감상한 것이다.

② 19세기 음악 연주에 영향을 미친 작품 미학은 음악의 내용이 아니라 음악 그 자체가 지니는 의미와 가치에 관심을 갖게 한다. 따라서 19세기 음악에는 지시하는 내용이나 감정이 ⓒ '강조되'

는 것이 아니라 '없어진' 것이다.
④ ㉣ 뒤에 20세기 연주자들은 작품을 더 다양하고 주관적으로 해석했고, 하나의 작품이 연주자에 따라 다르게 재창조되었다는 내용이 나온다. 이는 연주자들마다 각자 다른 개성을 드러냈다는 의미이므로 ㉣ '함께하는 연대성'은 '구별되는 독자성'으로 고치는 것이 적절하다.

## 03  답 ②

| 출전 |
이정훈·김원필, 〈김수근 공간 언어의 내재적 의미와 현상학적 차이에 관한 연구 — 한·중·일 동아시아 건축과 공간 사옥 비교 연구 중심으로〉, 《대한건축학회논문집》, 수정

| 해설 |
과거에는 마당에 담을 두르지 않았다는 내용은 나오지 않는다. 제시문에서는 마당은 담을 두르고 있을지라도 외부 환경과 밀접한 관계를 맺는다고 했다.

| 오답 풀이 |
① 한옥의 마당은 농경 문화의 부산물이며, 농경 생활에서 중요한 공간으로 활용되었다는 것을 알 수 있다.
③ "혼례나 상·제례 등과 ~ 공간이기도 하다"에서 알 수 있다.
④ 마지막의, 마당은 외부이자 내부 공간이며 때론 접객 공간이었다는 내용에서 알 수 있다.

## 04  답 ②

| 해설 |
'건물, 토지, 선박 따위를 남에게 주거나 맡기다'의 뜻인 '명도(明渡)하다'는 '내주다, 넘겨주다'로 다듬을 수 있다.

| 오답 풀이 |
① 불하(拂下)하다: 국가 또는 공공 단체의 재산을 개인에게 팔아넘기다. '불하(拂下)'는 '매각, 팔아 버림'으로 다듬을 수 있다.
③ 상신(上申)하다: 윗사람이나 관청 등에 일에 대한 의견이나 사정 따위를 말이나 글로 보고하다. '상신(上申)하다'는 '올리다'로 다듬을 수 있다.
④ 해태(懈怠)하다: 행동이 느리고 움직이거나 일하기를 싫어하는 데가 있다. '해태(懈怠)하다'는 '게을리하다, 제때 하지 않다'로 다듬을 수 있다.

## 05  답 ③

| 해설 |
아버지는 마지막에 대화의 주제와 상관없는 말을 하고 있으므로 논점 일탈의 오류를 범한 것이다. 논점 일탈의 오류란 논점과 관계없는 문제들을 거론하여 논쟁을 회피하거나 본래 논의되던 논지와 무관한 결론을 이끌어 내는 오류이다. ③ 역시 대화 내용과 상관없이 상대의 맞춤법을 지적하고 있으므로 논점 일탈의 오류를 범한 것이다.

| 오답 풀이 |
① 공포나 위력 등의 감정을 이용하여 자신의 논지를 받아들이게 하는 공포에 호소하는 오류를 범한 것이다.
② 논지를 따르는 대중의 규모에 비추어 참을 주장하는 대중에 호소하는 오류를 범한 것이다.
④ 서로 다른 사물의 우연하고 비본질적인 속성을 비교하여 결론을 이끌어 내는 잘못된 유비 추리의 오류를 범한 것이다.

## 06  답 ②

| 해설 |
문정희의 〈겨울 일기〉는 사랑을 잃어버린 상실감을 겨울 이미지를 활용하여 절망적이고 체념적인 어조로 읊은 시이다.
밑줄 친 부분에서는 사랑하는 사람을 잃고 절망에 빠진 심정을 '누워서 편히 지냈다'라고 반어적으로 표현하고 있다. ②의 밑줄 친 부분 역시 '당신'을 그리워하는 마음을 반어적으로 표현한 것이다.

| 오답 풀이 |
① 역설법  ③ 의인법  ④ 은유법

## 07  답 ①

| 출전 |
김호석, 〈신재생 에너지와 지속 가능 발전〉

| 해설 |
에너지 자원의 고갈 가능성이 불러온 결과들에 대해 설명한 글이다.

> ㉠ 에너지는 매장량이 풍부하고 이용 과정에서의 외부 효과가 중요하게 여겨지지 않은 시기에는 시장 메커니즘을 통해 분배가 결정되었다. → ㉤ 즉, 시장 가격은 시장 구조에 따라 결정되었다. → ㉡ 에너지 시장에 대한 정부 개입의 필요성은 자원의 고갈 전망이 제시되고 두 차례 석유 위기가 발발한 때부터 등장하기 시작하였다. → ㉢ 에너지 자원의 고갈 가능성은 시장에서 결정되는 균형이 최적이 아님을 인식하게 되는 계기가 되었다. → ㉣ 또한 급격한 유가 상승을 경험하면서 에너지 시스템의 취약함을 인식하게 되었다.

## 08  답 ②

| 출전 |
박현정·안서원, 〈일탈적 광고는 왜 광고 효과가 있을까?: 브랜드 명성과 광고 의미 이해의 조절된 매개 효과를 중심으로〉, 《광고학 연구》, 수정

| 해설 |
광고의 창의성이 가져오는 효과가 어떤지에 대해 논의한 글이므로, 논의 대상이 지닌 성격이 파생하는 효과에 대해 논의하고 있다는 설명이 가장 적절하다.

| 오답 풀이 |
① 창의적 광고가 광고 효과가 없거나 실무적 유용성이 낮은 문제점을 지적하고 있다. 그러나 새로운 대안을 소개하지는 않았다.
③ 광고상을 수상한 광고들의 광고 효과가 없거나 그것이 실무적 유용성이 낮은 현상이 나타나는 원인을 분석하고 있지만, 이론에 의거해서 분석한 것은 아니다.
④ 광고가 지닌 창의성의 구성 요인을 파헤치고 있지만 특정 요소를 비판하지는 않았다.

## 09  답 ③

| 출전 |
김용규, 《설득의 논리학》, 수정

| 해설 |
아리스토텔레스가 사용한 생략 삼단 논법을 'p는 q이다 - r은 p이다 - 그러므로 r은 q이다'인 정언 삼단 논법으로 정리하면, 'p는 q이다 - 문학은(r1은) 보편적인 것을(p1이고), 역사는(r2는) 특별한 것을 다룬다(p2이다) - 그러므로 문학은(r1은) 역사보다(r2보다) 더 철학적이고 진지한 행위이다(q이다)'가 된다. 따라서 생략된 전제인 빈칸에

는 '보편적인 것은(p1은) 특별한 것보다(p2보다) 더 철학적이고 진지한 행위이다(q이다)'가 들어가야 한다.

| 오답 풀이 |
① '철학적이고 진지한' 것을 기준으로 보편적인 것과 특수한 것을 비교하고 있을 뿐 '가치'에 관해서는 언급하고 있지 않다.
② '문학은 역사보다 더 철학적이고 진지한 행위이다'는 역사가 철학적이고 진지하지 않다는 의미가 아니다. 결론과 배치된다.
④ 생략 삼단 논법은 전제의 일부를 생략한 것이다. 아리스토텔레스의 결론인 '문학은 역사보다 더 철학적이고 진지한 행위이다'를 바탕으로 도출된 것이므로 적절하지 않다.

## 10                                                             ① 

| 해설 |
- ㉠ **밭쳐**(○): '구멍이 뚫린 물건 위에 국수나 야채 따위를 올려 물기를 빼다'의 의미로는 '밭치다'가 바른 표기이다.
- **부딪쳐**(○): '부딪치다'는 '무엇과 무엇이 힘 있게 마주 닿거나 마주 대다. 또는 닿거나 대게 하다'의 의미인 '부딪다'를 강조하여 이르는 말로, 바른 표기이다.
- ㉢ **으레**(○)/**으례**(×): 두말할 것 없이 당연히 / 틀림없이 언제나. '으레'는 모음이 단순화한 형태를 표준으로 삼는다.
- **이따가**(○): '이따가 가 보자'와 같이 뒤에 오는 용언을 수식할 때에는 '조금 지난 뒤에'의 의미인 부사 '이따가'를 쓴다.

| 오답 풀이 |
- ㉡ **푼푼이**(×) → **푼푼히**(○): '모자람이 없이 넉넉하게'의 의미로는 '푼푼히'가 바른 표기이다. '푼푼이'는 '한 푼씩 한 푼씩'의 의미이므로 문맥에 맞지 않는다.
- **간간히**(×) → **간간이**(○): '시간적인 사이를 두고서 가끔씩'의 의미로는 '간간이'가 바른 표기이다. '간간히'는 '입맛 당기게 약간 짠 듯이' 등의 의미이다.
- ㉣ **띄었다**(×) → **띠었다**(○): '감정이나 기운 따위를 나타내다'의 의미로는 '띠다'가 바른 표기이다.
- **매무시**(○): 옷을 입을 때 매고 여미는 따위의 뒷단속

## 11                                                             ① 

| 해설 |
박지원의 〈일야구도하기(一夜九渡河記)〉는 강을 건넜던 체험과 평소 관찰을 바탕으로 외물에 현혹되지 않는 삶의 자세가 중요하다는 교훈을 이끌어 낸 기행 수필이다.
글쓴이는 낮에는 눈으로 사물을 보니 보이는 것에만 신경이 가고, 밤에는 눈으로는 볼 수 없으니 귀로 들리는 소리에만 신경이 간다고 말하고 있다. 그러면서 마음을 차분히 다스리면 귀와 눈이 누가 되지 않는다고 말한다. 이는 감각에 현혹되지 않으면 사물을 다르게, 제대로 바라볼 수 있다는 의미이다.

## 12                                                             ④ 

| 출전 |
안재용, 〈브뤼셀 효과, 우리는 왜 EU가 만든 규칙을 따르는가〉, 《한국경제》(2023. 12. 4.)

| 해설 |
EU의 규범이 전 세계로 확산되면 EU 역내 기업은 규제에 대한 적응력을 먼저 갖춰 반사적 이익을 누릴 수 있고, EU의 규범을 따르는 역외 기업은 유럽 시장에 접근할 수 있는 등의 이익을 얻을 수 있다. 그러나 브뤼셀 효과는 EU가 규범을 만든 후에 역외국들이 이를 따르는 현상이므로 브뤼셀 효과가 EU가 규범을 만드는 원인으로 작용하는 것은 아니다.

| 오답 풀이 |
① EU의 규제 대부분은 서구적 가치에 기반하고 있지만, 다양한 회원국들과의 이해관계 조율을 거치면서 다듬어진다는 내용에서 알 수 있다.
② '브뤼셀 효과란 ~ 다른 국가들과 기업들이 자발적으로 이를 따르게 되는 현상'에서 알 수 있다.
③ 브뤼셀 효과를 가능하게 하는 작동 원리 중 'EU가 세계에서 두 번째로 큰 소비 시장'이라는 점을 드는 데서 알 수 있다.

## 13                                                             ① 

| 해설 |
**다른 사람에**(×) → **다른 사람에게**(○): '뒤지다'는 '능력, 수준 따위가 남보다 뒤떨어지거나 못하다'의 의미일 경우 '…에/에게 뒤지다'의 형태로 쓰인다. '다른 사람'과 같이 사람과 결합하므로 유정 명사에 결합하는 조사 '에게'를 쓰는 것이 적절하다.

| 오답 풀이 |
② **아니라고**(○): '-라고'는 '이라', '아니라'의 어미 '-라'에 격 조사 '고'가 결합한 말로, 간접적으로 인용됨을 나타낸다. 간접 인용절로 안길 때 평서문의 종결 어미는, '이다'일 경우에는 '-라'로 바뀐다.
③ **지금으로서는**(○): 지위나 신분 또는 자격을 나타내는 '으로서'를 쓴다.
④ **23일로써**(○): 시간을 셈할 때 셈에 넣는 한계를 나타내거나 어떤 일의 기준이 되는 시간임을 나타내는 경우에는 '로써'를 쓴다. '로써'는 재료나 수단, 도구 등을 나타내며, '쌀로써 떡을 빚는다'와 같이 쓴다. '로서'는 지위나 신분, 자격 등을 나타내며, '그런 말은 친구로서 할 말이 아니다'와 같이 쓴다.

## 14                                                             ③ 

| 해설 |
〈만언사(萬言詞)〉는 대전별감이던 안조환이 횡령 사건을 일으켜 추자도로 유배 갔을 때의 경험을 담아낸 가사이다. 이 작품은 여러 필사본이 전하며, 그에 따라 작가가 안조원, 안도원 등으로 기록되어 있다.
'두옥 반간', '밭고랑의 빈 터', '죽창', '흙 바람벽', '갈대 발' 등 화자는 유배지에서 접하는 일상적 사물을 나열하여 자신의 체험을 사실적으로 서술하고 있다. 그러나 연쇄법을 사용하여 시적 대상을 해학적으로 묘사하는 부분은 나타나지 않는다.

| 오답 풀이 |
① '아침이면 마당 쓸기 저녁이면 불 때기 볕이 나면 쇠통 치기 비가 오면 도랑 치기 들어가면 집 지키기 보리멍석 새 날리기'에서 대구법, 열거법을 써서 유배지에서의 화자의 체험을 구체적으로 서술하고 있다.
② '번화 고향 어디 두고 적막 절도 들어온고 ~ 사환 노비 어디 가고 고공이가 되었는고'에서 화자는 편안하고 풍요롭게 지내던 고향에서의 생활과 열악하고 가난한 유배지 생활을 반복하여 대조하며 서러워하고 있다. 이를 통해 지난날의 삶으로 돌아가고

싶은 화자의 현실적 욕망이 드러난다고 볼 수 있다.
④ '번화 고향 어디 두고 적막 절도 들어온고', '오량각 어디 두고 두옥 반간 의지한고' 등에서 의문형 어미 '-ㄴ고'를 써서(설의적 표현) 풍족했던 과거의 삶과 대비되는 현재 생활을 서러워하는 화자의 심정을 강조하고 있다.

## 15  답 ④

| 해설 |
'나무[木]'를 뜻하는 중세 국어의 단어 '낡'은 'ㄱ' 곡용어로, 중세 국어에서는 자음으로 시작하는 조사, 공동격 조사 '와' 앞에서는 '나모'로, 그 외의 모음으로 시작하는 조사 앞에서는 '낡'의 형태로 나타난다. '시내'를 뜻하는 중세 국어의 단어는 '냏'이다. '냏[지]'은 'ㅎ' 곡용어로, 'ㅎ'이 모음과 'ㄱ'으로 시작되는 조사 앞에서 나타나는 체언이다. 하지만 '남근'은 '남ㄱ + 은 → 남근'의 형태로, '은'은 주격 조사가 아니라 보조사이다. '내히'는 '내ㅎ + 이'의 형태로, 주격 조사 '이'는 자음으로 끝난 체언 뒤에 쓰인다.

| 오답 풀이 |
① 현대어 '에'로 풀이되는 부사격 조사는 양성 모음 뒤에서는 '애'로, 음성 모음 뒤에서는 '에'로, 'ㅣ' 모음 뒤에서는 '예'로 표기되었다. '뿌ᇚ메'는 '쁘 + 움 + 에'의 형태이므로 '에'로 표기되고, '브ᄅ매'는 'ᄇᄅᆷ + 애'의 형태이므로 '애'로 표기되었다.
② 중세 국어에서 'ᄒ다'는 '하다[爲]'의 의미이고, '하다'는 '많다[多]'의 의미이다.
③ 주격 조사 'ㅣ'는 'ㅣ' 모음으로 끝난 체언 뒤에서는 생략되었고, 'ㅣ' 모음 이외의 모음으로 끝난 체언 뒤에서는 'ㅣ'로, 자음으로 끝난 체언 뒤에서는 '이'로 표기되었다. '불휘'는 'ㅣ' 모음으로 끝난 체언이므로 주격 조사는 생략되었다.

## 16  답 ②

| 해설 |
'끄트러기(끝 + 으러기)', '이파리(잎 + 아리)'는 '-이' 이외의 모음으로 시작된 접미사가 붙어서 된 말은 그 명사의 원형을 밝히어 적지 아니한다는 〈한글 맞춤법〉 제20항의 [붙임] 규정과 관련된 단어이다. 따라서 ㉠ 소리대로 적은 예에 해당한다.

| 오답 풀이 |
① '깍두기[깍뚜기]', '싹둑[싹뚝]'은 'ㄱ, ㅂ' 받침 뒤에서 나는 된소리는, 같은 음절이나 비슷한 음절이 겹쳐 나는 경우가 아니면 된소리로 적지 아니한다는 〈한글 맞춤법〉 제5항의 '다만' 규정과 관련된 단어이다. 따라서 ㉠의 예로 적절하지 않다.
③ '개구리', '뻐꾸기'는 '-하다'나 '-거리다'가 붙을 수 없는 어근에 '-이'나 또는 다른 모음으로 시작되는 접미사가 붙어서 명사가 된 것은 그 원형을 밝히어 적지 아니한다는 〈한글 맞춤법〉 제23항의 [붙임] 규정과 관련된 단어이다. 사전에 '개굴하다, 개굴거리다'와 '뻐꾹하다, 뻐꾹거리다'는 실려 있지 않으므로 소리 나는 대로 적는다. 따라서 ㉡의 예로 적절하지 않다.
④ '좁쌀(조ㅂ쌀)', '살코기(살ㅎ고기)'는 두 말이 어울릴 적에 'ㅂ' 소리나 'ㅎ' 소리가 덧나는 것은 소리대로 적는다는 〈한글 맞춤법〉 제31항과 관련된 단어이다. 따라서 ㉡의 예로 적절하지 않다.

## 17  답 ③

| 해설 |
김영현·박상연의 〈뿌리 깊은 나무〉는 소설을 각색한 드라마 대본으로, 세종 대왕이 훈민정음을 창제하고 반포하는 과정에서 벌어지는 갈등을 그려 내고 있다.
제시문에는 이도가 훈민정음 창제를 반대하는 신하들과 논쟁하는 장면이 연달아 나타나 있다. S# 14, 15에서 이도는 각기 다른 이유로 훈민정음 창제를 반대하는 신하들의 말을 모두 거침없이 반박하고 있는데, 이도의 반박을 연달아 집중적으로 제시함으로써 훈민정음 창제는 정당하고 타당한 일이라는 이도의 의도가 부각되고 있다.

| 오답 풀이 |
① S# 14, 15 모두 다른 공간에서 일어난 사건이지만, 훈민정음 창제를 반대하는 신하와 이를 반박하는 이도의 갈등 상황은 변하지 않았다.
② S# 14, 15 모두 훈민정음 창제를 반대하는 신하들과 이도의 논쟁이라는 사건을 각각 보여 주고 있다. 그러나 앞으로 일어날 사건을 암시하고 있지 않으며 특별한 카메라 기법 역시 동원되지 않았다.
④ S# 14, 15는 인물 간 대화가 짧게 끝나고 있으며 장면이 끝나는 부분에 'cut'이라는 편집 기법을 쓰라는 표시가 되어 있다. 이를 통해 영상에서 장면이 빠르게 전환된다는 것을 알 수 있다. 하지만 S# 14, 15 모두 이도와 신하 간의 대립 장면이 이어지고 있으므로 장면의 빠른 전환과 극적 긴장감 해소는 관련 없다는 사실을 알 수 있다.
* 컷(cut): 한 번의 연속 촬영으로 찍은 장면을 이르는 말. ≒숏 / 대본이나 촬영한 필름에서 불필요한 부분을 삭제하는 일

## 18  답 ②

| 출전 |
김남희, 〈놀이의 특징과 교육적 가치〉, 《윤리교육연구》, 수정

| 해설 |
1문단에서 놀이를 반복하면 취미 생활로 자리 잡을 수 있다는 것을 알 수 있고, 2문단에서 인간은 취미 생활이나 놀이를 통해서 한계를 극복하는 경험을 한다는 것을 알 수 있다. 그러나 모든 인간이 취미 생활을 통해서 한계를 극복한다는 내용은 제시문에 없다.

| 오답 풀이 |
① 1문단의 "시간 낭비나 ~ 발생하기 때문이다"에서 알 수 있는 내용이다.
③ 2문단에 따르면, 놀이에서는 단계별로 예상 밖의 힘든 요인들이 나타난다.

## 19  답 ③

| 출전 |
〈물은 투명하다. 그러나 외계 생명체에게는 물이 불투명일 수 있다〉, 《NEWTON》(12월호), 수정

| 해설 |
ⓑ 2~마지막 문단에서 알 수 있다. 빛은 파장이 짧을수록 에너지가 높다. 감마선과 X선은 빛의 종류 중 파장이 극히 짧아 파괴력이 가장 크고, 적외선과 전파는 가시광선보다 파장이 길고 파괴력이 약하다. 이를 바탕으로 할 때, 감마선과 X선에 비해 적외선과 전파가 파장이 길고 가지고 있는 에너지가 낮음을 알 수 있다.

ⓓ 마지막 문단에 따르면, 파장이 약 200nm 이상인 일부 자외선은 물을 투과한다. 그런데 1문단에 따르면, 빛이 그대로 투과하는 물질이어도 눈으로 볼 수 없는 자외선이나 적외선이 투과하는 일은 인간이 물질을 투명하게 인식하는 것과 관련이 없다.

| 오답 풀이 |

ⓐ 마지막 문단에 따르면, 자외선보다 파장이 긴 빛은 적외선과 전파인데, 이 둘은 물 분자에 쬐면 흡수된다. 하지만 가시광선보다 파장이 짧은 자외선의 경우 파장이 약 200nm 이상이면 물을 투과하고, 200nm보다 짧으면 물 분자에 흡수된다.

ⓒ 가시광선보다 파장이 짧은 빛은 감마선, X선, 자외선이다. 마지막 문단에 따르면, 빛은 파장이 짧을수록 에너지가 높기 때문에 약 200nm보다 파장이 짧은 자외선은 물 분자에 쬐면 물은 수소와 산소로 나누어진다. 그런데 자외선은 380nm 이하의 파장을 지닌 빛으로써, 200~380nm의 파장인 자외선도 물을 산소와 수소로 나누는지는 알 수 없다.

## 20   답 ④

| 해설 |

㉠ 태양에서 방사되는 빛 중 지구에 도달하지 못하는 감마선, X선, 강한 자외선 등을 병렬적으로 설명하고 있으므로 '또한, 그리고'가 들어가야 적절하다.

㉡ 지구에 도달하지 못하는 빛의 종류를 설명한 뒤, 지구에 도달하는 빛의 종류를 최종적으로 정리해 설명하고 있다. 따라서 '다시 말해, 즉'이 들어가야 적절하다. 앞의 내용을 근거로 하여 지구에 도달하는 빛을 설명한다고 보면 '그래서'가 들어가도 적절하다.

㉢ 파장이 짧아 에너지가 높은 자외선은 물 분자의 결합을 끊어 놓기 때문에 물을 투과하지 않는다는 문맥이다. 앞의 내용이 뒤의 내용의 원인이므로 '따라서, 그래서'가 들어가야 적절하다.

# 2024년 국가공무원 9급 공개경쟁채용 필기시험 답안지

# 2024년 국가공무원 9급 공개경쟁채용 필기시험 답안지

### 컴퓨터용 흑색사인펜만 사용